AF522871

MORGEN WIRD NICHT GEDRUCKT. PAPIER IST ALLE.

von Carsten Gensing

JUNIUS

VOR
W
ORT

HAMBURGER
MOR
GEN
POST

Moin, liebe Leute,

ihr haltet hier ein Buch in den Händen, das bar jeder Vernunft geschrieben und gedruckt wurde, jedenfalls aus Sicht eines anständigen Verlegers. Es fehlt an allem, was ein ordentliches Jubiläumsbuch zum 75. Geburtstag eines Traditionsunternehmens enthalten sollte. Es gibt kein lobhudelndes Vorwort des Ersten Bürgermeisters, keine überschwänglichen Danksagungen der Chefredaktion, keine seitenlangen Listen mit Auszeichnungen und Erfolgen, keine Glückwünsche von Teppich-Ludern und HSV-Legenden, keine Gratulationsanzeigen von reichen Reedern und honorigen Hanseaten. Auch keine Erzählungen von Visionen, wie aus Deutschlands ältester Boulevardzeitung ein hochmodernes Multimedia-Unternehmen wird, fit für die Zukunft, immer auf Wachstumskurs, auf dem Sprung in die Champions League.

Stattdessen erzählen wir die nackte Wahrheit.

Denn so, wie in Jubiläumsbüchern geschrieben, funktioniert das wahre Leben nicht. Also haben wir uns hingesetzt und überlegt, wie wir ein Jubiläumsbuch machen, das man so wegatmet. Der Autor hat gleich mal in das oberste Regal gegriffen und einen Stilmix aus Haruki Murakami und Benjamin von Stuckrad-Barre vorgeschlagen. Das fanden auch alle gut, dummerweise haben die beiden Autoren aber einen gewissen Kompetenzvorsprung, und zumindest Murakami wäre deutlich überqualifiziert für die MOPO. Stuckrad-Barre hätte bestimmt nicht gewollt, es hat ihn allerdings auch niemand gefragt, er ist ja eher so der Springer-Typ.

Ach, so ganz nebenher ist das hier ja auch kein Roman, keine Fantasiewelt wie Murakamis ummauerte Stadt, sondern ein echter Blick in das Innenleben der Redaktion. Ungeschönt, nicht immer hübsch, manchmal ganz schön heftig. Aber auch voller Liebe, Energie und Respekt für das, was Menschen hier in 75 Jahren geleistet haben.

Wie ein Lokalreporter durch eine Kleinanzeige auf den größten Medizinskandal der Nachkriegsgeschichte stieß.
Wie ein Fotoreporter auf der Jagd nach einem exklusiven Bild in die Tiefe stürzte und nur durch ein Wunder überlebte.
Wie sich ein Verleger von der Leserbrief-Redakteurin spontan 100 000 Mark pumpte, um das Erscheinen der MOPO zu retten.
Wie die Redaktion den Aufstand probte, als die Zerschlagung der Marke drohte. „Ich habe 40 Jahre in der Branche gearbeitet, nirgendwo war der Zusammenhalt größer als bei der MOPO", erzählt eine Kollegin. „Wir hatten es immer schwerer als die anderen, deshalb mussten wir enger zusammenstehen."

Das klingt schön, ist es auch, aber das Aufbringen von so viel Energie hat seinen Preis. Selbstausbeutung, ausufernde Arbeitszeiten und Alkoholexzesse gehörten bis weit in die 2000er hinein zu selbstverständlichen Begleiterscheinungen bei der MOPO, verniedlicht als Folklore, ohne Einhalt durch die Führungsebene. Ganz im Gegenteil, die Chefs waren oft die Schlimmsten.

Dieses Buch richtet nicht darüber, es verurteilt niemanden, sondern es erzählt die Geschichten einfach so, wie sie sind, wie sie waren, wie sich die Menschen, die sie erlebt haben, daran erinnern. Die Auswahl ist subjektiv und unvollständig (genau: typisch MOPO) und deshalb geht eine Entschuldigung raus an alle, die nicht oder nur am Rande erwähnt sind, obwohl auch sie die MOPO-Geschichte mitgeschrieben und noch tausend Dinge zu erzählen haben. Dieses Buch ist auch für euch, ihr seid nicht vergessen, es ist nur nicht genug Platz, außerdem haben wir auch zu spät angefangen. Wieder typisch MOPO.

Und nun hereinspaziert in den wunderbaren MOPO-Zirkus.

DER AUTOR

20 Jahre jünger als die Jubilarin: Carsten Gensing begann 1993 als freier Mitarbeiter in der MOPO-Sportredaktion (150 Mark pro Spätdienst), wurde 1996 Redakteur, nach der Jahrtausendwende Chef der MOPO-Lokalredaktion. 2004 Wechsel zu BILD. Lokalchef BILD Hamburg, Nachrichtenchef, stellvertretender Chefredakteur, Ausstieg. Seit 2013 selbstständiger Medienberater, Kommunikationstrainer und Autor.

TEIL 1
HINTER DEN KULISSEN DER MOPO

TEIL 3
MENSCHEN BEI DER MOPO

GELD HER – ODER ES WIRD NICHT GEDRUCKT!

Februar 1980. Die Gebrüder Greif aus der Schweiz kaufen die MOPO von der SPD und verhindern die bereits beschlossene Einstellung der Zeitung. Das ist die gute Nachricht. Die schlechte: Die vermeintlichen Retter wirtschaften noch unseriöser als die Genossen. Sie kaufen teure Schweizer Designer-Büromöbel, führen eine „Nuttenkasse“ ein und müssen sich dann von ihren Mitarbeitern rund 300 000 Mark pumpen.

„Lauf, Kletti, lauf", ruft Susanne Kahle dem kleinen Mann noch hinterher, „du hast nur noch fünf Minuten." Kletti trägt Turnschuhe, das ist auch schon das einzig Sportliche an ihm. Der kleine Mann, Verlagsbote der Hamburger Morgenpost, läuft los. Unterm Arm ein Sack voll Geld, im wahrsten Sinne des Wortes. 100 000 Mark, die hat Susanne gerade von ihrem Konto bei der Bank für Gemeinwirtschaft am Valentinskamp abgehoben. Susanne ist Leserbrief-Redakteurin bei der MOPO. Als sie eine halbe Stunde vorher bei der Bank anrief und forsch erklärte, sie bräuchte schnellstens 100 000 Mark in bar, stellte der Bankangestellte Nachfragen. Warum denn so plötzlich, warum denn so viel, das geht doch so nicht. „Kein Aber!", befahl Susanne durchs Telefon, „ich komme jetzt mit einem Kollegen und hole das Geld."
Kletti läuft und läuft, und irgendwie schafft er es in kürzester Zeit bis zu einem Geldinstitut Nähe Alstertor. Was dort exakt vor sich geht, ist nicht überliefert, aber am Ende kommt das Geld rechtzeitig, und die notwendigsten Dinge können bezahlt werden. In allerletzter Sekunde, so nervös wie die Herren vom Verlag waren, muss es richtig eng gewesen sein. Welche Löcher mit den Ersparnissen von Susanne gestopft werden, gehört zu den Geschäftsgeheimnissen der Greifs. Über die Jahre ihrer Regentschaft sind viele unbezahlte Posten dokumentiert.
1982: Beiträge für die Presseversorgung der Redakteure werden trotz mehrfacher Mahnungen nicht gezahlt, dafür stecken sich die Verleger den nicht überwiesenen Arbeitnehmeranteil an der Altersvorsorge in die eigene Tasche.
1983: Beiträge an den Zeitungsverlegerverband – nicht gezahlt.
1984: Der neue Chefredakteur Felix Schmidt, einer der STERN-Chefs, die im Jahr zuvor mit der Veröffentlichung der gefälschten „Hitler-Tagebücher" für den größten Medienflop des Jahrhunderts gesorgt hatten, wird bei Amtsübergabe mit offenen Honorarforderungen freier Mitarbeiter in Höhe von 250 000 Mark konfrontiert.
Die Greif-Brüder sind so klamm, dass nicht einmal das tägliche Erscheinen des Blattes gesichert ist. Die Kreditwürdigkeit ist längst dahin, Lieferanten fordern Cash. So müssen sich die Verleger sogar Geld für die Druckerei pumpen – Papier ist alle. Mal eben 50 000 Mark, diesmal von Lokalreporter Gerd-Peter Hohaus: „Die haben mir regelrecht den Revolver an den Kopf gehalten und klar zu verstehen gegeben: Wenn sie das Geld nicht umgehend auftreiben, seien sämtliche Arbeitsplätze in Gefahr. Da habe ich mich breitschlagen lassen." Hohaus bekommt seine risikoreiche Leihgabe zurück, „allerdings mit Verzögerung und Nerverei." Auch Susanne Kahle erzählt: „Ich hatte einige schlaflose Nächte. Denn so schnell wie versprochen kam das Geld natürlich nicht zurück." Insgesamt leihen sich die Greifs rund 300 000 Mark von Kolleginnen und Kollegen aus der Redaktion.

Was sind das für Verleger, die ihre eigenen Redakteure unter Druck setzen, um an Geld zu kommen? Die Brüder Christian und Eduard Greif aus Basel, Schweiz. Millionen hatten sie dort verdient, mit dem Verkauf eines Anzeigenblattes. Geld, das sie nun in Deutschland anlegen wollen. Ausgerechnet bei der MOPO, die ist zu dem Zeitpunkt komplett kaputt gewirtschaftet: 70 Millionen Mark Miese fährt die SPD in den 1970er Jahren ein. Das Pressehaus am Speersort, einst auch renommierte Adresse von prominenten

NEUES MOPO-HAUPTQUARTIER

Das Kaufmannshaus an der Bleichenbrücke. Hier sitzt die MOPO von 1980 bis 1985, zwei Fleete vom Rathaus und einen Steinwurf vom Jungfernstieg entfernt.

Titeln wie STERN, SPIEGEL, DIE ZEIT und Standort der hauseigenen Druckerei, wird schon Jahre zuvor aus dem fernen Bonn vom Partei-Schatzmeister verscherbelt, um Finanzlöcher zu stopfen. Die drohende Einstellung des Hamburger Traditionsblattes erregt mit Fortschreiten des Jahres 1979 die Gemüter. Hilflose Rettungsversuche und Solidaritätsaufrufe durch prominente Genossen wie Herbert Wehner, der selbst einmal politischer Redakteur beim bereits 1966 wegen chronischer Geldnot eingestellten SPD-Blatt HAMBURGER ECHO war, bringen keine Wende.
Die komplette Belegschaft und die Verlagsräume am Speersort sind gekündigt, die Abfindungen des ausgehandelten Sozialplans an die Entlassenen auf den Weg gebracht, Auer-Druck ebenfalls am Ende – es ist die dunkelste Stunde der MOPO. Das Einstellungsdatum steht bereits fest: Am 29. Februar 1980 soll die letzte MOPO erscheinen.
Doch es kommt noch einmal anders. Zehn Tage vor der angepeilten Deadline einigen sich die Greif-Brüder mit der SPD-Holding auf den Verkauf. „Hätten Eduard und Christian Greif die MOPO nicht gekauft, wäre sie unwiderruflich eingestellt worden“, sagt Holger Artus, langjähriger Betriebsrat, und ein bisschen schwingt da Anerkennung mit. Aber nur ein bisschen. Artus: „Danach haben sie uns noch weiter kaputt gewirtschaftet. Die hatten keine Ahnung vom Zeitungsmarkt.“ Weniger als die Hälfte der alten MOPO-Crew unterschreibt einen neuen Arbeitsvertrag bei den Greifs, andere suchen sich einen neuen Verlag. Neue Leute kommen aus den verschiedensten Ecken der Republik und von unterschiedlichsten Blättern – trotzdem funktioniert es irgendwie, die MOPO kommt täglich raus. Allerdings sind der trotz aller Widrigkeiten unter SPD-Besitz so familiär empfundene Stallgeruch und die kollegial-freundschaftliche Verbundenheit dahin. Was zunächst erhalten bleibt, ist die linksliberale Ausrichtung des Blattes als Kontrast zu den Springer-Erzeugnissen.

Obwohl Geld knapp ist und die MOPO miese Zahlen schreibt, hauen die Greifs richtig auf die Pauke. Redaktion und Verlag ziehen in die zweite Etage des feinen Kaufmannshauses an der Bleichenbrücke. Eine teure Adresse, zwei Fleete vom Rathaus entfernt, edles hanseatisches Kontorhaus-Entrée: roter Teppich, Kronleuchter, livrierter Pförtner im Parterre. Der honorige Schein eines validen Verlagsunternehmens trügt. Die Greifs kommen zu einer höchst humanen Billig-Miete unter, die der Eigentümer der imposanten Immobilie wegen erheblichen Leerstands in weiteren Etagen gewährt. Vermutlich auch mit dem Hintergedanken einer erhöhten Werbewirksamkeit durch den Einzug der Zeitungsredaktion.
Die MOPO-Etage wird richtig schnieke: Die Greifs ordern Designer-Möbel aus der Schweiz – in Gelb für die Redaktion, die Schränke für die Verlagsmitarbeiter kommen in Schwarz –, dazu dekorative Grünpflanzen-Inseln, gerüchteweise alles auf Leasing-Basis. Außerdem gibt es jede Menge obskure Anzeigen-Gegengeschäfte – Inserate gegen Naturalien. Zum Beispiel: Ein Reisebüro zahlt nicht bar, sondern mit Reisegutscheinen, die dann als Gewinne für Preisausschreiben eingesetzt werden. Dabei kommt es auch mal vor, dass Gewinner in die Röhre gucken, weil erwähnter Reiseveranstalter ähnlich seriös ist wie die Schweizer Verleger – und nicht liefert.

Nach seinem Amtsantritt besucht der neue Erste Bürgermeister Klaus von Dohnanyi die MOPO, Eduard Greif juchzt vor Begeisterung: „Wir brauchen Champagner!" Nicht der einzige Anlass, zu dem teures Gesöff serviert wird. Mit seinem engsten Führungszirkel feiert Eduard Greif regelmäßig in feinen Herbergen in den Elbvororten. Sein Bruder Christian ist nur selten in Hamburg, er kümmert sich um die heimischen Geschäfte in der Schweiz. Die MOPO-Führungs-Crew entwickelt sich immer mehr zu einem Kuriositätenkabinett: Aus der Schweiz fliegt Freddy Burkhard ein. Er kommt als Verlagsleiter, übernimmt zusätzlich die Verantwortung fürs Personal. Freddy ist groß, stark, durchtrainiert, Muskeln, körperbetonte Hemden. „Wenn wir da mit mehreren Frauen standen, hat er angefangen, vor uns Liegestütze zu machen", erzählt Susanne Kahle, „die Hemden trug er so, dass wir seine Muskeln sehen konnten." Zum Imponiergehabe zählt auch, dass Burkhard seine Wehrtüchtigkeit durch präzise Cola-Dosen-Würfe quer durch das MOPO-Großraumbüro in einen Papierkorb demonstriert. „Handgranatenweitwurf", erfährt das staunende Redaktionspersonal.
Liegestütz und Dosenwerfen, das hat Burkhard nach eigenen Angaben bei der Schweizer Armee gelernt – welche Kompetenzen er als Verlagschef und Personaler hat, kann niemand so genau sagen. Gesichert hingegen ist: Seine Frau handelt mit Edelsteinen. Nach Redaktionsschluss, wenn nur noch der Spätdienst anwesend ist, hockt Freddy an der Repro-Kamera und fotografiert teure Klunker für Verkaufskataloge. Nicht die einzige redaktionsfremde Tätigkeit der Greif-Crew nach Feierabend. Eine Mitarbeiterin erinnert sich: „Die haben sogar unsere Post durchsucht. Einige von denen steckten sich Schallplatten und Bücher, die als Rezensionsexemplare geschickt wurden, ein. Am Abend gingen sie mit vollen Taschen aus dem Haus."

Die Skurrilitäten reißen nicht ab. Eduard Greif beschäftigt einen eigenen Taschenträger: Michael Thorhauer folgt dem Verleger auf Schritt und Tritt, immer in feinstes Tuch gehüllt. „Seine Schuhe ließ er sich in London nach Maß anfertigen", erinnert sich eine ehemalige MOPO-Kollegin. Die Spur des Mannes ohne weitere erkennbare Qualitäten verliert sich später in der lokalen Modewelt: Als es mit den Greifs zu Ende geht, soll der aparte Kofferträger eine Boutique an der Ostsee eröffnet haben.
Ein ganz anderes Kaliber aus der Greif-Crew ist Felix Boni, Anzeigenleiter. Anders als Freddy Burkhard, der muskulöse Dosenwerfer, reist Felix Boni nicht mit dem Flieger aus der Schweiz an die Elbe – sondern mit einem Campingwagen. Den parkt er vor dem noblen Redaktions-Quartier an der Bleichenbrücke. Hanseatische Kaufleute, beim Besuch von Anzeigen-Vertretern der Hamburger Verlage eher an gediegenes Äußeres gewöhnt, werden nun mit einem nach bunter Spät-Hippie-Art gekleideten und Schweizer Dialekt sprechenden Repräsentanten der neuen Hamburger Morgenpost konfrontiert. Zu einer höheren Quote der Anzeigen-Schaltungen führt das nicht.
Die Entourage der Greif-Brüder findet wenig Rückhalt in der Redaktion, die Postenvergabe auch, einen richtig guten Eindruck hinterlässt das alles nicht. MOPO-Gründer Heinrich Braune, der während der Greif-Ära noch als Herausgeber zeichnet, beschreibt das Geschehen kopfschüttelnd als „abenteu-

PROMINENTER BESUCH

Björn Engholm (li.), später Ministerpräsident von Schleswig-Holstein, blickt in die frisch gedruckte MOPO. Verleger Eduard Greif (re.) freut sich über den prominenten Besuch.

erlich". Springer-Vorstand Peter Tamm lästert im SPIEGEL: „Ich frage mich, wie die das machen." Eine Antwort kommt aus dem Rotlicht-Milieu: Unter den Greif-Brüdern wird die MOPO zum „größten Zuhälter der Stadt", wie es damals ein links-alternatives Stadtteil-Blättchen anklagend formuliert. Im hinteren Teil der Zeitung etablieren die Verleger eine tägliche Kleinanzeigen-Seite. Unter der Rubrik „Treffpunkte" bieten Prostituierte ihre Dienste an. Die Annoncen locken dabei nicht nur mit sexuellen Kontakten, sondern bieten auch noch pornografisch anmutenden Lesestoff, der nach heutigen Maßstäben gegen nahezu alle ethischen Grundsätze verstößt. Eine „rassige Wildkatze" aus Italien inseriert in der MOPO, genau wie ein „gieriges Mädchen, blond vollbusig, mit Zeit – denn auch ich genieße gern". Auch ein „heißes Gerät" ist dabei, eine „Stiefel-Lady" sorgt für „Erziehung in Leder, Lack und Gummi". Unkundige, aber fortbildungsinteressierte MOPO-Mitarbeiter müssen sich von den Kolleginnen in der Anzeigen-Annahme aufklären lassen, was sich hinter den verklausuliert annoncierten Dienstleistungen wie „Natursekt", „griechisch" oder „russisch" so alles verbirgt – ein Rotlichtbezirk zwischen den aktuellen News vom HSV und dem TV-Programm. Kritik an den Anzeigen kommt nicht nur von links, sondern auch aus der konservativen Ecke: Angeblich überprüfen Anwälte im Auftrag bürgerlicher Interessensgruppen, ob das horizontale Anzeigengeschäft der Förderung der Prostitution gleichkommt. Doch die Juristen finden keinen Weg, dem beizukommen, und das Geschäft mit den Kleinanzeigen floriert und wächst. Anfangs sind es nur zwei Spalten, später erstrecken sich die Inserate der Prostituierten über zweieinhalb, manchmal drei Seiten. Auch BILD versucht sich auf dem Sektor, ist aber lange nicht so erfolgreich – sehr zum Ärger der erfolgsverwöhnten Springer-Manager. Bis zu 300 Frauen inserieren täglich in der MOPO, die meisten von ihnen geben ihre Anzeigen persönlich auf. Im Eingangsbereich der Redaktion eröffnen die Greif-Brüder einen Schalter, an dem die Damen ihre Inserate diktieren und auch gleich in bar bezahlen. Im MOPO-internen Sprachgebrauch bekommt dieser rege genutzte Schalter einen einschlägigen und wenig respektvollen Namen, der bis heute unvergessen ist: die „Nuttenkasse".

Wer jetzt vermutet, die Einnahmen aus der Kasse würden möglicherweise nicht alle korrekt verbucht, der liegt goldrichtig. Polizeireporter Thomas Hirschbiegel: „Ich war damals freier Mitarbeiter, Geld bekam ich nur sporadisch." An Tagen, in denen er besonders hohe Einnahmen an der Anzeigenannahme vermutet, schlägt seine Stunde: „Ich eilte dann zur Kasse, präsentierte meine Abrechnung und holte mir mit sanftem Druck ein paar große Scheine – nicht selten gegen den Widerstand der Buchhalterin, die erklärte, sie müsse doch noch Kaffee und Bier für die Redaktion kaufen." Offenbar eine Ausrede, andere Kollegen schwören Stein und Bein, die Greifs hätten niemals auch nur ein Getränk für die Redaktion springen lassen. Die unseriös anmutenden Honorarzahlungen betreffen auch die fest angestellten Mitarbeiter. Monatelang werden Gehälter nicht – wie im normalen Geschäftswesen üblich – auf die Konten überwiesen. Stattdessen verteilt die Lohnbuchhaltung ohne Vorankündigung Verrechnungsschecks. Die Folge: Selbst zur Hauptproduktionszeit leert sich die Redaktion nach Verteilung schlagartig, da alle zu ihren Banken eilen – immer mit der Angst im Nacken, der eigene Gehaltsscheck könnte nicht gedeckt sein.

Die MORGENPOST ist wirtschaftlich und politisch unabhängig. Dadurch ist die Mannschaft der MORGENPOST frei in ihren Entscheidungen. Die Redaktion ist ausschließlich für ihre Morgenpost Leser da

Heide Ahrens Sportredaktion

Jörn Anders Produktion

Herbert Bangen Nachrichtenredaktion

Doris Banuscher Lokalredaktion

Peter Barber Produktion

Bernd Bendzko Layout

Udo Bode Funkstation

Volker Bredenberg Nachrichtenredaktion

Karin Büsing Chefsekretariat

Dirk C. Fleck Lokalredaktion

Die Chefredaktion der MORGENPOST: Gerd Kahle (rechts) und Walter Weber. Sie sind gerade dabei, das Nachrichtenmaterial der Agenturen auszuwerten

Andreas Buttmann Fotograf

Manfred Carstens Lokalredaktion

Ralf Dannemeyer Redaktion Bremen

Heinz Förster Lokalredaktion

Matthias Glück Redaktion Kiel

Jan Haarmeyer Volontär

Volker Hermsdorf Redaktion Nord

Peter Hildebrandt Lokalredaktion

Gerd-Peter Hohaus Lokalredaktion

Susanne Kahle Chefsekretariat

Ariane Kaletta-Caron Volontärin

Hans-Joachim Kleemann Sportredaktion

Wolf Lämpe Lokalredaktion

Ingeborg Markus Lokalredaktion

Peter Mähl Funkstation

„Unabhängig sein – politisch und wirtschaftlich"

MORGENPOST-Verleger Eduard Greif wendet sich an seine Leser

Liebe Leser,

es ist jetzt gerade zwei Jahre her, daß ich in letzter Minute die bereits aufgegebene MORGENPOST übernommen habe. Seit dieser Zeit ist die MORGENPOST Tag für Tag erschienen – trotz allergrößter drucktechnischer Schwierigkeiten. Kein deutscher Großverlag war bereit, sich dieser Aufgabe zu stellen. Ich habe das Wagnis übernommen, die MORGENPOST weiterzuführen. Damit habe ich einen bedeutenden Beitrag zur Vielfalt in der deutschen bzw. Hamburger Medienvielfalt gewährleistet.

Die MORGENPOST ist jetzt keine SPD-Zeitung mehr, denn die sozialdemokratische Partei ist weder direkt noch indirekt an der Zeitung beteiligt.

Die MORGENPOST ist politisch unabhängig und hält einen Kurs, den man links von der Mitte einordnen kann; also linksliberal. Die neue MORGENPOST repräsentiert sorgfältig die Meinungsvielfalt ihrer Leser.

Sie tritt für die Interessen der Staatsbürger ein. Aber ist kein Sprachrohr der Staatsmacht.

Die Lösung für die Zukunft der MORGENPOST heißt: der Dialog mit dem Leser. Denn die Demokratie lebt von verschiedenen Meinungen. Das ist die Voraussetzung für die funktionierende Demokratie nach unserem Verständnis.

Ihr Eduard Greif

Klaus-Peter Müller Redaktion Nord

Harald Naumann Lokalredaktion

Peter Neisner Fotoarchiv

Gotthard Neumann Fernsehredaktion

Hans-Jürgen Nordhoff Nachrichtenredaktion

Jens Osterloh Layout

Rolf Redder Besondere Aufgaben

Beate Sager Volontärin

Ute Salmeron Fotolabor

Jochen Schaumann Kulturredaktion

Michael Schickel Sportredaktion

Erich Schmidt Lokalredaktion

Manfred Schönball Layout

Johann Heinrich Schröder Lokalredaktion

Peter Siawig Layout

Jörg Stiller Funkstation

Detlef Strempel Volontär

Rolf Töpperwien Redaktion Nord

Gerhard Vögtler Sportredaktion

Jochen Wedemeyer Fotoarchiv

Walter Wolf Chef vom Dienst

Fotos: Buttmann, Fraatz, Reinders

Black-Mod. v. 8.00–? U. (040) 8993506

BEATE! LOKSTEDT 12–20 U. (040) 5676 00

PHILLIPPINISCHES MODELL
v. 12–19 U. (040) 519137

Herrin Leila
La. Le. Gum. Stiefel (040) 435316

SEXY - STRAPS MODELL
Mo.–Fr. v. 10–24 U. Tel. (040) 478565

Spezial-Filme for Lovers
Frz. u. griech., B. Schlump 15, Patricia

PRIVAT IN BERGEDORF
Kaffee, Filme, frz. engl. Bades. (040) 7215951

Domin. Angela (engl. p.) orig. franz. N-Sekt (040) 4919998

Hammer Landstr. 2 Mod. 18- u. 22jähr., blond u. dunkelh. 10.00–19.00 U. T. (040) 2194975

Blondine HH 13 (040) 45 51 38
erfülle Dir g. all Deine Wünsche v. 11–? U.

Bombay: jg. indisches Mod. Jaqualerie, B. Schlump 15

Ras. Mod. bis 24.00 Uhr (040) 828566

Komm Kaffeetrinken und… (040) 828566

Nicole frz. Sinnlichkeit
v. 11–2 U. nachts (040) 226934

CORINA 24 J. nett, attraktiv, vollb. u. ras. erwartet Deinen Besuch v. 10-17 U. (040) 2003377

Marilyn 20 J. blond BH 14 Tel. (040) 4808835

VIGGI MOD. (040) 2202579 bis 18 U.

B…..WUNDER
in priv. Atmosph. (040) 478152 b. 12 U.

+ VIDEOAUFNAHMEN BEI ANJA (040) 2003985

MODELL MIT VIEL FREIZEIT UND …HRUNG erw. DICH AB 10 U. IN IHRER …TWOHNUNG (040) 2003985

SÜSSE FINNIN!
…rged. BH 10 (040) 7245896

…L-MOD (040) 5608130

…rz./griech. schl. dklh. (040) 4392973

…od. charmant u. lieb v. 9–22 U. …18 Erfülle alle Wünsche g. privat

…rin (040) 2501350

…ostessen

…nd + sexy 18 + 22 J. auch …. 12–2 U. (040) 898825

… + Hotel (040) 4802367 …hr 18/22/25/32 Jahre.

…y, schlank, charmant, …he (040) 3194839

Neu! Charm. Hostessen erw. Ihren Anruf außer Haus b. 150 km 0511/669760

Studentin m. Haus- + Hotelbes. 040/4102619

HH, HL, PI, SE, KI, OH
jg. zärtl. Frau macht Haus- u. Hotelbes. 7–24 U. (040) 385974 od. (040) 5217402

Spitzen Hostessen besuchen Dich gerne im Haus + Hotel (040) 2799762

Jg. Mädchen m. Hotel + Hausbes. (040) 4393399

Haus u. Hotelbesuche (040) 6501673

Hausbes. (diskret) (040) 6403122

Sybille besucht Sie im Haus oder Hotel v. 16–24 U. (040) 4390646

Student. – Hausfr. – Berufstätige als charm. Gesellschafterin f. Haus- + Hotelbes. b. 150 km (040) 6446025 Agt.

NORDDEUTSCHER HOSTESSENSERVICE
Tel. (040) 6445112 auch Haus- u. Hotelbes. HH, HB, HL, PI, FL, KI, OH, OD, SE, PLÖ.

MODELL 19 J. (040) 56 23 26
Besucht Dich im Haus + Hotel v. 15–3.00

SÜß + Sexy 18 J. OW 7 ich komme nur ins Haus + Hotel (diskret) – ruf doch mal an! Tel.: (04101) 68354 – Hamb. + Umgebung

Haus- + Hotelbesuch (040) 40 51 67
Liebe nette Hosteß 23 J. schlank würde Dich gerne mal besuchen v. 14–3 U. nachts

Diskr. Haus- + Hotelbes. (040) 8993506

★ Straps-Club-Love ★
Badeserv. oriental. griech franz. 14 – 2 Uhr, Lokstedter Weg 47 T. (040) 472222

Thaimädchen, Hongkong-Girl, Japanerin Blankenese, Siebenbuchen 27, 10–20 Uhr

Gesundheitspflege

Angela 24 J. ras. org. frz. Bades. Body-mass. u. engl. a + p. Fotoaufn. möglich. Auch f. Sie 040/5510654 v. 11–17 U.

Sehr attrakt. Masseuse 10–14 U. neu in Pöseldorf (040) 459230

Herrin SAMANTHA v. 17–4 U. nachts engl. spez. mit Kabinett Tel. (040) 477499

HB: Intim-Massage ● Tel. (0421) 318735

Entspannungsmassage (040) 444696

HB: INTIM-MASSAGE ● Tel. (0421) 315487

Massagen (russ. frz./engl. gr.) 0511/852124

SPASS M. TINI
org. frz. griech. N-Sekt u. Engl. bld. 18 J. v. 11–24 U. (040) 459441

HH 20, Mod. 30 J. von 12–22 U., Sauna, Badeserv., NS, russ. Mass., frz. usw. (040) 489096

Entspannungsmassage (040) 342132

Junge Dame bietet Schaumbad N. Sekt engl. a+p. griech. u. franz. Bodymassage mit ihrem g. Körper (040) 4300060

Junge Frau s. anpassungsf. m. außergew. Neigungen frz. griech. u. engl. a+p N. Spiele Kabinett-Schaumbad (040) 4392441

Gummi Mod. v. 10–24 U. Tel. (040) 478565

Hinweis für ★TREFFPUNKT★ Barzahler

Sie können Ihre Anzeige direkt bei uns am Schalter aufgeben. Beachten Sie aber unseren **Anzeigenschluß** für diese Rubrik: täglich vor Erscheinen **13.15 Uhr!**

Unser Schalter ist Mo.-Fr. von 8.30-17.00 Uhr geöffnet.

Morgenpost
KAUFMANNSHAUS BLEICHENBRÜCKE HAMBURG 36

Nicht nur Honorare werden aus der Kasse bezahlt, das Geld fließt offenbar auch ins Milieu zurück. Übereinstimmend berichten Zeitzeugen von den sexuellen Vorlieben des Verlegers Eduard Greif für die käufliche Liebe. „Ede" residiert im gegenüberliegenden Hotel – und genau dort wollen MOPO-Mitarbeiter am Abend Frauen, die tagsüber ihre Annoncen am Hurenschalter abgeben, mit dem Verleger gesehen haben, immer mal wieder auch durchs Hotelfenster. Zu dieser Schmuddelgeschichte gehört der Zusatz, dass es keine belastbaren Zeugen gibt, die den Vorgang beschwören, deshalb fügen wir hier an: Es gilt durchaus die Unschuldsvermutung.

Champagner und Sex sind das eine, aber mitunter müssen die Greif-Brüder auch mal wieder an den wirtschaftlichen Erfolg denken, und da wird es mit jedem Tag trister im Kaufmannshaus. Ihr Erlös aus dem Verkauf des Schweizer Anzeigenblättchens ist längst pulverisiert, die MOPO erweist sich nicht als Goldesel, sondern als riesiges schwarzes Loch, das ganze schöne Geld ist weg. „Verkaufen", denkt sich Eduard und bietet die MOPO wie Sauerbier an, hach, was für ein schönes Sprichwort und auch ein passendes Bild! Saures Bier, das will doch niemand, die ganze Medienbranche blickt kopfschüttelnd auf die Chaos-Brüder mit ihrer Hurenkasse.

Auch die Redaktion leidet unter dem Missmanagement, der SPIEGEL lästert 1985 in einem Beitrag: „Dass die Morgenpost noch immer 164 000 Käufer findet, verdankt die Zeitung vor allem dem Umstand, dass sie nicht aus dem Hause Springer kommt. Ein Rest linksorientierter Leser unterstützt das finanzschwache Boulevard-Blatt als dürre Alternative zu den Springer-Lokalausgaben von Bild, Welt und Hamburger Abendblatt." MOPO-Urgestein Gerd-Peter Hohaus: „Ich kann mich an den Artikel nicht erinnern, aber da kann man mal sehen, dass selbst beim SPIEGEL schon mal die Wahrheit hinter dem Spaß an der Häme zurückblieb. Die MOPO wurde im Gegensatz zur BILD immer als vertrauenswürdiger in Sachen Wahrheitsgehalt bewertet und war bekannt und geachtet für ihr engagiertes Aufbereiten sozialer Themen und Fairness bei ihrer Berichterstattung."

Tatsächlich definieren Media-Analysen den typischen MOPO-Leser als besser gebildet und gut verdienend, interessiert an politischen Themen, aufgeschlossen für Minderheiten und andere Lebensformen. Bei aller verlegerischen Amateurhaftigkeit und den peinlichen und höchst fragwürdigen Kapriolen der Schweizer Finanzjongleure gelingt es der personell weiter ausgedünnten Redaktion erstaunlicherweise noch immer, ein journalistisch ziemlich anständiges Blatt auf den Markt zu bringen. Und ein Kontrastprogramm zur BILD: kein Minderheiten-Bashing, keine Hetze gegen Drogenabhängige und angebliche Sozialschmarotzer, die lieber zum Sozialamt als zur Arbeit gehen, keine Diffamierung von Ausländern, keine Ausgrenzung von Schwulen während der AIDS-Hysterie. Umweltpolitische Diskussionen, Atomkraft, Mieterrechte, Bau- und Verkehrspolitik, Berichte über Verstöße gegen Menschenrechte, ungerechte Politik gegen Kinder und Frauen, dazu einen viel beachteten und hochgelobten Kulturteil – die MOPO bleibt trotz der Schweizer Widrigkeiten im Großen und Ganzen ihrer Linie treu.

UMZUG AN DIE AUTOBAHN

Juli 1985: Die MOPO zieht aus der City in die Griegstraße in Bahrenfeld, damals noch eine Industriebrache. Die Redaktion nimmt's mit Galgenhumor: „Letzte Zeitung vor der Autobahn"

Trotzdem – die Widerstandsfähigkeit der Redaktion gegen die „Greif-Vögel", wie sie auch genannt werden, wird auf eine harte Probe gestellt. Einen wegen Betriebsratszugehörigkeit unkündbaren Gerichtsreporter traktieren sie monatelang mit Abmahnungen und Hausverboten. Im April 1983, in einer Zeit, als die Stasi noch durch die Mauer geschützt ihr DDR-Volk ausspähte, lassen die Schweizer mit ähnlichen Methoden Beurteilungsbögen über redaktionelle Mitarbeiter erstellen. Der damalige Chefredakteur Gerd Kahle, MOPO-Urgestein und zu SPD-Zeiten schon einmal Chefredakteur, weigert sich gegenüber den Verlagsherren empört – sein Stellvertreter, ein ehemaliger BILD-Mann, kennt keine Skrupel und liefert.

Mit der schicken City-Adresse zwischen den Alsterfleeten ist es 1984 vorbei. Der Vermieter der Kaufmannshaus-Etage fordert nun den für die ansehnliche Lage ortsüblichen Mietzins. Die Greifs verordnen den Umzug in die zu dieser Zeit wie eine Industriebrache anmutende Griegstraße in Bahrenfeld, weitab vom Zentrum der Stadt und dem alltäglichen Geschehen in der City. Weil die einschlägige Anzeigenannahme zentral gut erreichbar bleiben muss, werden Räume in der Rathausstraße angemietet. Daran partizipieren auch drei Rathausreporter und Medizinmann Hohaus, die auf Stadtnähe besonders

angewiesen sind. Sie dürfen zurück in die City, zwei Etagen über die weiter florierende Anzeigenannahme für das lukrative älteste Gewerbe.
Der verlegerische Erfolg der Greif-Gebrüder bleibt jedoch aus; was folgt, erinnert schon eher an das Geschehen am Pokertisch als an ein Zeitungshaus. Eduard Greif verhandelt mit Gruner + Jahr, es sieht gar nicht so schlecht aus, aber der Schweizer will mehr, jetzt spricht er auch mit Burda – tatsächlich, die bieten mehr. Neun Millionen Mark für Ede und seinen Bruder, dazu die Übernahme der Schulden – besser geht es nicht, jedenfalls nicht für die Greifs. Springer-Chef Peter Tamm ist ebenfalls am Deal beteiligt, seinem Verlag gehört ein Viertel von Burda, da wird man ja wohl mal auf die Zahlen gucken dürfen. Der Kaufvertrag ist schon geschrieben, da gerät das Geschäft plötzlich ins Stocken. Die Branche ahnt, warum. „Sobald Sie näher gucken, kriegen Sie einen Schrecken", verrät ein Vorstandsmitglied von Gruner + Jahr. Die Gebrüder Grimm, äh, Greif hatten doch tatsächlich die Eigentumsrechte der MOPO an ihre eigene Firma, die Greif Presse AG in der Schweiz verkauft, die MOPO zahlt fortan eine Lizenzgebühr dafür, dass sie die MOPO ist und MOPO heißen darf. 1,2 Millionen Mark im Jahr kostet das absurde Vergnügen, bekloppter kann es nun wirklich nicht mehr werden. Frieder Burda bekommt kalte Füße, sagt den Deal ab, begründet es mit immer neuen Katastrophenzahlen, die seien „von Tag zu Tag schlechter" geworden. Eduard Greif weint sich im SPIEGEL aus: „Ich bin offensichtlich geleimt worden." In der Redaktion herrscht Fassungslosigkeit. Als die Mitarbeiter bei einer Betriebsversammlung auf die Greif-Brüder warten, diese aber nicht erscheinen, drückt einer der Layouter den Play-Knopf seines Stereo-Kassettenspielers. „Es ertönte ‚Spiel mir das Lied vom Tod'", erinnert sich der damalige Volontär Buttje Rosenfeld an die Szene. Rosenfeld lässt sich nicht schrecken, er wird Sport-Reporter und bleibt noch fast 40 Jahre bei der MOPO.
Die Greifs nicht, für sie ist es vorbei, im August 1986 erlöst Gruner + Jahr die MOPO. Fünf Millionen Mark ist der offizielle Kaufpreis. „Die haben die Greifs richtig gequält, die mussten erst mal aufräumen, die Bücher sortieren", sagt der ehemalige Betriebsrat Holger Artus, ein anständiger Verlag kauft ja keinen Sauhaufen. Die Greifs verlassen Hamburg, Artus telefoniert knapp 30 Jahre später noch mal mit Eduard, ein wenig aufschlussreiches Gespräch, „er fühlt sich nach wie vor von allen betrogen", danach verliert sich die Spur. Was bleibt, ist die kollektive Erinnerung an die „Hurenkasse".
Die Treffpunkt-Anzeigen überleben die Greif-Ära noch um Jahrzehnte. Nach der Übernahme durch Gruner + Jahr sollen die Inserate verschwinden, der stolze Verlag will sich nicht mit so einem Schmuddelkram herumärgern. Doch als die Buchprüfer feststellen, was für ein riesiges Geschäft die Zeitung damit macht, geht es weiter. Erst im Frühjahr 2020 ist Schluss. Mit der Übernahme des Titels durch den aktuellen Verleger Arist von Harpe endet ein zweifelhaftes Business, das mehr als 40 Jahre zur MOPO gehörte. ■

HEUSCHRECKEN-ALARM! INVESTOREN ZERLEGEN DIE MOPO

Ende 1999 verkauft der Großverlag Gruner + Jahr die MOPO. Es beginnt ein unruhiges Jahrzehnt, geprägt von Investoren und Geschäftsleuten, die das große Geld mit der MOPO machen wollen. Die redaktionelle Unabhängigkeit gerät dabei in Schieflage – und die Redaktion blutet aus.

Der 50. Geburtstag der MOPO ist eine rauschende Party. Auf dem Innenhof hinterm Redaktionsgebäude in der Bahrenfelder Griegstraße steht an diesem Abend, dem 16. September 1999, ein riesiges Festzelt, 1800 Gäste sind geladen. Promis aus Politik, Wirtschaft, Kultur und Sport feiern den runden Geburtstag. Unter den Besuchern sind HSV-Legende Uwe Seeler, Schlagerstar Vicky Leandros, Unternehmer Jürgen Hunke, TV-Moderatorin Victoria Voncampe, die Stern-Chefredakteure Thomas Osterkorn und Andreas Petzold, Schauspieler Christian Quadflieg und Bürgermeister Ortwin Runde (SPD).
Was viele Gäste nicht ahnen: Hinter den Kulissen der MOPO brodelt es gewaltig. Die Zeitung schreibt auch im 14. Jahr unter der Obhut von Gruner + Jahr rote Zahlen, zuletzt waren es knapp vier Millionen Miese. Gerüchte von einem Verkauf machen die Runde. Die Redaktion wehrt sich gegen einschneidende Sparmaßnahmen: Innerhalb der neu eingeführten Redaktionsgemeinschaft mit dem Berliner Kurier werden überregionale Inhalte zentral für alle G+J-Kaufzeitungen erstellt. In der MOPO-Redaktion sollen so innerhalb von zwei Jahren mehr als zwei Millionen Mark und 13 Stellen eingespart werden. Ein schmerzhafter Einschnitt.

Gerd Schulte-Hillen, Vorstandschef von MOPO-Besitzer Gruner + Jahr, deutet die wirtschaftlichen Probleme der Zeitung in seiner Jubiläumsrede an, verspricht dann aber: Gruner + Jahr werde der MOPO auch weiterhin „einen sicheren Hafen bieten". Applaus und Bravo-Rufe, die Party beginnt und endet erst in den frühen Morgenstunden. Hunderte Gäste feiern eine wilde Sause und erwachen mit einem heftigen Kater.
Knapp fünf Wochen nach Schulte-Hillens Geburtstagsrede ist der sichere Hafen geschlossen: Gruner + Jahr verkauft die MOPO. Die neuen Verleger sind Versandhaus-Erbe Frank Otto und der Galerist Hans Barlach. Zwei Drittel gehen an Otto, Barlach hält ein Drittel an den Anteilen. Die bisherige Chefredakteurin Marion Horn einigt sich mit den neuen Verlegern auf eine Vertragsauflösung zum Jahresende, als neuer Chefredakteur kommt Josef Depenbrock.
Es läuft gar nicht so schlecht für die MOPO, nach all den Jahren in einem Großverlag verschlanken sich die Entscheidungsstrukturen, speziell Frank Otto bringt sich aktiv ein, zeigt sich engagiert. Der damalige Betriebsrat Holger Artus erinnert sich: „Der Kauf war die Lebensrettung für die MOPO. Frank Otto leitete eine Unternehmensentwicklung ein, die für 15 Jahre Gewinn bedeutete." Nach einigen Monaten des Kennenlernens wird deutlich, dass Otto und Barlach alles andere als ein homogenes Verleger-Duo sind. Ihre Interessen und Herangehensweisen unterscheiden sich grundlegend.

Frank Otto, seit Jahrzehnten mit der gleichen Langhaarfrisur, blond, ein ruhiger, besonnener Typ, erzählt gern, gerät auch mal ins Schwafeln, aber nicht prahlerisch, sondern eher verträumt. Er kommt 1957 als drittes von fünf Kindern des Versandhausgründers Werner Otto zur Welt. Am Business seines Vaters zeigt er wenig Interesse. Er absolviert eine Ausbildung zum Restaurator, studiert Bildende Kunst, macht selbst Musik und investiert in Radio- und TV-Sender: Otto gründet OK Radio, den Musiksender VIVA sowie den lokalen TV-Sender Hamburg 1, beteiligt sich am Rocksender Delta Radio und an der Berliner Radiostation Kiss FM, die 1993 mit dem Slogan „Only Black Music" on air geht. Ein Portfolio, das er 1999 mit der MOPO ergänzt, irgendwie passt das zu seinem Tun. Einer, der sein Geld nur investiert, wenn das Projekt sein Herz bewegt.

Hans Barlach ist da von einem anderen Schlag. Hektisch, eilfertig, mit schneidender Stimme, die Haare nicht lang und blond, sondern lockig und dunkel, teure Klamotten, starker Raucher. Der Enkel des Bildhauers Ernst Barlach (1870–1938) wird nach seinem Tode im Jahr 2015 in einem Nachruf des Tagesspiegels als „Zocker, der oft im Zwielicht agierte", beschrieben. Der Schriftsteller Peter Handke bezeichnet Barlach in einem Gastbeitrag für die ZEIT gar als „Unhold" und „Abgrundbösen". Anlass ist eine Klage Barlachs gegen den Suhrkamp-Verlag, bei dem er sich einkauft und dessen Geschäftsführerin er anschließend Veruntreuung vorwirft.

Auch bei der MOPO gibt's Zoff mit Barlach. Als Frank Otto die Hälfte seiner MOPO-Anteile an die Kieler Nachrichten verkaufen will, legt Barlach sein Veto ein. Er hält ein Vorkaufsrecht, braucht jedoch Geld, das leiht er sich von der Hamburger Verleger-Legende Heinz Bauer – 1,6 Millionen Euro. Nur wenige Monate später steigt Otto ganz aus. Barlach kauft auch das nächste Paket, hält jetzt 95 Prozent, die restlichen fünf Prozent gehören dem Chefredakteur, Josef Depenbrock. Er erhöht seine Anteile später auf zehn Prozent.

Depenbrock ist eine Figur, die im MOPO-Kosmos über Jahre hinweg abwechselnd für Ratlosigkeit, Erstaunen, Entsetzen und manchmal auch für Erheiterung sorgt. Ein Westfale mit Dackelblick, fast ein bisschen knuffig. Aber wenn es ums Geld geht, zieht er andere Saiten auf.

Geboren 1961 in Ahaus im Münsterland, absolviert er ein Volontariat bei den Westfälischen Nachrichten, Ausgabe Münster. Mit 32 Jahren macht er sich zum Chefredakteur seines Anlegermagazins CASH, 2000 kommt er als Chef zur MOPO. Die Redaktion begrüßt ihn skeptisch: Depenbrock hat auf den ersten Blick keinerlei Referenzen als Macher einer Boulevard-Zeitung vorzuweisen. Nach wenigen Tagen fühlen sich viele MOPO-Leute bestätigt. In den Konferenzen reagiert Depenbrock auch auf die aufregendsten Geschichten mit Gleichgültigkeit, das Blattmachen überlässt er seinem Stellvertreter Eric Markuse, bis der irgendwann genervt das Handtuch schmeißt, weil er keine Lust mehr hat, „mit dem Feuerlöscher hinter Depenbrock herzulaufen". Akribisch ist er immer dann, wenn es um das Controlling geht, die Listen mit Ausgaben und Personalkosten interessieren ihn mehr als die Themenpläne, so wirkt es jedenfalls. Echte Leidenschaft zeigt „Depi", wie er genannt wird, vor allem bei zwei Themen: Motorradfahren und Aktien.

Dennoch ist die Stimmung zum Start der neuen Ära nicht schlecht. Depenbrock tut gar nicht erst so, als sei er mit allen Kompetenzen gesegnet, er nimmt sich zurück, lässt der Redaktion Gestaltungsspielraum. Er ist freundlich, geht ordentlich mit den Leuten um, bleibt auf Augenhöhe. Bodenständig, westfälisch, eigenbrötlerisch. Er weiß um die Skepsis der Redaktion gegenüber seinen journalistischen Fähigkeiten, erträgt die entsprechenden Lästereien. Das zeigt ein komödiantisch anmutender Vorfall in den Räumen der Lokalredaktion. Lokalchef Frank Wieding, ein MOPO-Urgestein, ruft vor versammelter Mannschaft in den Raum: „Wo ist eigentlich der Chefpraktikant?" Die Frage ist noch nicht ganz verhallt, da lugt Depenbrock hinter einem Stützbalken hervor. Frank Wieding erinnert sich: „Ich habe mich bei ihm entschuldigt und ihm gesagt, dass das natürlich drüber war. Ich hätte mit einer Abmahnung gerechnet. Aber für Depenbrock war es erledigt."

Der MOPO-Crew ist mittlerweile klar: Depenbrock betrachtet Journalismus nicht als Beitrag zur Festigung der Demokratie – sondern als Geschäftsmodell. Das muss man nicht gut finden, aber es ist legitim, denn auch Medien müssen Geld verdienen.

Außergewöhnlich ist nur, dass bei einem Chefredakteur der wirtschaftliche Erfolg über der redaktionellen Unabhängigkeit auf Platz eins der Agenda steht. Die eigensinnige MOPO-Crew akzeptiert den Chef trotzdem. Niemals wird es Liebe, eher eine Zweckgemeinschaft.

Doch als Teilhaber Frank Otto Anfang 2004 geht, verändert sich das Klima. Barlach und Depenbrock schieben neue Geschäfte an. „Der Wechsel war eine grundlegende Neuausrichtung", bewertet der damalige Betriebsrat Holger Artus den Ausstieg Frank Ottos, „mit Hans Barlach und Josef Depenbrock ging es wieder nur um die Rendite, sie wollten sparen, wo sie konnten, um das Geld für sich zu kassieren und in andere Projekte zu investieren."

Tatsächlich geht Hans Barlach auf Shoppingtour, er kauft auf Pump die TV TODAY von Gruner + Jahr. Weil Heinz Bauer ihm kein mehr Geld gibt, holt er sich bei Burda einen Kredit. Offiziell wird kein Kaufpreis genannt, die Gewerkschaft ver.di, die über die Betriebsräte Einblick in die Verhandlungen hat, berichtet von 15 Millionen Euro. Eine gewaltige Summe, die sich rentieren muss. Barlachs Plan: Personalabbau und neue Synergien – mit der MOPO.

Chefredakteur Depenbrock übernimmt die Geschäftsführung bei TV TODAY, zusätzlich zu seinen Ämtern und Aufgaben bei der MOPO. Depenbrocks erste Amtshandlung: Kahlschlag bei TV TODAY, 68 der 108 Angestellten müssen gehen. Die restliche Belegschaft zieht aus dem attraktiv gelegenen Büro am Hafenrand in den MOPO-Hinterhof, Bahrenfeld. Controlling, Herstellung, Personalangelegenheiten – die administrativen Aufgaben werden im Hause MOPO mit erledigt. Eine drastische Kostenoptimierung in Rekordgeschwindigkeit: Innerhalb eines Jahres kauft und verkauft Barlach das TV-Heft. Käufer ist Darlehensgeber Burda. Welchen Gewinn der Verleger mit dem Deal am Ende macht, lässt sich nicht seriös berichten.

Auch die MOPO wird nochmals frisch gemacht – aus Investorensicht. Geschäftsführer Roger Frach, ein als besonnen geltender Medienkaufmann mit redaktionellem Know-how, muss gehen. Auch der Chef und Vordenker von mopo.de, Alexander Dorn, verlässt das Haus. Er gilt als Antreiber der Digitalisierung. Eine Agentur übernimmt den Auftritt, ein fatales Signal an die Belegschaft. Online? Ist doch nur ein teures Anhängsel, das kann jemand anderes machen. Die Sanierungsmaßnahmen machen sich in den Bilanzen positiv bemerkbar. Die MOPO meldet Gewinne, das gab es seit den frühen SPD-Zeiten nicht mehr. Das Blatt ist wirtschaftlich wieder flott – und das Duo Barlach/Depenbrock steht kurz vor dem Ziel – die Basis für einen lukrativen Weiterverkauf der MOPO ist gelegt.

Als Ende des Jahres 2005 die Anschaffung eines neuen Anzeigen- und Redaktionssystems gestoppt wird, kochen erste Spekulationen hoch, die sich trotz heftiger Dementis von Barlach und Depenbrock bewahrheiten: Im Januar 2006 kommt es zum Verkauf der MOPO an die BV Deutsche Zeitungsholding, eine Investorengruppe, bestehend aus dem US-Medienfonds VSS und der britischen Mecom, ein Unternehmen des Medien-Investors David Montgomery. Für Barlach und Depenbrock hat sich die Arbeit gelohnt. Sie kassieren 24 Millionen Euro für die MOPO. Die MOPO-Belegschaft hingegen ist tief verunsichert. Sie wissen: Den Kaufpreis wollen die Investoren wieder rausholen – und zwar mit einer satten Rendite.

David Montgomery, Chef des Medienkonzerns Mecom, London. Der Name schlägt in Hamburg ein wie ein Meteorit. Das MANAGER MAGAZIN bezeichnet Montgomery als „erste Heuschrecke im deutschen Mediengeschäft". „Ein Verleger, der keine publizistische Vision für die MOPO hat, sondern Geld verdienen will.

Gerd Schulte-Hillen | Frank Otto | Hans Berlach

David Montgomery | Josef Depenbrock | Matthias Onken

Viel Geld“, schreibt MOPO-Redakteurin Stephanie Lamprecht später in einer Jubiläumsausgabe über Montgomery.
Der Typ ist wirklich auch fernab von dem, was wir unter „feine hanseatische Art“ verbuchen. Als Redakteur berichtet der Nordire für das skandalträchtige Krawallblatt NEWS OF THE WORLD. Ja, genau, der Laden wurde dichtgemacht, weil die Redaktion illegal Mailboxen von Promis und Politikern abgehört hatte, tausende sollen es gewesen sein. Später wechselt er in die Chefredaktion von THE SUN, danach wird er Geschäftsführer bei der Mirror-Zeitungsgruppe – Boulevard-Titel, die nicht mit Florett, sondern mit dem Knüppel berichterstatten. Schon in den 1990er Jahren malträtiert er die Redaktion mit Sparmaßnahmen, indem er im großen Stile Stellen streicht.
Jetzt steht die MOPO auf der Speisekarte der angeblichen Heuschrecke aus London. Angekündigt hatte sich das alles schon, im Jahr zuvor krallte Montgomery sich den Berliner Verlag und begann damit, der BERLINER ZEITUNG eine Komplett-Sanierung zu verpassen. Die Redaktion wehrte sich mit Händen, Füßen und Protesten. Uwe Vorkötter, Chefredakteur, trommelte öffentlich gegen die neuen Besitzer.
Besonders kritisch ist die neue Verzahnung zwischen Redaktion und Verlag. Das, was Depenbrock in seiner Doppelrolle als Geschäftsführer und Chefredakteur schon vorgemacht hatte, wird nun zur Regel. Montgomerys Chefredakteure sollen keine investigativen Bluthunde mehr losschicken, sondern ein redaktionelles Wohlfühl-Umfeld für Werbekunden schaffen: „Der Newsroom soll näher an das Anzeigengeschäft rücken.“ Die Entlohnung der leitenden Angestellten ist künftig eng an den wirtschaftlichen Erfolg des Besitzerkonsortiums gekoppelt: Die Chefredakteure sollen Management-Buy-Optionen (MBO) unterzeichnen und gewaltige Summen investieren, die ihnen später mit angeblich sagenhaften Renditen wieder zurückgezahlt werden.

Auch Matthias Onken, der 2000 als Polizeireporter zur MOPO kam, später ins Politikressort wechselte und unter Depenbrock mit Anfang 30 zum stellvertretenden Chefredakteur aufstieg, soll in das MBO-Programm einsteigen. „Das war mir suspekt – denn offenkundig wollte sich die neue Verlagsleitung ihre Chefredakteure mit dem Renditemodell zu Freunden machen. Davon abgesehen hatte ich das Geld für die Einlage gar nicht. Sofort bekam ich ein Finanzierungsangebot“, erinnert sich Onken. „Ich hatte Bauchschmerzen, wollte mit der Redaktion einfach nur Zeitung machen.“ An den Bauchschmerzen ändert auch das Kapitalisierungsversprechen nichts – „im besten Fall eine Vervielfachung der Einlage“, berichtet Onken. Das Modell lässt erahnen, mit welchen Gewinnerwartungen Montgomery und seine Investoren die MOPO übernehmen. Onken zahlt einen Bruchteil der vorgeschlagenen Summe, ein Kompromiss, er übernimmt die Chefredaktion, Depenbrock wechselt nach Berlin, wird Chefredakteur der BERLINER ZEITUNG, wieder in so einer Zwitterfunktion, wieder auch als Geschäftsführer. Er entpuppt sich als Statthalter Montgomerys in der Hauptstadt.
Die Belegschaft der BERLINER ZEITUNG ist entsetzt über die Personalie. Längst ist klar: Depenbrock trägt seinen Titel als Chefredakteur nicht, weil er ein herausragender Journalist ist. Sondern weil er die Basis für ein lukratives Geschäftsmodell schaffen soll. Die Grundsätze der Pressefreiheit spielen dabei keine Rolle. Die Trennung zwischen Redaktion und Verlag ist mit seiner Doppelrolle über den Haufen geschmissen. Dabei gibt es gute Gründe für die strikte Trennung. Die Redaktion ist zuständig für die Inhalte, für Geschichten, Enthüllungen, unabhängig davon, um wen

oder was es geht. Der Verlag ist zuständig für die wirtschaftliche Basis und für das Anzeigengeschäft. So einfach ist das: Ein Werbekunde, der möglicherweise Dreck am Stecken hat, soll sich nicht durch Anzeigenschaltungen von der Berichterstattung freikaufen können. Derlei Konflikte sind im Redaktions-Alltag gar nicht so selten, vor allem Lokalzeitungen, wo die Wege zwischen Anzeigenkunden und Verlagsvertretern kurz sind, geraten da häufig zwischen die Stühle. Bei der MOPO genießt die Trennung einen hohen Stellenwert, sie ist erkämpft und keineswegs selbstverständlich, denn als Zeitung, die aus einer SPD-Holding kommt, gibt es über die Jahrzehnte immer wieder Versuche der Einflussnahme durch den Verlag, der wiederum besetzt ist mit SPD-Leuten oder zumindest Menschen, die der Partei nahestehen.

Anfang der 1970er Jahre kommt es im Hause MOPO zu einem Aufstand gegen die Einflussnahme durch den Verlag. Dabei geht es keineswegs um eine dramatische Weisung parteipolitischer Natur, sondern um eine echte Lappalie. Cornelie Wolgast-Sonntag*, damals Volontärin bei der MOPO, schreibt darüber: „Die Jahre um 1970 waren die Phase, in der die Forderung nach redaktioneller Mitbestimmung und der Gründung von Redaktions-Statuten laut wurde. Der Ruf nach Selbstbestimmung und Eigenständigkeit gegenüber dem Verlag prägte auch die Stimmung unter uns Redaktionskollegen, vor allem den jüngeren, in der Morgenpost. Wir hatten Versuche der Verlagsleitung, auf den Inhalt der Zeitung Einfluss zu nehmen – und solche gab es – allmählich satt. Dann geschah etwas, das uns zu einer Protest-Aktion zwang. Der Herausgeber änderte eine Schlagzeile. Ich weiß nicht mehr, worum es in dem Artikel ging, aber gedruckt werden sollte die Überschrift: „Will das Fernsehen uns verscheißern?" In einer Nacht-und-Nebel-Aktion änderte die Verlagsleitung den Fäkal-Ausdruck in die harmlosere Version „verschaukeln" um. Man wollte die Leserschaft nicht vergraulen. Nicht, dass wir von der ursprünglichen Formulierung so begeistert gewesen wären. Aber hier ging es ums Prinzip. Die redaktionelle Freiheit war verletzt worden. Bei Dienstbeginn traten wir – Redakteure, Volontäre, Fotografen, Layouter – zu einer Sonderkonferenz zusammen. Was tun? Dem Herausgeber unseren Protest mitteilen, natürlich. Ansonsten: nichts tun. Die Arbeit ruhen lassen und damit das Erscheinen der nächsten Ausgabe gefährden. Bis gegen 17 Uhr – Start der Umbruch-Zeit – hielt die Streikfront. Soweit ich mich erinnere, verhielten sich die Kollegen in der Setzerei solidarisch. Verhandlungen zwischen Sprechern der Redaktion und der Verlagsleitung führten dann zum Abbruch der Protest-Aktion. Immerhin; wir hatten ein deutliches Signal gesetzt. Im gleichen Jahr ereigneten sich auch andere Auseinandersetzungen in den Printmedien, etwa beim SPIEGEL. Kollegen vom NDR, in den ich später überwechselte, erklärten sich solidarisch. Wir stellten eine große Veranstaltung zum Thema ‚Medienfreiheit' im Audimax der Hamburger Uni auf die Beine. Und am 1. Mai marschierten wir bei der Gewerkschafts-Kundgebung mit einem Transparent unter dem Motto ‚Alles neu macht der Mai! Wann macht er die Presse frei?'."

* Cornelie Wolgast-Sonntag, geboren 1942, arbeitet bis 1975 für die MOPO, wechselt dann zum NDR. Später macht sie Karriere in der Politik – bei der SPD: 1988 rückt Wolgast-Sonntag für Heide Simonis in den Bundestag nach. Bei den Bundestagswahlen 1994 stellt die Schleswig-Holstein-SPD sie als Spitzenkandidatin auf, erfolgreich. 1998 bis 2002 ist Wolgast-Sonntag Parlamentarische Staatssekretärin unter Innenminister Otto Schily.

Die Demontage der MOPO:
Depenbrock
Abgeschafft + eingestellt:
• Fotoredaktion
• TV-Redaktion
• CvD
• Werbekampagnen
• Online-Redaktion
Gewinn steigt auf 1 Mio. Euro
MECOM (Depenbrock + Skulimma):
• Panorama-Seiten
• Motor-Seiten
• Reise-Seiten
• Medizin-Redaktion
• MOPO-Korrespondent in Berlin
Gewinn steigt auf 4 Mio. Euro
Demnächst:
• Korrektur
• Vertrieb
• Marketing
• Abo-Betreuung
• Controlling
• Rechnungswesen
Gewinn steigt auf ? Mio. Euro
Und dann:
• überregionaler Sport
• Politikredaktion
• Verlagsleitung
• überregionale Anzeigen
Standort Griegstraße?

Dieser Rückblick auf die 1970er Jahre mag etwas besser verdeutlichen, wie sensibel das Thema ist, welche Rolle es bei der MOPO spielt. Montgomerys Versuch, aus der MOPO-Crew eine Redaktion zu formen, die anzeigenfreundliches Infotainment statt kritischer Geschichten bietet, scheitert krachend. Stattdessen beißt er sich am Widerstand aus Redaktion und Betriebsrat die Zähne aus. Als es Ende 2006 um die Streichung von 23 Planstellen und neue Synergien mit dem ebenfalls zum Montgomery-Imperium gehörenden Berliner Verlag geht, streikt die MOPO: Der Betriebsrat beruft eine Betriebsversammlung ein, die Redaktion steckt elfeinhalb Stunden die Köpfe zusammen, statt Zeitung zu machen. Die Verlagsmitarbeitenden, Chefredakteur Matthias Onken, Bürgermeister Ole von Beust (CDU) und mehrere Bürgerschaftsabgeordnete erklären sich solidarisch. Montgomery knickt ein. Wenige Monate später kauft er die Anteile des Finanzinvestors VSS für 159 Millionen Euro, „aus einem Anleger Montgomery wird ein klassischer Zeitungsverleger", schreibt der Betriebsrat. Die MOPO scheint vorübergehend stabilisiert, mit der Ende 2006 eingeführten MOPO am Sonntag ist ein zusätzliches Standbein geschaffen. Also alles gut? Von wegen. Anfang 2008 erhöht Montgomery den Druck: 18 bis 20 Prozent Rendite sollen die deutschen Zeitungen des Mecom-Imperiums im neuen Geschäftsjahr bringen, dafür setzt er ein deftiges Sparprogramm auf. Mit der Umsetzung betraut er einen alten Bekannten: Josef Depenbrock. Doch die ehrgeizigen Pläne scheitern, Montgomerys Imperium bröckelt, die Schulden mehren sich. Nach einem Jahr des zähen Ringens um Planstellen und Sparmaßnahmen verkauft er die MOPO und die anderen Mecom-Titel BERLINER ZEITUNG und BERLINER KURIER Anfang 2009 an den Kölner Verlag M. DuMont Schauberg (MDS). Der MOPO-Betriebsrat schreibt: „Kein Zeitungsverleger hat sich bisher bei seinen Mitarbeitern so unbeliebt gemacht wie David Montgomery."

Es ist das vorläufige Ende eines von privaten Investoren geprägten Jahrzehnts, das bei der MOPO unübersehbare Wunden hinterlassen hat: Die Redaktion ist ausgedünnt, viele Leistungsträger sind weg. Mit dem Kölner Verlag MDS übernimmt ein traditionelles Zeitungshaus die MOPO. Es wird ruhig um die Zeitung, fast schon zu ruhig. Zum 70. Geburtstag der MOPO im September 2019 reisen die beiden Eigner der DuMont-Mediengruppe, Isabella Neven DuMont, und Christian DuMont Schütte, an, nehmen Gratulationen entgegen. Kultursenator Carsten Brosda erklärt vor 350 Gästen beim Senatsempfang im Rathaus: „Die MOPO hat als Boulevardzeitung mit Haltung einen festen Platz in unserer demokratischen Gesellschaft und gehört zu Hamburg wie der Michel und die Elbe."

Nur wenige Monate später folgt das nächste Kapitel im nicht enden wollenden MOPO-Drama: DuMont-Geschäftsführer Philipp M. Froben wird auf einer Mitarbeiterversammlung zu Verkaufsgerüchten befragt. Daraufhin erklärt er, die Schließung der MOPO sei vorstellbar. Wieder so ein Nackenschlag. Hört denn das nie auf?

WAS IST AUS DEN VERANTWORTLICHEN DER 2000 UND 2010ER JAHRE GEWORDEN?

Matthias Onken verlässt die MOPO Anfang 2008 aus Verärgerung über Stellenstreichungen, die ihm der Verlag trotz hart erkämpfter Auflagensteigerung abverlangt. Die nächsten drei Jahre leitet er BILD Hamburg, bevor er 2011 als Berater in die Selbstständigkeit wechselt.

Onkens Nachfolger wird Frank Niggemeier, der die Redaktion der MOPO bis 2020 leitet – nach Heinrich Braune (1949–1968) ist er damit der Chefredakteur mit der zweitlängsten Amtszeit in der Geschichte der MOPO. Für Niggemeier ist es eine Rückkehr an seine alte Wirkungsstätte: Er begann seine Karriere als Journalist 1991 bei der MOPO, war Redakteur im Sport, ehe er zu Axel Springer ging, dort für WELT und BILD arbeitete. Seit 2020 leitet er den Newsroom der AOK.

Für David Montgomery ist der Verkauf der MOPO der Anfang vom Ende. Zum Ausklang des Jahres 2010 tritt er unter Druck der Aktionäre als Geschäftsführer des britischen Zeitungskonzerns Mecom zurück. Danach verschwindet er aus dem Geschäftsleben.

Josef Depenbrock wird 2009 als Chefredakteur und Geschäftsführer der BERLINER ZEITUNG freigestellt. Bis 2020 gibt er das Kreuzfahrtmagazin AZUR heraus. Heute ist er Anteilseigner und Content-Manager des einstmals von ihm gegründeten Anlegermagazins CASH. Das Medium hat seinen Sitz in einem Bürohaus am Rande der Reeperbahn.

Hans Barlach kauft sich 2006 in den Suhrkamp-Verlag ein und liefert sich eine jahrelange juristische Auseinandersetzung mit der Mehrheitseignerin und Suhrkamp-Geschäftsführerin Ulla Unseld-Berkéwicz. Barlach stirbt im Juli 2015 mit nur 59 Jahren an einer Lungenentzündung. ■

„WIR HABEN EIN FOTO VON IHREM TOTEN SOHN“

Karina Stenzel macht Anfang der 2000er Jahre bei der MOPO Karriere als Polizeireporterin. Die Chefs schicken sie auf die Jagd nach Bildern von Verbrechens- und Unglücksopfern. Eine Abrechnung mit dem Witwenschütteln.

Die junge Frau und ihr grauhaariger Begleiter mit der Kamera in der Hand blicken nur kurz auf die Klingelschilder, dann entscheiden sie sich und drücken einen der Knöpfe. „Ja?", schnarrt es aus dem Lautsprecher der Anlage. „Post", antwortet der Begleiter knapp und mit befehlsartigem Unterton, da passen keine Nachfragen zwischen Zweifel und Betätigung des Türöffners. Der Summer krächzt, die beiden drücken die Tür auf. Das Haus hat die besten Jahre hinter sich. Ein typischer Rotklinkerbau im Hamburger Osten. Drei Stockwerke, Sanierungsstau. Nicht der schöne Schumacher-Backstein, sondern die schmucklose Nachkriegsvariante. Irgendwann in den 1950ern aus Trümmern errichtet, seitdem muss das halten. Keine gute Wohngegend, aber auch keine ganz miese. Wer hier wohnt, kennt Säufer und Spießer, Deutsche und Türken, Dackel und Kampfhunde.
Karina Stenzel und ihr Kollege Rüdiger Gaertner betreten das Treppenhaus. „Der Trick mit der Post funktioniert immer", sagt Rüdiger zu Karina, ein bisschen wie ein Vater, der seiner Tochter erklärt, wie man aufdringliche Typen mit einem simplen Spruch aus dem Weg räumt. Rüdiger ist Mitte 40, mehr als doppelt so alt wie Karina. Die beiden sind als neues Einsatzteam der MOPO unterwegs. Sie verbringen das nächste Jahrzehnt miteinander: Karina hält Wache am Polizeifunk, Rüdiger fährt im Blaulicht-Tempo raus, wenn es brennt, knallt oder kracht. Geht es um den Besuch bei Verbrechens- und Unfallopfern, kommt Karina wieder ins Spiel. Dann fahren sie gemeinsam raus. So wie heute.

Zwei Etagen hoch, da ist die Tür. Karina klingelt. Es dauert einen Moment, dann hören sie Schritte in der Wohnung. Jemand legt die Sicherheitskette an, öffnet die Tür – aber nur einen Spalt, noch weniger, als die Kette Spiel hat.
„Hallo, entschuldigen Sie die Störung. Wir sind Karina Stenzel und Rüdiger Gaertner von der Hamburger Morgenpost", sagt die junge Reporterin und setzt direkt nach, noch bevor die Frau hinter dem Türspalt antworten kann: „Wir haben gehört, was passiert ist und wollten uns erkundigen, wie es Ihrer Tochter geht. Sie ist hoffentlich unverletzt?"
Die Tochter, nach der die beiden sich erkundigen, ist 14 Jahre alt und hat wenige Stunden vor dem unangemeldeten Besuch den gewalttätigen Freund ihrer Mutter getötet. Mit einem Küchenmesser. Als nach der Tat die Polizei eintrifft, hält das Mädchen die blutverschmierte Tatwaffe noch fest in der Hand.
Die Mutter ist immer noch von den Schlägen ihres Partners gezeichnet: Über dem rechten Auge verdeckt ein Pflaster eine Platzwunde. Das Auge selbst ist zugeschwollen, das Farbspektrum der Schwellung reicht von Gelb und Blau bis hinein in ein dunkles Rot, erstreckt sich bis unter den Wangenknochen. Ein Elend mit blondierten Haaren.
Die Mutter zögert, denkt nach. Auf der anderen Seite der Tür steht Karina, auch sie denkt nach. Sie ist gerade Anfang 20, es ist eine ihrer ersten Erfahrungen mit Verbrechens- und Unglücksopfern. Dennoch hat sie ein sicheres Gespür für die Situation: Die Sache wackelt. Entweder sie legt jetzt nach, oder die Tür knallt in wenigen Sekunden zu. Endgültig. „Meine Güte, da kommt ja was auf Sie zu", sagt Karina zu der Frau. Ihr Begleiter mischt sich ein: „Sie wissen doch bestimmt gar nicht, was Sie machen sollen. Die Kripo ermittelt gegen Ihre Tochter. Da können wir helfen. Wir kennen gute Anwälte."

Die Tür geht zu. Kein Knallen, ganz sanft. Hinter dem Türblatt hören die beiden das Klackern der Kette. Die Mutter öffnet. Karina und Rüdiger zögern nicht, sie betreten die Wohnung. In der nächsten Stunde machen sie Fotos von der Frau, mit ihrer Tochter. Arm in Arm, auf dem heimischen Sofa sitzend. Bilder, die am nächsten Tag in der ganzen Stadt zu sehen sind – von einer Vierzehnjährigen, die in einer Notwehrsituation den gewalttätigen Partner ihrer Mutter umgebracht hat. MOPO exklusiv, in der Redaktion knallen die Korken, so eine sensationelle Geschichte, finden die Chefs. Boulevard vom Feinsten.

20 Jahre danach. Karina Stenzel sitzt in den Redaktionsräumen der MOPO, wir tauchen ab in die Vergangenheit. Karina und ich, Autor dieses Buchs, wir kennen uns. Sie war Volontärin, ich Lokalchef, auch verantwortlich für die Polizeiredaktion. Eigentlich wollte sie nicht mehr über die Arbeit von damals sprechen. „Das gehört nicht mehr zu meinem Leben", sagt sie, „es fühlt sich irgendwie an wie ein Therapiegespräch."
Karina wirkt nicht, als brauche sie eine Therapie. Sie steht fest im Leben. Familie, Haus mit Garten, ein gesichertes Einkommen als Autorin und PR-Beraterin. Ihre dunklen Augen fangen einen immer noch ein. Wer sie ansieht, versteht, warum sie mit Blicken Türen öffnen kann. Karina ist eine Bank, wenn es um die Ansprache von Opfern geht. Denn sie öffnet nicht nur die Türen, sie bleibt auch stabil. Macht keine falschen Versprechungen, hält sich an Absprachen. Bei der Polizei hat sie einen guten Ruf, anders als andere Reporter, die in so einem schwierigen Bereich unterwegs sind, in dem es um menschliche Schicksale, Verbrechen und Gewalt geht. Vor allem die Recherche bei Verbrechens- und Unfallopfern verläuft häufig grenzwertig.
„Witwenschütteln" heißt das hässliche Wort dafür. „Witwenschütteln bezeichnet im Jargon des Journalismus die Tätigkeit, rücksichtslos Interviews, Fotos oder Informationen bei den Hinterbliebenen von Unglücksopfern einzufordern", schreibt Wikipedia dazu. Das trifft es gut, wobei man jedoch nie vergessen darf: Journalismus ist auch Recherche, Aufklärung. Manchmal gehört es dazu, bei denen nachzufragen, die betroffen sind, die gerade weinen, weil sie einen nahen Menschen verloren haben oder selbst schwer verletzt wurden. Aber, sagt Karina, „es ist ein Unterschied, ob man den Fuß in die Tür stellt, wenn jemand nicht sprechen möchte, oder ob man sich für die Störung entschuldigt und dann wieder geht."

Wie wird eine Zwanzigjährige zur Witwenschüttlerin? Wieso findet eine Zwanzigjährige, dass es ein guter Job ist, bei Eltern zu klingeln, deren Kind gerade ermordet wurde – und nach einem Foto zu fragen?
Ein Blick in Karinas Lebenslauf. Sie macht ihr Abi, danach will sie „ans Theater", als was auch immer, viel konkreter wird es nicht. Ein Freund verschafft ihr ein Praktikum bei BILD. Ihr Vater, ein engagierter Sozialpädagoge und 68er, ist geschockt. Karina hingegen kommt bei BILD gut klar. Mit der furchtlosen Umsetzung von überdrehten Boulevard-Geschichten („Was passiert, wenn ich mein Essen mit ins Restaurant nehme?") zieht sie die Aufmerksamkeit der Redaktionsleitung auf sich. „Dann haben sie mich gefragt, ob ich mir die Polizeiredaktion vorstellen kann." Sie kann.

Die ersten Erfahrungen macht sie an der Seite eines alten BILD-Haudegens, der so ziemlich jedes Klischee eines skrupellosen Polizeireporters verkörpert, innerlich wie äußerlich. So ein Typ, der zu jeder Uhr- und Jahreszeit rausfährt, ganz egal ob nach Billstedt oder Bukarest. „Seit wann haben wir Hemmungen?“, wurde bei BILD am Redaktionsbalken* gern gefragt, wenn jemand mit Gewissensbissen statt Fotos von einem Einsatz kam. Dem Verbrechen ein Gesicht geben, die Geschichte emotionalisieren, das waren die schön gewaschenen Begründungen für die Jagd nach Bildern von Unfallopfern, Ermordeten, Vergewaltigten und ihren Peinigern. Oder auch derer, die verdächtig sind, Täter zu sein. Ermittlungsstand? Nachrangig. „Erst einmal haben“ ist das Motto, alles weitere entscheiden die Justiziare der Zeitungen. Hier wird hart verhandelt, über Verdachtsmomente, bekannte Fakten und Spekulationen, Zeugenaussagen und Annahmen der Staatsanwaltschaft. „‚Staatsanwalt ist sicher‘ muss in der Dachzeile stehen“, heißt es gern von den Anwälten, wenn mal wieder ein mutmaßlicher Mörder auf der Titelseite gezeigt wird. Wobei das schon nicht zusammenpasst: Der Begriff „Mörder“ ist rechtlich für Menschen vorgesehen, die vorsätzlich eine Tat geplant und durchgeführt haben, insgesamt gibt es neun Merkmale. Um festzustellen, ob eines oder mehrere davon erfüllt sind, bedarf es eines Gerichtsprozesses. Vor einer rechtskräftigen Verurteilung darf niemand als Mörder bezeichnet werden.
Der alte Haudegen von BILD hält sich nicht mit solch juristischen Spitzfindigkeiten auf. Er besorgt einfach Informationen und Fotos, die anschließend auf dem Fototisch der Redaktion ausgebreitet und bewertet werden. Ein guter Lehrmeister für eine junge Polizeireporterin, zumal Karinas Start ins Berufsleben zu einer Zeit spielt, als es noch keine massenhafte Verbreitung von Bildmaterial auf Facebook und Instagram gibt. Eine Zeit, in der bei allen Zeitungen die Jagd auf Bilder zu den wichtigsten Handwerksaufgaben der Polizeiredaktion gehört.

Die Unterschiede zwischen BILD und der MOPO sind marginal. Auch für die MOPO sind Kollegen im Einsatz, die für die Beschaffung eines Fotos vieles tun, dabei ganz selbstverständlich Grenzen überschreiten: Manchmal geht es nur um einen morschen Gartenzaun, manchmal um eine List, um Angehörige mit falschen Tatsachenbehauptungen dazu zu drängen, ein Foto der tödlich verunglückten Nichte oder Enkelin herauszugeben. „Der Standardspruch an der Tür von Angehörigen war: ‚Wir haben ein Foto von Ihrem Sohn, wie er da im Autowrack eingeklemmt ist‘.“ Manchmal stimmt es, manchmal auch nicht, das spielt gar keine Rolle. Es geht nur darum, den Leuten zu vermitteln: Ihr müsst etwas tun, sonst könnte es sein, dass das Foto eures entstellten Kindes morgen in der Zeitung ist. Also rücken Angehörige die Fotos raus, auf denen die Kinder hübsch und lebensfroh aussehen, damit die Nachwelt sie in guter Erinnerung behält. Karina: „Auch ich habe solche Sachen manchmal gesagt. Noch heute schäme ich mich dafür. Das ist ein Grund, warum ich diese Zeit weggepackt habe.“ Über einen Gartenzaun ist sie nie gestiegen, kein Gesetzeskonflikt,

---

* **Der Balken:** Journalisten-Jargon für einen langen Tisch, an dem die Chefs sitzen und entscheiden, welche Geschichten gemacht werden.

obwohl es manchmal einfach gewesen wäre, zuzugreifen, einen Schritt weiterzugehen, das Foto vom Tisch zu nehmen oder einfach durch das Wohnzimmerfenster die Familienbilder auf der Vitrine abzufotografieren – das klingt abenteuerlich, kommt aber vor. Auch ein Briefkastenschlitz kann hilfreich sein, dazu gibt's in diesem Buch an anderer Stelle noch eine Geschichte.

Zurück in den Lebenslauf von Karina, der frisch gebackenen Polizeireporter-Praktikantin von BILD. Sie lernt schnell – und genießt den Action-Faktor ihrer neuen Aufgabe. Eigene Ermittlungen, Infos von Zeugen einholen, mit Polizisten sprechen, Ansprache von Verbrechensopfern, „das war schon aufregend", erinnert sie sich, „oftmals dachten die Leute auch, wir wären von der Polizei". Die gleiche Attitüde, die gleichen Fragen.
Schnell übernimmt die Hospitantin ihren ersten eigenen Fall. „Eine ganz alte Frau, zu der wir nach Hause sind", erzählt Karina, „diesmal hatte ich das Zepter in der Hand." An ihrer Seite ein freier Fotograf, eher so ein mundfauler Kamerahalter, keiner, der hilft, Türen zu öffnen. Was genau der Frau passiert ist, daran erinnert sich Karina nicht mehr. „Sie hatte einen Angehörigen verloren, und sie hat uns geradezu dankbar empfangen." Eine einsame Rentnerin, die mit niemandem ihren Schmerz teilen kann – und dann steht da eine junge Frau mit verständnisvollem Blick und hört aufmerksam zu. „Ich weiß gar nicht, ob ihr wirklich bewusst war, dass wir Journalisten sind. Ich habe es ihr mehrfach gesagt, ich glaube, es war ihr egal, sie wollte einfach reden."
Am Ende des Besuchs verlässt Karina die Wohnung der alten Frau mit zwei dicken Fotoalben, prall gefüllt mit Erinnerungen eines langen Lebens. „Ich bin zurück in die Redaktion, habe die Alben vorgelegt." An das, was dann passiert, erinnert sich Karina noch sehr genau: Der Chef, ein echtes Alphatier, gerade mal Anfang 30, beginnt zu klatschen, die anderen Männer am Balken klatschen mit, laut, betont übertrieben. Der Chef ruft in die Runde: „Da macht eine Praktikantin den gestandenen Reportern vor, wie es geht!" Wieder Applaus.
„Das war höchst unangenehm. Da hat gerade jemand einen Menschen verloren, ich hatte diese Alben besorgt, und dann sitzen da Männer und klatschen. Die haben sich die Fotos rausgenommen aus den Alben, auch nicht zurückgetan, sind so grabbelig damit umgegangen. Das war respektlos dieser alten Frau gegenüber, es waren mit Sicherheit die einzigen Fotos, die sie überhaupt hatte. Später wollte ich die Alben wieder zurückbringen. Mir wurde gesagt: ‚So was machen wir nicht. Ist uns doch egal. Da fährst du nicht noch mal hin.'"
Karina findet keine Ruhe. Als alle weg sind, holt sie die Alben. Nimmt sie mit nach Hause, verpackt sie, schreibt einen Brief dazu, bringt das Paket zur Post. Ob die alte Frau die Fotos aus ihren Alben am nächsten Tag in der gedruckten Zeitung gesehen hat, weiß Karina nicht. Sie hat nie wieder von ihr gehört.

2002. Im Auswahlverfahren für die Axel-Springer-Journalistenschule wird Karina ein Platz in der Sportredaktion angeboten. Nicht ihr Ding. Sie versucht es bei der MOPO. Bewerbung, Einstellungsgespräch, Zusage für ein Volontariat in der Polizeiredaktion, es geht alles schnell. Karina schüttelt jetzt als Auszubildende Witwen und andere Unglücksopfer. Die Türen öffnen sich, sie wird zu einer festen Größe in der Polizeiredaktion. „Eine der besten, die wir je hatten", sagt Thomas Hirschbiegel, Polizeireporter-Dino der MOPO. Der Dienstplan der Polizeiredaktion ist eigentlich nicht genehmigungsfähig, doch das hinterfragt niemand. In vielen Nächten rauschen in Karinas Schlafzimmer die Polizei-Scanner, kleine Geräte, mit denen sie den Polizeifunk abhört. „Mein Freund hat dann nie bei mir übernachtet, der konnte das nicht ertragen."

Hemmungen, eine junge Frau ohne Vorbildung und Vorbereitung an Orte zu schicken, wo Menschen gerade den Tod fanden, wo Unfälle Leben zerstörten, wo sich tiefe menschliche Abgründe auftun, hat auch bei der MOPO niemand. „Meistens wollte niemand wissen, wie wir an das Material gekommen sind", erinnert sich Karina. Während die Polizei für die Betreuung von Unglücksopfern umfangreich ausgebildete Kriseninterventions-Teams einsetzt, schickt die MOPO eine 22-jährige Auszubildende, deren einzige Referenz eine Hospitanz in der Polizeiredaktion von BILD Hamburg ist, an die Front.

Unverantwortlich, oder? Karinas Antwort überrascht. „Mir war die Situation immer bewusst. Es war auch nicht das erste Mal, dass ich mit dem Leid anderer konfrontiert worden bin. Ich kannte das." Ihre Eltern sind engagierte Sozialpädagogen. Als Karina noch klein ist, ziehen die ersten Pflegegeschwister in ihrem Zuhause ein. „Kinder, bei denen klar war: Die gehen nicht mehr zu ihren Eltern zurück. Besonders schlimm war es an Besuchstagen, wenn die Eltern kamen, da konnte ich dann sehen, dass es in unserer Gesellschaft Dinge gibt, die es nicht geben sollte."

Diese Abgründe sieht sie als Polizeireporterin wieder, aber nicht im Beisein ihrer Eltern. Sondern in der freien Wildbahn, in schwierigen Milieus, in schmutzigen Ecken der Stadt. Karina steckt das weg. Sie macht sich einen Namen als Reporterin. Die Polizeipressestelle hat Respekt vor ihr, die harten Hunde von BILD auch. Besonders krasse Fälle landen bei Karina.

Wie 2004, da verschwindet in Hamburg-Hummelsbüttel ein siebenjähriges Mädchen. Die Meldung kommt über Polizeifunk. Die kleine Celina (Name geändert) will am frühen Abend zu ihrer Freundin ins Nachbarhaus. Sie will noch spielen, die Mutter lässt sie gehen. Allein. Die Eltern der Freundin schicken Celina wieder weg, es gibt gerade Abendbrot. Zu spät für eine Spielverabredung. Celina dreht um, geht die Treppe wieder runter. Sie kommt nicht mehr nach Hause.

Stunden später ist die ganze Siedlung in Aufruhr. Die Mutter, Freunde, Nachbarn, alle suchen nach Celina. Es wird Nacht, Karina fährt nach Hause, kann nicht schlafen: „Du denkst Sachen wie: Hoffentlich sitzt sie irgendwo bei einer anderen Freundin und schaut Fernsehen oder ist irgendwo eingeschlafen. Hoffentlich löst sich das gleich alles auf."

Dann klingelt das Telefon. Karinas Kollege Rüdiger ruft an, er ist vor Ort. „Sie haben sie gefunden." Das Mädchen ist tot. Die Leiche liegt auf einem Balkon, zusammengefaltet in einem Pappkarton. Die Polizei nimmt den 17-jährigen Bruder von Celinas Freundin fest. Die abscheuliche Tat: Der Junge trifft das Mädchen im Treppenhaus, führt Celina in den Keller, vergewaltigt und erdrosselt sie. Während Polizei und Nachbarn suchen, stopft er die Leiche in einen Karton, trägt ihn hoch, versteckt ihn auf dem Balkon. Weil der Junge sich gegenüber den Polizisten auffällig verhält, immer wieder Hinweise gibt,

werden die Ermittler skeptisch. Durchsuchen die Wohnung und den Balkon, finden die Leiche der Siebenjährigen. Unter den vielen Menschen, die draußen unterwegs sind, bei der Suche helfen, spricht sich die Nachricht sofort rum. Sie sind entsetzt, weinen, schreien, können es nicht fassen. „Dieser Fall hat mich bewegt, mehr als andere. Da habe ich geweint. Es war das einzige Mal, dass ich wirklich weinend im Bett gelegen habe“, sagt Karina. Sie erzählt das so, als dürfe eine Polizeireporterin nicht weinen.
Unzählige Fälle, Tatorte, Leichen, verzweifelte Angehörige, jeden Tag ein neues Stück Elend – und dann kommt da eine junge Frau, sensibel, empathisch, und weint in all den Jahren nur ein Mal? Wie verarbeitet ein Mensch solche Erlebnisse? Wie passt das zusammen?
Karinas Weg: sie hilft. Mit kleinen Dingen wie Telefonnummern, Kontakten, Spendenaufrufen für Unfallopfer. Und mit großen Dingen, dem vollen persönlichen Einsatz, weit nach Dienstende. Für Menschen, die gar nicht mehr weiterwissen. In ihrem MOPO-Zeugnis schreibt der Chefredakteur: „Karina Stenzel hat sich weit über ihre Arbeitszeit hinaus für ihre Protagonisten engagiert und ihnen über das normale Maß hinaus geholfen.“

Wie im Fall des kleinen Fabian (Name geändert). Fabian ist vier Jahre alt, als die Ärzte eines bekannten Hamburger Kinderkrankenhauses die lebenserhaltenden Maschinen abstellen und den Jungen gehen lassen müssen. Dabei ging es nur um einen simplen Eingriff. Eine Phimose-OP, morgens hin, abends nach Hause. Fertig. Doch am Ende steht der Tod.
Der Fall spielt im Jahr 2006. Fabian liegt nach dem Eingriff im Klinikbett, soll eigentlich abgeholt werden, doch es geht ihm nicht gut, er hat Fieber, übergibt sich. Die diensthabende Ärztin schließt das Kind an einen Tropf mit einer Glukose-Lösung an. Die Medizinerin ist Mitte vierzig, erfahren. Trotzdem begeht sie einen tödlichen Fehler. Die Flasche mit der Lösung ist viel zu groß, die Ärztin will bei dem Jungen bleiben, den Tropf nach drei Minuten wieder abstellen. Plötzlich ein Anruf aus der Ambulanz. Ein Kind hat sich den Arm gebrochen. Die Ärztin läuft los, vergisst den Tropf. Die Glukose-Lösung fließt unaufhörlich weiter in den kleinen Körper des Jungen, verursacht eine tödliche Hirnschwellung. Der Junge wird noch vier Tage durch Geräte am Leben erhalten, dann verabschieden sich die Eltern, und die Geräte werden abgestellt. Fabians Herz hört auf zu schlagen.
Karina erfährt als Erste von dem Fall. Sie ist die einzige Journalistin vor Ort, zusammen mit Volker Schimkus, einem langjährigen MOPO-Reporter – zu diesem Zeitpunkt halten die Maschinen den kleinen Fabian noch am Leben. Karina spricht mit dem Klinikchef, erklärt ihm: „Wir werden berichten müssen. Können wir mit der Familie sprechen?“ Die Familie willigt ein. „Die Mutter wollte die Berichterstattung, sie war voller Schmerz, die Welt sollte von der Ungerechtigkeit erfahren.“ Karina bekommt alles. Fotos, Zitate, Details aus dem viel zu kurzen Leben von Fabian. Ein journalistischer Scoop für eine Boulevardzeitung wie die MOPO, die ganze Stadt nimmt hautnah Anteil an dem fürchterlichen Drama. Karina berichtet – und sie hilft. Weil auf der Zufahrt zur Klinik mittlerweile Fotografen postiert sind, versteckt sie Fabians Vater auf der Rücksitzbank, fährt mit ihm in die Wohnung. Sie holen Wechselkleidung für

die Eltern. Und schöne Anziehsachen für den hirntoten Jungen. Er soll würdevoll gekleidet sein, wenn die Maschinen abgestellt werden.
Die Rollen verschwimmen. Karina ist nicht mehr nur MOPO-Reporterin, für die Mutter ist sie wie eine Freundin, die Beistand leistet, Trost spendet. Sie hängt mittendrin. Erst als die Mutter Karina bittet, mit ans Sterbebett zu kommen, lehnt sie ab. „Das konnte und wollte ich nicht, das ging mir zu weit." Als das Kind beerdigt wird, steht sie am Grab. Sie weint, Arm in Arm mit dem Chefarzt der Klinik, der sie mit seiner Empathie und Wärme schwer beeindruckt. Der Kontakt zu Fabians Mutter bleibt noch Jahre erhalten. Sie treffen sich auf dem Friedhof, stehen wieder zusammen an Fabians Grab. Irgendwann lässt die Mutter los, zieht weg. Der Kontakt ist eingeschlafen, die Geschichte ist vorbei. Ich verzichte darauf, Karina darauf aufmerksam zu machen, dass sie doch nicht nur einmal geweint hat in ihrem Berufsleben als Polizeireporterin.

Wer regelt denn eigentlich, was über Verbrechensopfer berichtet werden darf und was nicht?
Für die Berichterstattung über Verbrechen, Unfälle und Katastrophen gibt es ein Gesetz: Paragraph 7a im Mediengesetz. Außerdem den Pressekodex, der wird vom Presserat überwacht, und der wiederum verteilt Rügen, mit denen werden Fehltritte öffentlich angeprangert. Natürlich ist es nicht erlaubt, Fotos von Menschen zu zeigen, die nicht gezeigt werden wollen, ganz egal, ob sie etwas Böses getan haben oder nicht, das spielt keine Rolle. Wenn das aber doch passiert, schalten diejenigen, die es sich leisten können, einen Anwalt ein. Auch Opferschutzorganisationen wie der Weiße Ring kümmern sich um geschädigte Menschen; der Presserat untersucht solche Fälle, vorausgesetzt, er bekommt Wind davon.

In der Redaktion sagen heute alle, die länger dabei sind: Dieses Witwenschütteln ist selten geworden, das ist eher so ein Ding aus dem letzten Jahrtausend, als aus BILD wirklich noch das Blut lief und auch die MOPO immer alles gab, um da irgendwie mitzuspielen. Ein Blick in die veröffentlichten Rügen verrät anderes: In 73 Fällen rügt der Presserat 2023 Medien für ihre Berichterstattung, 22 Mal wegen Missachtung des Persönlichkeits- und Opferschutzes. Die MOPO gehört in dem Jahr nicht zu den Gerügten, auch Karina bleibt in ihrer Karriere als Polizeireporterin ohne Rüge.
Karinas richtigen Namen behalten wir in diesem Buch für uns. Wer mit ihr zu tun hatte, wird sie erkennen. Wer nicht, für den ist auch nicht wichtig, wie sie heißt. Karina möchte in künftigen Arbeitsverhältnissen keine Auskunft mehr über das geben, was „nicht mehr zu meinem Leben gehört. Ich habe damit abgeschlossen". Den Namen Karina hat sie sich als Pseudonym ausgesucht. Es ist der Name einer verstorbenen Kollegin aus der Polizeipressestelle, mit der sie über viele Jahre vertrauensvoll zusammengearbeitet hat. Heute engagiert sich die zweifache Mutter als ehrenamtliche Helferin bei verschiedenen Initiativen, unter anderem dem „Projekt Schwarz-Weiß", einer Hilfsorganisation in Kenia. ■

MOPO-REPORTERIN ALS GELIEBTE VON WILLY BRANDT GEOUTET

Greeth Smit taucht 1970 in der Redaktion auf und bewirbt sich als Fotografin. Obwohl die junge Niederländerin keine Kamera hat, bekommt sie den Job – und fotografiert ein knappes Jahrzehnt für die MOPO. Für Schlagzeilen sorgt sie auch – ungewollt, an der Seite des damaligen Bundeskanzlers.

Rudi Carrell muss es richten. Greeth Smit ist gerade zurück von einem Auslandsaufenthalt in Israel, sie will wieder als Journalistin arbeiten. Also entschließt sie sich, nach Bremen zu fahren und Rudi Carrell zu besuchen. Der dreht bei Radio Bremen die „Rudi-Carrell-Show" und erobert damit als erster Niederländer im deutschen Fernsehen die Herzen der Zuschauer. Greeth kennt Carrell aus Amsterdam, nicht gut, aber gut genug, um bei ihm nach einem Job zu fragen. Obwohl sie erst Anfang 20 ist, hat sie schon einiges erlebt. In ihrer Heimat Groningen fotografiert sie für ihr Heimatblatt, den Winschoter Courant. Sie wird schnell zu einer festen Größe, doch Greeth will raus aus der Provinz, weg vom platten Land auf der niederländischen Seite der Ems-Mündung. „Neugieriges Mädchen", schreibt Chefredakteur Simon van Wattum in einem Gedicht über sie.
„Neugieriges Mädchen" wird Jahrzehnte später der Titel ihres Buchs, das ein außergewöhnliches Leben erzählt.

Ein Leben, das auch hätte anders enden können. Ende der 1960er Jahre reist sie durch Israel, schlägt sich dort als Fotografin für Hotels durch. Eines Abends schlendert sie durch eine dunkle Seitenstraße in Tel Aviv. Neben ihr stoppt ein Fahrzeug, jemand stürzt heraus, hält ihr etwas vors Gesicht. Greeth verliert das Bewusstsein, wacht erst viel später wieder auf, in einem dunklen und dreckigen Zimmer. „Es war das Hinterzimmer eines Bordells in Haifa", erzählt sie. Die junge Frau wird dort von einer Zuhälterbande gefangen gehalten. „Ich sollte in der Bar für sie tanzen. Aber ich habe mich geweigert." Greeth wird geschlagen, einer der Typen bekommt Mitleid. Er lässt eine Tür offen, gibt Greeth ein Zeichen. Sie flieht, doch ihre Peiniger verfolgen sie, eine Soldatin schreitet ein, Schüsse fallen, Greeth wird gerettet. „Ich habe noch heute einen Kloß im Hals, wenn ich daran denke."

Greeth Smit kehrt zurück aus Israel nach Groningen. Sie hofft auf eine Anstellung bei Rudi Carrell in Bremen, doch der hat keine Kapazitäten, schickt sie ins Studio Hamburg. Tatsächlich, dort bekommt sie einen Aushilfs-Job. Doch sie will mehr, sie will den Puls der Zeit fühlen, Zeitung machen. 1970 taucht sie bei der MOPO auf. Wolf Heckmann ist damals Chefredakteur, unvergessen. „Ich hatte nicht einmal eine Kamera", erzählt Greeth. Eine Fotografin ohne Kamera, das ist doch wieder typisch MOPO! Hecki löst es unbürokratisch. Er drückt Greeth 2000 Mark in die Hand, sie kauft sich eine Ausrüstung, arbeitet das Geld wieder ab. Und wie sie arbeitet! Nach wenigen Wochen hat sie das Darlehen wieder rausfotografiert.

GREETH BLEIBT NEUN JAHRE BEI DER MOPO. WAS SIE ALLES FOTOGRAFIERT – ATEMBERAUBEND.

Der 15. Julli 1971. Bei der Fahndung nach der Baader-Meinhof-Bande riegelt die Hamburger Polizei mit 3000 Kräften Straßen ab. An der Bahrenfelder Von-Sauer-Straße durchbricht ein blauer BMW 2002 die Sperre, es kommt zu einer Verfolgungsjagd. Zwei junge Leute springen aus dem Wagen, die Frau eröffnet das Feuer auf die Polizisten, wird im Schusswechsel tödlich verletzt. Es ist Petra Schelm, gerade 20 Jahre jung, RAF-Mitglied aus West-Berlin. Greeth ist für die MOPO vor Ort: „Petra Schelm starb vor meinen Augen."
Am 6. September 1971 explodieren kurz nach dem Start die Triebwerke eines Charterfliegers der Münchner Fluggesellschaft Paninternational. Die Maschine ist auf dem Weg von Fuhlsbüttel nach Malaga. Pilot Reinhold Hüls landet die Maschine nach dem Ausfall der Triebwerke auf der im Bau befindlichen A7 bei Hasloh, prallt gegen einen Brückenpfeiler, 22 Menschen sterben, 99 überleben. Greeth Smit ist für die MOPO

vor Ort, fotografiert die Unglücksstelle und die Rettungsarbeiten.
Am 17. Juli 1975 bricht in einem Mehrfamilienhaus in der Zeißstraße 74 in Ottensen ein Feuer aus. Feuerwehrleute entdecken während der Löscharbeiten Leichenteile in der Wohnung eines gewissen Fritz Honka. Die Polizei durchsucht die Wohnung und findet die Überreste von insgesamt drei Frauen. Greeth Smit ist vor Ort, als einer der spektakulärsten Fälle der Hamburger Kriminalgeschichte seinen Lauf nimmt.
Greeth Smit ist dabei, als das niederländische Militär am 11. Juni 1977 eine dreiwöchige Geiselnahme blutig beendet. Neun molukkische Terroristen hatten am 23. Mai einen Intercity entführt und zeitgleich eine Grundschule in ihre Gewalt gebracht. Im Zug sitzen 50 Passagiere sowie das Bordpersonal. Als eine militärische Sondereinheit den Zug stürmt, sterben zwei Geiseln und sechs Terroristen.
Greeth ist nicht nur eine hervorragende Polizeireporterin, sie trifft auch Stars. Die Rolling Stones, Sophia Loren, Les Humphries, Daliah Lavi, Freddy Quinn und viele andere Promis fotografiert Greeth – nicht nur für die MOPO. Die junge Frau ist geschäftstüchtig. Sie schafft es, dem Verlag eine Festanstellung abzutrotzen, völlig untypisch bei Fotografen. Damit nicht genug: In ihrem Vertrag lässt sie sich eine Klausel verankern, nach der die Urheberrechte bei ihr bleiben. Sie bietet ihre Bilder nach Veröffentlichung in der MOPO anderen Medien an, die Fotos erscheinen u.a. im STERN.

Auch in der Politik kennt Greeth die wichtigsten Köpfe der Republik. Helmut und Loki Schmidt fotografiert sie in ihrem Ferienhaus am Brahmsee. Mit Willy Brandt geht sie 1972 auf Wahlkampftour – im Sonderzug in den Ruhrpott. Der amtierende Kanzler gewährt der Niederländerin Einblicke in sein Seelenleben, sie wird an seiner Seite gesehen, das reicht, um die Spekulationen anzuheizen: BILD outet Greeth als neue Brandt-Geliebte. Eine Falschmeldung, später wird bekannt: Brandt hatte eine Affäre mit einer STERN-Reporterin.
Greeths große Liebe hingegen ist eine Frau. Inka Gottschalch ist Reporterin bei der MOPO, sie lernen sich in Hamburg kennen. Ende der 1970er Jahre kündigen beide ihren Job bei der MOPO, tingeln durch die USA – und kehren desillusioniert nach Europa zurück. „Wir waren erschrocken vom ‚american way of life‘, ich sagte zu Inka: Sag mir ein Land, wo wir um Jahrhunderte zurückgeworfen werden." Irland! Sie entscheiden sich für Irland. Ab auf die Insel, in einer Kneipe kaufen sie sich ein 300 Jahre altes Cottage, per Handschlag. Eine Schnapsidee! Doch die Verkäufer meinen es ernst, plötzlich haben Greeth und Inka ein uriges Reetdachhaus. Sie ziehen in das alte Gemäuer, richten es als Bed & Breakfast-Pension her. Zwei Gästezimmer, ein Klo, mehr Platz ist nicht. Sie kultivieren das Land, bauen Gewächshäuser, verkaufen das Gemüse und selbst gemachtes Chutney auf Märkten. Außerdem verkaufen Greeth und Inka ihre Auswanderer Story, alle berichten über sie: Der STERN, die BRIGITTE, auch TV-Sender kommen nach Irland. Ihr „Rainbow-Cottage" kann sich fortan vor Gästen nicht mehr retten, alle wollen Urlaub machen bei den beiden Frauen, die ihr Leben frei leben und sich von Konventionen nicht einschränken lassen. „An manchen Tagen", erinnert sich Greeth, „hatten wir 20 Zelte im Garten. Die eine Toilette reichte da nicht mehr."
Vier Jahre später kehrt Greeth Smit in die Niederlande zurück, Inka Gottschalch geht zurück nach Hamburg, wo sie bis heute lebt. Greeth bleibt nicht lange zu Hause, sie macht sich erneut auf, um noch mehr von der Welt zu entdecken, zieht nach Spanien und nach Aruba, eine der niederländischen ABC-Inseln in der Karibik. Inzwischen lebt sie wieder in Groningen, ihrer Heimatstadt. ■

Notarztwagen
FEUERWEHR
NOTRUF
112

TATORT IM FOKUS

März 1973: Greeth Smit als MOPO-Fotografin im Einsatz nach einer Schießerei. Wo exakt die Szene spielt, lässt sich dem Archiv nicht entnehmen. Einziger Hinweis auf der Rückseite des Fotos: „Schiesserei Südamerik."

TRATSCH MIT STAR-REGISSEUR

Greeth mit Jürgen Roland (1925–2007), der in den 1960er Jahren mit der Krimireihe „Stahlnetz“ für Aufsehen sorgte. Das Foto entsteht im Januar 1973, Roland ist damals 48 Jahre alt.

DIESE NÄHE SORGT FÜR SPEKULATIONEN

Greeth mit Willy Brandt im Sonderzug. Der Kanzler macht 1972 Wahlkampf auf Schienen, tingelt durch Deutschland, die MOPO-Fotografin begleitet ihn und wird von BILD fälschlicherweise als Geliebte geoutet.

Zwei wohlstandsmüde MORGENPOST-Redakteurinnen stiegen aus

Unendliche Freiheit im Leben auf dem Lande

Vor einem Jahr noch ...ckten wir täglich zehn ...unden in stickigen ...roßraumbüros, fuhren ...nervt stop and go durch ...e City, verschwendeten ... Vermögen in Bouti...quen und bei Italienern ...nd fühlten uns gehetzt ...on der eigenen Unzufrie...denheit. Aussteigen aus der Tretmühle, aus Beruf und Familie, Hausrats-, Renten- und Lebensversicherungen. Ganz neu und ganz anders wieder anfangen, das wollten wir: Inka Gottschalch und Greeth Smit, zwei Frauen, Anfang 30, Redakteurin und Fotografin aus Hamburg. **Wohlstandsmüde und auf der Suche nach einem einfachen Leben auf dem Lande.**

Die Alternative zu klotigen Bauernhofpreisen in der Lüneburger Heide hieß für uns Irland. An der Südostküste der grünen Insel am Rande Europas leben wir in einem reetgedeckten Cottage mitten zwischen sanften Hügelketten und friedvollen Schafherden.

Was tun, wenn Krähen im Schornstein brüten, wenn die Wasserpumpe streikt, wenn Kuhherden durch den Gemüsegarten galoppieren, wenn mannsdicke Bäume im Sturm aufs Dach zu fallen drohen, wenn das Auto tagelang nicht anspringt, weil die Feuchtigkeit die Zündung blockiert?

Dann mußt du die Dinge selbst anpacken, weil weit und breit kein Mensch ist, der sie dir abnimmt. Das ist das Aufregende an unserem neuen Leben: hier kommt es ganz allein auf dich an. Du wirst gefordert, du mußt handeln. Und entdeckst plötzlich ganz neue Fähigkeiten.

In der ungewohnten, fast endlosen Freiheit, arbeiten wir härter als jemals zuvor. Morgens, wenn der Tau noch schwer in den Kiefernwäldern hinter unserem Haus hängt, gehen wir mit unserem Irischsetter Paddy auf Jagd. Mit selbstgeschossenen Kaninchen und Fasanen können wir den Besuch beim Schlachter sparen.

In zwei Gewächshäusern — selbstgebaut — und auf unseren 10 000 qm Land züchten wir Tomaten, Kohl, Salat, Bohnen, Gurken und Kräuter. Verbissen kämpfen wir biologisch-dynamisch gegen die Schnecken-, Tauben- und Krähenplage, gegen Wind und Unkraut.

Aus dem Rest der Ernte werden Chutneys eingekocht. Hübsch verpackt und mit dem Stempel „home made aus Inkas Garten" gehen sie an Delikateßgeschäfte. Von den Holunderbüschen und den haushohen Brombeerhecken in den Knicks holen wir uns Früchte zum Weinansetzen. Weil es billi...

Fröhlich und guter Dinge in ihrem neuen Leben: Inka und Greeth musizieren und Setter Paddy hört zu

der Kindheit wieder ...tig durchgeschlissen.

Eine große Zufrie...heit kehrt ein. Wir ver...sen kein Telefon, ... Kino, keine Disco, ke... Fernseher, kein Großs...gelärme.

Was an Arbeit lie...bleibt, wartet. Als ... die Zeit schuf — sagt ... Ire — hat er genug da... gemacht. Wir haben ... da gut angepaßt.

Freunde und Bekan... aus Deutschland, die ... dem kleinen Gästetrakt ... unserem Cottage Fer... auf dem Bauernhof ... chen, mögen nicht gl...

Weg von der Kopfarbeit und kräftig zupacken: Inka Gottschalch und Greeth Smit, die ‚continental ladies', vor ihrem 200 Jahre alten irischen Cottage.

Die Aussteiger kommen zurück

Die meisten wollen ‚für immer' aussteigen. Sie trampen, beackern Felder, töpfern: sie leben alternativ. Jetzt kommen sie wieder zurück. Warum? Inka Gottschalch, selbst eine Aussteigerin, die wieder einstieg, sucht nach einer Antwort auf diese Frage.

Ja, ich bin wieder da. Eine wieder eingestiegene Aussteigerin. Zurückgekehrt nach Deutschland, das ich vor drei Jahren verließ, um in Irland . Gemüse anzubauen. Für immer, wie ich damals dachte. Mit Anfang 30 hatten wir, Pressefotografin und Redakteurin an derselben Boulevardzeitung, die Nase gründlich voll von unserem in Überfluß und Geschäftigkeit eingefrorenen Leben. Die Vorstellung, weitere 30 Jahre bis zur Rente in Kälte und Konsum erdulden zu müssen, machte uns Angst.

Wir mußten etwas anderes wagen. Unserem Leben einen neuen Dreh geben, uns neu entdecken. Wieder lernen, mehr Mensch zu sein. Raus aus den erdrückenden Abhängigkeiten. In Deutschland schien uns der Ausbruch ins Glück nicht möglich. Wir brauchten Abstand, eine fremde Sprache, eine andere Kultur, ein Abenteuer. Unser Land hieß Irland. Diese verschwenderisch grüne Insel im Abseits Europas, wo man die immer frischgewaschene Landschaft noch riechen kann, Gesichter unter der Tweedmütze wie schroffe Bergformationen stehen, wo die Menschen mit eigenbrötlerischem Charme Fortschritt verhindern, um Zeit für Gespräche übers Wetter zu haben, wo der liebe Gott seinen Schäfchen noch ins Schlaf...

Dort kauften wir uns ein schneeweiß gekalktes Cottage mit einem tiefgezogenen Strohdach, 200 Jahre alt. Geduckt in eine sanfte Hügelkette mit weiten Wäldern und dem Atlantik vor dem Küchenfenster. Hier hatte noch kein Tourist seine Kamera klicken lassen und kein Ire ‚continental ladies' mit schwarzen Fingernägeln und krummen Rücken auf dem Acker wühlen sehen.

„Wir lernten, die Stille zu ertragen"

Wir waren mit Spaten und Forke, mit Hammer, Hobel, Nägeln, Säge und Bohrmaschine gekommen – und hatten keine Ahnung, wie damit Geld zum Leben zu verdienen sein würde. Denn das wollten wir. Weg von der Kopfarbeit, mit unseren Händen zupakken. Wir bauten uns Gewächshäuser aus Feldsteinen und Bäumen aus dem Wald, kultivierten unsere 10 000 Quadratmeter Wildnis, zimmerten Ställe fürs Vieh, machten Bed & Breakfast für Gäste, wir verkauften unser Gemüse auf Märkten, produzierten süßscharfe Chutneys, gingen mit unserem Setter auf die Jagd, brauten unser eigenes Bier und kelterten Wein, in dessen Fässern der Boden immer ein Loch hatte.

Wir waren fast immer allein und lernten, Stille zu ertragen. Wir hatten viel Zeit, in uns hineinzuhören. Wir lebten mit ▷

Nach der Erfahrung Irland war dies keine Heimat mehr für meine Partnerin Greeth Smit. Als Holländerin hatte sie in Hamburg zwölf knallharte Jahre als Polizei-Fotografin in der Lokalredaktion durchlebt. Brutales Durchboxen exerziert, um die grausamsten Fotos von Mordopfern, Verunglückten bei Autounfällen, Flugzeugabstürzen und Eisenbahnunglücken, erschossenen Terroristen zu schießen.

Zurückzukehren wäre für Greeth Smit Verrat am Neugewonnenen gewesen. Nach dem Abschied von Irland mußte sie zum zweiten Mal aussteigen, in ihrer Entwicklung weitergehen. Sie mietete sich ein Bauernhaus in der nordholländischen Provinz Groningen. Dort, im Grenzland, wo sie wieder Platt sprechen und denken lernt, versucht sie nicht mehr eine von denen zu werden, mit denen sie in Nachbarschaft lebt. Sie weiß, daß sie auch hier eine Fremde bleiben wird, unangepaßt, eine, über die die Leute reden.

Die Jahre in Irland hatten sie gelehrt, daß man auch im eigenen Land ein Aussteiger sein kann. Die Stille und Weite ihres Bauernhauses geben ihr Kraft und Ruhe, weiter an sich zu arbeiten, Filme und Musik zu machen. Zusammen mit holländischen Freunden, die sie stimulieren, aber auch auffangen. Etwas, das uns in der Abgeschiedenheit unseres irischen Cottage

SONNTAGSBRATEN VOR DER FLINTE

Für den Sonntagsbraten greift Aussteigerin Greeth in Irland selbst zum Jagdgewehr. Setter Paddy gefällt's.

AUSFÄLLE! DIE MOPO UND DER ALKOHOL

In Zeitungsredaktionen wurde früher viel getrunken. Bei der MOPO war es besonders extrem – und das über Jahrzehnte. Eine soziale Kontrolle gab es nicht, Alkohol galt als Belohnung und war selbstverständlich. In der Sport-Redaktion wurde jeden Tag um 16.55 Uhr ein „Pils-Alarm" ausgelöst.

M„Mänhättän Pizza Service, Bestellung, bitte!“ Die Stimme klingt vertraut, es ist immer der gleiche Mensch, der ans Telefon geht. „MOPO, Nachrichten, sechs Dosen Holsten bitte, schön kalt!“ – „Morgenpost, Nachrichten, alles klar! Kommt sofort!“ Keine zehn Minuten später stapft ein Typ mit ballonseidener Jogginghose und Kühltasche am Empfang vorbei, eine Zutrittsgenehmigung braucht er nicht, er kommt jeden Tag, manchmal drei, manchmal auch vier Mal; wenn jemand Pizza bestellt, noch öfter. Der Holsten-Kurier kennt sich aus im Haus in der Griegstraße, Sport ist unterm Dach, Kultur im Keller, Chefredaktion und Nachrichten im zweiten Stock. Besonders häufig liefert er an Sport und Nachrichten, da wird am meisten bestellt, der Bote ist ziemlich happy, als der Sport umzieht, künftig sitzt die Redaktion unterm Torbogen gleich links rein, da spart er sich die Treppen bis ganz nach oben. Nicht in allen Redaktionsteilen hat der örtliche Pizza-Lieferdienst Stammkunden.

Der Spätdienst-Redakteur, der Anfang der 1990er Jahre jeden Abend über die nachrichtliche Entwicklung nach dem ersten Redaktionsschluss wacht, bestellt kein Bier. Er trinkt harten Alkohol. Whisky steht hier auf dem Tisch, der Typ macht sich nicht die Mühe, die Buddel zu verstecken, die Flasche ist bestenfalls dezent hinterm Bildschirm platziert. Alkoholkonsum gehört hier zum nächtlichen Arbeitsmodus, das ist ein ungeschriebenes Gesetz. Wenn gegen 17 Uhr die letzten Seiten für die Nachtausgabe in die Druckerei geschickt werden, gilt: Prost, ab jetzt kann gesoffen werden. Als es durch alkoholisierte Mitarbeiter im Spätdienst zu Fehlern kommt, schicken Chris Simon und Daniel Killy, die Chefs vom Dienst, eine Hausmitteilung raus, die den Konsum von Spirituosen während der Produktion untersagt. Von Bier und Wein ist da keine Rede, das hätte sich niemand getraut, wie soll denn das gehen? Killy: „Es wäre außerhalb jeglicher Realität gewesen.“

Da hätten es sich die CvDs auch mit der Chefredaktion verscherzt. Es kursieren unzählige Geschichten, darunter eine des ehemaligen Chefredakteurs Wolf Heckmann, ein fantastischer Journalist, „ein Naturereignis, unüberhörbar und unverwechselbar“, wie es im Nachruf der MOPO-Redaktion heißt, einer, „der uns in jener wilden Zeit Halt gab und Mut und Selbstvertrauen einflößte an langen Tagen und in noch längeren Nächten“. „Hecki“, wie er von allen gerufen wurde, düst eines Abends nach solch einem langen Tag in der MOPO-Redaktion mit seinem Kleinwagen und stark überhöhter Geschwindigkeit nach Hause. Steinkirchen, Altes Land. Hinter dem Elbtunnel, so erzählt er selbst, sei er in eine Polizeikontrolle geraten, ob mit einem oder etlichen Bieren zu viel, das weiß heute niemand mehr. Der Beamte will offenkundig witzig sein. In Anspielung auf die stark überhöhte Geschwindigkeit verlangt er: „Ihren Pilotenschein, bitte.“ Hecki zögert keine Sekunde und zieht seine gültige Pilotenlizenz aus der Tasche, hält sie dem verdatterten Ordnungshüter unter die Nase. Der ist so beeindruckt, dass er den Herrn weiterfahren und davonkommen lässt. Das kann der Wachtmeister ja nicht wissen: Hecki ist ein begeisterter Pilot, auch so eine irre Geschichte! 1973 fliegt er mit seinem Motorsegler Scheibe SF 254 von Rotenburg/Wümme nach Perth/Australien. In 230 Flugstunden auf die andere Seite der Welt, allein, Hecki macht ein Buch daraus, der Titel ist wunderbar: „Haie fressen keine Deutschen“. Neugierig? Ja, sicher, aber das Buch ist vergriffen. Leider.

Zurück nach Hamburg, zur MOPO. Besonders hoch her geht es beim MOPO-Griechen. Den entdeckt die Redaktion nach ihrem Umzug in die Griegstraße, doch richtig ab geht die Post erst, als ein neuer Wirt den Laden übernimmt, der zunehmend freundschaftliche Bande zu den MOPO-Leuten knüpft. Runde Geburtstage, Einstände, Abschiede, sogar die Hochzeit eines Sport-Redakteurs

findet dort statt*. Die Trennungsgeschichten häufen sich, dafür gibt es neue Affären, One-Night-Stands, quer über alle Karrierestufen, Ausgangspunkt: der Grieche. Der Wirt stellt auch seine Kegelbahn als Verrichtungsraum zur Verfügung. Wer nicht fragen mag, nutzt eine der Kabinen auf dem Damenklo. Die Partys beim MOPO-Griechen erlangen stadtweite Bekanntschaft, es kommen auch Kollegen von anderen Zeitungen vorbei. Buttje Rosenfeld, langjähriger Redakteur im Sport, ist einer der wenigen, die NICHT am täglichen Saufgelage teilnehmen. Er erinnert sich: „Kurz vor 17 Uhr, da wurde Michael Schickel, unser Ressortleiter, unruhig, er wollte los, zum Griechen. In der Redaktion wurde dann ‚Pils-Alarm' ausgelöst."
Ein Teil der Griechen-Crew lässt sich genüsslich volllaufen, ein anderer Teil kehrt nach etwa zwei Stunden in die Redaktion zurück, um den Spätdienst zu erledigen. Ein Kollege schafft in der Pause zwischen Andruck und Spätdienst acht große Bier, den Zettel des Wirts mit den Strichen drauf hängt er über seinen Schreibtisch, wie eine Trophäe. Nicht immer geht das gut, ein anderer Kollege schreibt den Bericht über ein Bundesliga-Heimspiel von Borussia Dortmund, darin der Satz: „Andy Möllers 20-Meter-Traumtor aus 19 Metern." Das Teil landet im Hohlspiegel, Konsequenzen hat das nicht, nur ein paar Sprüche bekommt der betrunkene Spätdienst ab. Sein Chef witzelt: „Ich trink Ouzo, was machst du so?"
Während einige Kollegen bereits ab circa 16.55 Uhr direkt vor der Eingangstür auf die Öffnung der Taverne warten, herrscht in der Chefredaktion oftmals noch reges Treiben. Die Chefsekretärin muss beim Pizzaservice nachbestellen, Hecki sitzt noch an seinem Kommentar und braucht Nachschub, die letzten Zeilen des Tages gehen nicht mehr ohne Alkohol. Der Nachrichtenchef feiert die fertigen Seiten für den Andruck, man hört es am Zischgeräusch, das entsteht, wenn die Bierdose geöffnet wird. Im Anzeigenbereich ist schon Feierabend, hier lädt der Anzeigenchef bereits um die Mittagszeit gern zu Getränken ein, in der Regel hochprozentige Brände. Zwei Stück davon, und der Tag sollte eigentlich gelaufen sein, aber in der Abteilung gehört ein hartes Getränk vor einem Verkaufs- oder Verhandlungsgespräch zum guten Ton. Auch in anderen Stockwerken ist Alkohol gelagert. Besonders beliebt bei Redakteurinnen ist der Kulturkeller. Hier befindet sich der am besten gesicherte Kühlschrank des Hauses – in einem Tresorraum. „Der war immer gut gefüllt mit Weißwein und Prosecco", erzählt die damalige Kulturredakteurin Ira Panic.
Völlig aus den Fugen geraten in der Regel auch offizielle MOPO-Feste, ganz egal zu welcher Jahreszeit. Die betriebsinternen Weihnachtsfeiern, unter Gruner + Jahr mit viel Fantasie, Geld und Aufwand inszeniert, ufern ebenso aus wie die in der Stadt beliebten Sommerfeste im Hinterhof der MOPO-Zentrale in der Griegstraße. Auch die Anwesenheit von mehr oder weniger prominenten Gästen bremst die Belegschaft nicht aus. Prost, immer rein damit, ganz egal, wie es am Ende ausgeht. Die Weltgesundheitsorganisation WHO veröffentlicht im Jahr 2023 einen „Leitfaden für Journalist*innen zur Darstellung von Alkohol". Dieses Kapitel des vorliegenden Buchs entspricht in weiten Teilen ohnehin nicht den Empfehlungen des Leitfadens. Deshalb erlauben wir uns, an dieser Stelle ein paar weitere typische Schenkelklopfer-Storys einzufügen.
Da geht es um den gestandenen und hoch angesehenen Sport-Redakteur aus Lübeck, der von seinen Kollegen nach einer wilden Feier – liebevoll mit zwei Dosen Holsten versorgt – sturztrunken in den letzten Zug

---

* Ich, der Autor, gebe es zu: Es ist meine Hochzeit. Noch zu MOPO-Zeiten ist die Ehe auch schon wieder dahin: MOPO, Grieche, MOPO, Grieche, MOPO, Grieche, Sonnabend Stadion, am Sonntag wieder MOPO, Grieche – das macht keine Frau mit.

PROST, HERR ALTKANZLER!

Es ist nicht dokumentiert, zu welcher Tageszeit dieses Foto aus dem Jahr 1977 entstand. Möglicherweise stoßen MOPO-Geschäftsführer Bernd Klosterfelde (re.) und Altkanzler Willy Brandt auch mit Wasser an... Sicher ist: Im Büro von MOPO-Gründer Heinrich Braune (2.v.l.) waren immer harte Getränke auf Lager. Braune stand auf Wodka.

Lesbische Mörderin
„heiratet" eine Frau

TASSEN HOCH IM HINTERHOF

MOPO-Redaktion beim Sommerfest im Hinterhof. Ob diese Festivität auch so gesittet zu Ende ging, wie es das Foto weismachen will? Wie auch immer: Geselligkeit ist seit jeher ein Markenzeichen der Belegschaft, Alkohol ist selbstverständlich.

Richtung Heimat gesetzt wird. Leider verpasst er schlafend den Ausstieg und wacht erst wieder auf, als es beim Verladen der Waggons von der Fähre auf der dänischen Seite des Fehmarn Belts ordentlich rumpelt. Ohne Dänen-Kronen und zu der Zeit auch noch ohne Handy findet er irgendwie seinen Weg zurück nach Lübeck, nur zum Dienst erscheint er nicht, das wäre nach so einem Trip auch zu viel verlangt.
Ein anderer Kollege wird morgens als vermisst gemeldet. Seine Frau ruft alle Krankenhäuser zwischen Bahrenfeld und Barmbek an, ist völlig aufgelöst, fragt in der Redaktion nach. Ihr Partner hätte sich tags zuvor gegen 17 Uhr gemeldet mit den Worten: „Ich gehe noch auf ein Bier zum Griechen. Danach hole ich uns einen Salat und komme nach Hause." Seitdem wartet sie auf ihn – ob wir etwas wüssten? Ja, wir hatten eine Ahnung. Der Kollege war am Abend beim Griechen mit einer Kollegin abgestürzt. Das Suffgelage endete im Bett der Kollegin. Leicht verspätet erscheinen die beiden am nächsten Morgen zum Dienst. Der verkaterte Kollege wird aufgefordert, sich sofort bei seiner sich sorgenden Frau zu melden. Das tut er dann auch – mit den Worten: „Die gute Nachricht: Ich bin wieder da. Die schlechte: Ich habe den Salat vergessen."

Die Alkoholeskapaden der 1990er Jahre sind keine Ausnahme. In den 1960er Jahren wird selbst der hausinterne Umzug aus einer höheren Etage in den Hinterhof des Pressehauses am Speersort mit einer heftigen Abschiedsparty zelebriert. Ärger gibt es mit den vor dem Haus stationierten Taxifahrern, denen Wurfgeschosse um die Ohren fliegen: Sturztrunkene MOPO-Redakteure schmeißen ihre leeren Flaschen einfach aus dem Fenster. Wohlgemerkt, wir sprechen hier von der Redaktion einer zu dem Zeitpunkt erfolgreichen Tageszeitung. Aus den 1970ern existieren zwar nur wenige Zeitzeugenberichte, dafür erzählen einige Fotos davon, mit welcher Selbstverständlichkeit in der Redaktion getrunken wird. Bei einem Besuch des damaligen Bundeskanzlers Willy Brandt prosten sich die Herren im Büro von MOPO-Chef und Wodka-Liebhaber Heinrich Braune mit einem klaren Getränk zu, an den Gesichtern der Männer lässt sich ablesen: Die Gläser enthalten kein Wasser. Auch die meisten anderen Fotos aus dem Archiv erzählen die gleiche Geschichte: Auf den Schreibtischen stehen Flaschen. Bierflaschen. Holsten, Astra, Moravia, längst nicht alle Fotos sind an Abenden aufgenommen. Alkohol ist eine Selbstverständlichkeit in der MOPO-Redaktion.
Gründe? Darüber haben sich schon zahlreiche Menschen den Kopf zerbrochen – und keine einfache Antwort gefunden. Klar, einige Dinge liegen auf der Hand. Die Tageszeitungsproduktion ist immer stressig, jeden Morgen leere Seiten, jeder Tag ein neues Abenteuer. Konkurrenzkampf, Zeitdruck. Reichlich Kontakte zu anderen Menschen, Journalisten sind oftmals gesellige Typen, das liegt ja in der Natur der Sache, es wird gern erzählt, zusammengesessen. Unterwegs in der Stadt, auf Empfängen. Niemand käme auf die Idee, etwas dagegen zu sagen, wenn mittags bei einer Vernissage ein Glas Champagner gereicht wird. Ist doch normal! Der Spannungsabfall nach dem Andruck, jede Ausgabe wird gefeiert und ja – tatsächlich –, die kleinen Erfolge des Tages, die sind am Abend in der Kneipe das große Thema unter den MOPO-Kollegen. Es bilden sich verschworene Gemeinschaften, da sitzen Leute zusammen, die gemeinsam durch dick und dünn gehen. Es gibt keine Uhrzeit für den Feierabend, es gibt nur Andruck und Schub, das ist die letzte Aktualisierung der Seiten. Danach noch ein Bier, komm, eins noch, aus einem werden sechs, dann fünf Stunden Schlaf, zurück in die Redaktion. Weiter geht's.
Ist das in anderen Redaktionen anders? Altgediente Mitarbeiter von Axel Springer erzählen heute noch gern über die Getränkeautomaten, in denen kaltes Bier steckte

– und über die entrüsteten Reaktionen, als diese abgeschafft wurden. Thomas Schmid, unter Mathias Döpfner Mitglied der MOPO-Chefredaktion, später Autor und Herausgeber der WELT, schreibt über die 1990er Jahre: „Es war eine Zeit, als Alkohol und Journalismus auch tagsüber noch zusammengehörten. Die verschwenderische Zeit, in der bei langen Mittagessen mehr oder minder fantastische Projekte ausgeheckt, angegeben und über die Konkurrenz hergezogen wurde (...). Einmal trafen wir uns (...) zwei Tage lang in einem Gasthof am Starnberger See (...). In Erinnerung ist mir, wie trinkfreudig die Runde war." Diese Sätze sind Auszüge aus einem Nachruf für den Top-Journalisten Jürgen Busche, in den 1980er Jahren stellvertretender Chefredakteur der MOPO, später tätig für die Süddeutsche und die Frankfurter Allgemeine Zeitung. Busche starb im Juni 2021 mit 79 Jahren. Trotz des „feuchtfröhlichen" Lifestyles, der ihm von Thomas Schmid attestiert wird, erreicht er damit das Durchschnittsalter eines Mannes in Deutschland. Also alles überbewertet? Schlagen wir hier linkspopulistischen Woke-Alarm? Ist es ungerecht, die alten Zeiten so zu verteufeln? War alles gar nicht so schlimm? Jan Haarmeyer, in den 1990er Jahren Lokalchef und später stellvertretender Chefredakteur, muss durchaus ein wenig grinsen, wenn er an die Zeiten denkt, dann wird er ernst: „Das ging natürlich gar nicht", sagt er, „das war völlig krank." Warum war es so? Haarmeyer: „Um runterzukommen, wir mussten den ganzen Quatsch, den wir da zwölf Stunden erlebt haben, irgendwo lassen – und dann haben wir gesoffen."

Doch es ist nicht nur Verarbeitung, es ist auch schlicht und ergreifend die Atmosphäre, der Geist in den Räumen der MOPO, die Leute sind alle echte Feierbiester. Doris Banuscher, zwei Jahrzehnte lang als Gesellschafts-Reporterin für die MOPO unterwegs, erinnert sich gut an die Zeit. „Wir haben wahnsinnig gern gearbeitet – und wir haben einfach gern gefeiert." Sie schwärmt noch heute von Wolfgang Clement, Chefredakteur von 1987 bis 1989. „Der hat immer gern mit uns gefeiert. Nach der Arbeit hat er uns eingeladen, oft ins Schwenders am Großneumarkt." Sogar Sigrid Meissner, langjährige Lokalreporterin und Mitglied im Betriebsrat, die eher befremdet auf die Saufgelage der Kollegen reagiert, schreibt in einem Beitrag für die taz anerkennend über Clement: „Der kettenrauchende Clement konnte ein charmanter Gastgeber sein. Beim MOPO-Fest schenkte er bis zum frühen Morgen Sekt aus, und auch seine jährlichen Einladungen in das Familienheim wurden gern angenommen." Ähnlich läuft es mit Gerd Schulte-Hillen, Vorstandsvorsitzendem von Gruner + Jahr, MOPO-Patron ab 1986. Doris Banuscher: „Der hat uns zu sich nach Hause eingeladen, in seinen Garten." Auch dort floss der Alkohol in Strömen. Nirgendwo sonst, erzählt sie, sei so viel gelacht und getrunken worden wie bei der MOPO. „Wir waren einfach ein tolles Team. Ein verschworener Haufen. Diese Atmosphäre habe ich nie wieder erlebt."

Also hat sich die MOPO einfach selbst gefeiert? Ja, das ist mit Sicherheit so. Doch so lustig die Anekdoten aus der Zeit sind, sie haben auch Narben in den Leben vieler Mitarbeiterinnen und Mitarbeiter hinterlassen. Zerstörte Ehen, schwere Krankheiten, versoffene Gehälter, soziale Abstürze – davon gibt es so einige Fälle. GENUG JETZT. Wir beenden an dieser Stelle die moralinsaure Betrachtung des Themas Alkohol und freuen uns, dass heute mehr darauf geachtet wird, ob Menschen viel oder sogar viel zu viel trinken.

Letzte Anmerkung: Ein Blick auf die MOPO heute. Im Kühlschrank in der Lounge liegen noch Biere, übrig geblieben von der Feier zur Einführung der WochenMOPO. „Gibt's keine Cola mehr?", fragt jemand – „Nein, nur noch Bier." Eine Konversation, in früheren Zeiten undenkbar. ■

Die wilden 50er

ALS DIE MOPO MISS GERMANY KÜRTE

12. Dezember 1953, Ernst-Merck-Halle, auf dem heutigen Gelände der Hamburg-Messe. Knapp 6000 Menschen drängen sich in der damals größten Hamburger Veranstaltungs-Arena, bis weit hinein ins Parkett sind Laufstege aufgebaut. Hier wird die „Miss Germany 53/54" gewählt – und die MOPO ist die Veranstalterin des Wettbewerbs. Statt einer Jury wählen die Zuschauerinnen und Zuschauer – und die lassen die Lokalmatadorin gewinnen: Die 17-jährige Heidi Krüger aus Hamburg gewinnt mit 1887 von insgesamt 5574 abgegebenen Stimmen. Es ist ein kurzes Vergnügen für die neue „Miss Germany". Für die Wahl zur „Miss Europa" wird sie nicht zugelassen, danach ist nichts mehr von ihr zu hören, jedenfalls nichts, was mit Schönheitswettbewerben zu tun hat.

Auch für die MOPO bleibt die Ausrichtung der Miss-Germany-Wahl eine Ausnahme. Stattdessen folgen nun „Miss Morgenpost"-Wahlen – in einem deutlich kleineren Rahmen. Im Jahr 1971 findet die Wahl nicht mehr vor Tausenden in einer Halle, sondern im Büro der Chefredaktion statt. Die Jury besteht aus ausgewählten MOPO-Machern, ähm, Verzeihung, MOPO-Männern. Die Damen reihen sich vorm Schreibtisch auf (Foto unten), werden begutachtet. Ein für heutige Maßstäbe etwas seltsames Prozedere, damals stört sich niemand daran. Die Siegerin der Wahl ist später Arm in Arm mit einem Mann zu sehen, der damals im Kabinett von Willy Brandt das Verteidigungsministerium führt: Helmut Schmidt.

Neugierig? Einfach mal durchs Fotoarchiv dieses Buches blättern!

Im strahlenden Licht der tausend Lampen schritten die Bewerberinnen über den Laufsteg

Begeisterte „Morgenpost"-Leser in der Ernst-Merck-Halle

6000 Hamburger jubelten der 17jährigen Heidi Krüger zu

20 Studenten zählten über 5800 Stimmzettel – Rundfahrt mit den „Schönsten" durch Hamburg

Hamburg wählte „Miß Germany". Auf dem teppichbelegten Laufsteg, der im Licht ungezählter Tiefstrahler wie ein riesiges rotes „T" in der bis auf den letzten Platz besetzten Ernst-Merck-Halle aufleuchtete, fiel am Sonnabend die Entscheidung, wer für 1953/54 den begehrten Titel tragen darf. Als der Ansager kurz nach 23 Uhr die 17jährige in Hamburg wohnende „Miß Nordsee" Heidi Krüger als Siegerin verkündete, vibrierte der mächtige Betonbau unter dem tosenden Beifall der über 6000 Zuschauer.

Schlag auf Schlag rollte das bunte Rahmenprogramm mit den „15 Kanonen von Funk und Film" ab. Nur eine kurze Umziehpause trennte die beiden Durchgänge im Abendkleid und Badeanzug.

Nach dem letzten Auftritt forderte das Publikum stürmisch ein da capo. Noch einmal schritten die neun Konkurrentinnen dicht hintereinander über den Steg.:

Irene Heyse als Vertreterin Baden-Württembergs, Gardy Artinger aus Bayern, die Berlinerin Marie-Luise Nagel, Evelyn Pinkau als „Miß Franken", die Hamburger Vertreterin Karin von Kuenheim, Heidi Krüger als „Miß Nordsee", Rosemarie Porstmann als Schönste vom Ostseestrand, Wilma Kanders als Repräsentantin des Rheinlands und Erika Hinsche, die „Miß Schleswig-Holstein".

Zwischendurch überbrachten „Miß France" und „Miß Griechenland" die Grüße ihrer Heimatländer.

Die Zweite: Wilma Kanders

„1" in Mathematik

Während 20 Studenten mit fieberhafter Sorgfalt die über 5800 Stimmzettel zählten, waren in der Garderobe der Schönen die Nerven zum Zerreißen gespannt. Wer würde das Rennen machen? Nord, Süd oder West?

Die Jugend triumphierte. Heidi, die strahlende Siegerin, zählt ganze 17 Lenze. In der 11 b der Oberschule Hellwigstraße drückt sie die Bank. „Gott sei Dank habe ich gerade eine ‚1' in der letzten Mathematikarbeit geschrieben!", waren ihre ersten Worte nach gewonnener Schlacht, „da wird man mir in der Schule hoffentlich nicht allzu böse sein!" Dann schüttelt sie energisch ihr dunkles Köpfchen: „Erst wird mal das Abitur gebaut, das ist doch Ehrensache. Dann werden wir weitersehen!"

Die Dritte: Marie-Luise Nagel

Neidlos

Nachdem der Chefredakteur der „Hamburger Morgenpost", Heinrich Braune, ihr die schwarzrotgoldene Schärpe umgelegt hatte, gratulierten neidlos die Konkurrentinnen. Dann kamen die Preise an die Reihe: Der Modellmantel von Pelz-Herbst, der Make-up-Koffer für die „Miß Germany 1953/54", eine Reiseschreibmaschine von der Firma Gotthardt für die Zweite, Plattenspieler, Armbanduhr, Delikatessenkorb, Bel-ami-Strümpfe, Kaffee, Schallplatten, Parfüm und viele andere praktische Dinge für die übrigen Teilnehmerinnen.

Mit Polizeieskorte

Aber für die meisten von ihnen war der zweitägige Hamburg-Aufenthalt das Schönste. Am Sonnabendvormittag ging es in fünf girlandengeschmückten „Olympias" mit Polizeieskorte durch die Innenstadt. Bei Optiker Bromander durften sich die Damen eine moderne Sonnenbrille aussuchen. Im Restaurant im „Hamburger Hof" (früher „Halali") wurde Mittag gegessen, im „Vaterland" gab's Kaffee.

Ausklang in Schulau

Eine kurze Stippvisite galt der „Babitonga" der Hamburg-Süd. Dann rollte die Kolonne nach Schulau zur Schiffsbegrüßungsanlage.

Abends hieß es dann Abschiednehmen. „Und wenn wir auch nicht die erste wurden — gelohnt hat sich's doch!" versicherten die Schönsten der Länder, ehe sie wieder ihrer Heimat entgegenrollten.

Schausteller zufrieden

Erfolgreichster Nachkriegs-„Dom"

Als die 380 Schausteller des diesjährigen Hamburger „Doms" am Sonntag nach vierwöchiger Dauer ihre Fahrgeschäfte, Schau- und Verkaufsbuden schlossen, waren sie recht zufrieden, denn dies war, wie sie übereinstimmend bestätigten, der erfolgreichste „Dom" der Nachkriegszeit.

Der „Dom" war in diesem Jahr besonders durch das Wetter begünstigt. Er begann zwar in dem sprichwörtlich gewordenen „Hamburger Schmuddelwetter", wurde jedoch bald danach durch das warme Wetter begünstigt.

Besucher kamen auch aus den angrenzenden Ländern Schleswig-Holstein und Niedersachsen, aber auch aus allen Teilen des Bundesgebietes. Unter den ausländischen Besuchern waren die skandinavischen Länder besonders zahlreich vertreten.

Frauen als Opfer

Drei Überfälle am Wochenende

Die 55jährige Ehefrau Elsbeth Sch. wurde gestern abend gegen 19.45 Uhr von einem mangelhaft bekleideten jungen Mann auf dem Fußweg durch das Wandsbeker Gehölz niedergeschlagen. Blutüberströmt wurde sie von einem britischen Besatzungssoldaten zum Wandsbeker Bahnhof gebracht, von wo aus Alarm gegeben wurde. Vier Peterwagen versuchten vergeblich, den flüchtigen Täter zu stellen.

Nach Aussagen der Überfallenen hat der Täter vorher versucht, sich ihr unsittlich zu nähern. „Darauf rief ich: Gehen Sie weg!", erzählte Frau Sch. anschließend den Polizeibeamten in der Bahnhofsgaststätte.

Der junge Mann, von dem sie im Dunkel des Parks lediglich seine mangelhafte Bekleidung und die Größe von etwa 175 cm erkennen konnte, versperrte ihr daraufhin den Weg. „Dann hat er mich geboxt." Durch mehrere Faustschläge an den Kopf wurde sie nach heftiger Gegenwehr schließlich zu Boden geschlagen.

Versuchter Raub auf St. Pauli

Eine 21jährige Frau wurde am Sonnabendabend gegen 20 Uhr in der Kleinen Marienstraße von einem unbekannten Mann mit einem Holzknüppel über den Kopf geschlagen. Es gelang der Frau noch, um Hilfe zu rufen, so daß der Täter die Flucht ergriff. Die Polizei vermutet, daß es sich um einen versuchten Raubüberfall handelt.

Sonntag mittag wurde in der Kiebitzstraße ein 27jähriger Mann in seinem Kraftwagen von einem unbekannten Täter unter Bedrohung mit einem Messer zur Herausgabe seiner Ausweispapiere sowie zum Verlassen seines Wagens aufgefordert.

Als der Überfallene um Hilfe rief, flüchtete der Täter, ohne etwas geraubt zu haben. Er konnte unerkannt entkommen.

‚Politisch gestärkt'

Nach einer ausführlichen Diskussion nahm der Landesparteitag der Hamburger SPD am Sonntag eine Entschließung an, in der es heißt, daß die SPD politisch gestärkt aus den letzten beiden Wahlkämpfen hervorgegangen sei.

Die Haltung der Fraktion in der Hamburger Bürgerschaft gegenüber dem Hamburg-Block wurde gebilligt und eine „klare, gestaltende Opposition" gefordert, bei der das sozialdemokratische Hamburgprogramm gegenüber den „programmlosen Absichten des zur Zeit amtierenden Senats zur Geltung gebracht werden soll".

Empfang bei Heuss

Bundespräsident Theodor Heuss hat am Sonnabend den neuen Hamburger Bürgermeister Dr. Kurt Sieveking zu seinem Antrittsbesuch empfangen.

Tod fuhr mit

Von einem entgegenkommenden VW-Transporter wurde in Elmshorn der 28jährige Lorenz Brandt aus Hanredder mit seinem Kraftrad erfaßt und auf den Gehsteig geschleudert. Er war sofort tot.

Überall dort, wo die Schönheitsköniginnen in der Stadt auftauchten, standen dichtgedrängt begeisterte Zuschauer.

MOPO-CREW VERHINDERT FEINDLICHE ÜBERNAHME

Im Januar 2020 ist die MOPO am Ende. Die Kölner DuMont-Gruppe will den Titel verkaufen, der Verlag Funke Medien („WAZ") steht als Käufer parat. Der Plan: Ein von Funke schnell aus dem Boden gestampftes eigenes Team soll Inhalte für den digitalen Auftritt liefern. Zeitung und MOPO-Redaktion werden dichtgemacht. Als die Betriebsrätin Nina Gessner von den Plänen Wind bekommt, zettelt sie einen Aufstand an – und löst eine nie dagewesene Solidaritätswelle mit der MOPO aus.

HAMBURGER
MORGEN POST
AM SONNTAG
AfD wirbt mit Helmut Schmidt
Ist der HSV schon fit für den Start?
Treibt ein Feuerteufel sein Unwesen?
Hilfe! Die Läden in der City sterben

Der Himmel über Ottensen zeigt sich freundlich an diesem 21. Januar, ab und zu guckt die Sonne durch, es ist relativ mild für einen Wintertag, so um die fünf Grad. Deutlich ungemütlicher als das Wetter ist die Lage bei der MOPO. Seit mehr als einem Jahr wird nun schon über den Verkauf der Zeitung spekuliert, seit einer Betriebsversammlung im Dezember 2019 ist die Stimmung komplett am Boden. Ein Verlagsmanager der DuMont-Gruppe, seit 2009 Besitzerin der MOPO, erklärt, die Einstellung sei eine Option. Was er nicht verrät: Die Verkaufsgespräche sind weit fortgeschritten, eigentlich schon am Ziel. Der Plan steht: Die Funke-Mediengruppe aus Essen, auch Verlegerin des Hamburger Abendblattes, kauft die MOPO, aber nur die Rechte an „mopo.de", ohne Zeitung, ohne die Redaktion. Für die Printausgabe gibt es keinen Käufer, sie würde eingestellt, die komplette Redaktion entlassen, der gesamte Laden zugemacht. Für immer, unwiderruflich. Es gibt dann keine MOPO-Reporterinnen und Reporter mehr, die das Stadtgeschehen beleuchten, Enthüllungs-Geschichten recherchieren, die lokale Politik ins Visier nehmen, es gibt dann keine selbst recherchierte Berichterstattung mehr über den HSV, den FC St. Pauli, die Basketballer der Hamburg Towers, über große und kleine Konzerte im Volksparkstadion und in Clubs, über Theaterpremieren, und auch keinen Klatsch und Tratsch mehr über Hamburgs Promis. Es gibt dann keine MOPO mehr, sondern nur noch ein digitales Portal namens „mopo.de", mit dem gleichen Logo, erstellt von einer kleinen, schlecht bezahlten Crew. Ob dort irgendeine Form von Hamburg-Kompetenz vorhanden ist, scheint fraglich, die Frage steht aber auch nicht im Fokus des Verlags. Vielmehr geht es um die Vermarktung der bestehenden Reichweite von mopo.de, befüllt mit Inhalten aus der Content-Fabrik Funke, von der Stange quasi, im besten Fall für die MOPO-User ein bisschen nordisch aufbereitet. Hier und da mal ein „Moin" einstreuen, dann passt das schon.

Nina Gessner, die Vorsitzende des Betriebsrats der MOPO, ist gut vernetzt in der Medienwelt. Ein Kontakt informiert sie vorzeitig über die Pläne. „Ich hatte eine schlaflose Nacht", erinnert sie sich, „ich musste damit raus und gleichzeitig meine Quelle schützen." Nina ist die Nachfolgerin von Holger Artus, dem Mann, der den Betriebsrat der MOPO mit einer Unterbrechung mehr als 30 Jahre lang führt. Von Artus hat sie einiges mitgenommen an Kampfgeist, aber das hier wird ihre Feuerprobe, denn so ernst war es seit 1979 nicht mehr. Auch damals soll die MOPO dichtgemacht werden, es gibt viele Ähnlichkeiten.
Was macht Nina Gessner jetzt mit dieser Katastrophen-Information? 120 Leute würden ihre Arbeitsplätze verlieren, das kann sie als Betriebsrätin nicht geschehen lassen, also schaltet sie auf Angriff um. „Wir hatten nur die Wahl: Entweder wir lassen uns zur Schlachtbank führen – oder wir hauen richtig auf den Putz." Die folgenden zwei Wochen sind die aufregendsten und emotionalsten Tage in ihrem Berufsleben, das sagt Nina heute, mit Abstand, sie sagt es so, dass ziemlich klar ist: Da muss schon etwas ganz Verrücktes kommen, das diese Zeit Anfang 2020 irgendwie toppen könnte. Es geht um die Rettung der MOPO als Institution und als eigenständiges Medium, ganz egal auf welcher Plattform, ob gedruckt oder digital. Nina Gessner braucht die MOPO-Crew. Doch wie verkraften die Leute diese Nachricht? Steht die MOPO-Redaktion noch einmal auf? Es spricht eigentlich nicht viel dafür. Zu wenige Leute, zu viel Nackenschläge, nichts geht mehr. Was genau soll denn bitte schön noch passieren? ES IST DOCH GENUG JETZT. Die Zeitung hat schon alles durch: 1979 soll sie eingestellt werden, die SPD ist damals die Besitzerin, sie kündigt die komplette Redaktion, in letzter Sekunde tauchen zwei Brüder

aus der Schweiz als Retter auf und fahren weiter mit Vollgas Richtung Wand. Als nichts mehr geht, kommt Gruner + Jahr um die Ecke, zieht mit der MOPO und Millionen-Investitionen in den Zeitungskrieg gegen BILD, scheitert, verscherbelt die MOPO an zwei Kaufleute, Barlach und Otto, die verkrachen sich, einer steigt aus, der andere putzt die MOPO heraus, macht Millionen-Gewinn, jetzt gehört die Zeitung einer Investoren-Gruppe, doch auch das geht nicht lange gut, Weiterverkauf, zurück an einen Großverlag, diesmal DuMont aus Köln, verdammt, können die denn jetzt die Weichen strategisch klug auf Zukunft stellen? Aber nein, wieder endet das Kapitel in einer Enttäuschung. DuMont will die MOPO einfach nur noch loswerden, „wir sind für die wie ein Klotz am Bein", sagt Nina Gessner. Wieder einmal spricht alles gegen die MOPO. Wieder alles für das Ende der Redaktion, der Institution, es bleibt wohl nur noch ein reichweitenstarkes Portal, mit Inhalten auf Basis der Zweitverwertung – die MOPO nährt sich künftig nicht mehr von den Geschichten ihrer Redaktion, sondern von Content aus dem Netz und von anderen Redaktionen, eben ein typisches Clickbaiting-Portal. Einige Leute in der Redaktion sagen: Wir können nicht mehr. NICHT SCHON WIEDER. Die ewige Leier von „agilen Redaktionen", Einsparprogramme mit hübschen Namen („Hollywood") – bleib uns weg damit! Die ersten sind schon raus, haben die Flinte ins Korn geworfen, altgediente Haudegen wie Maik Koltermann und Frank Wieding, Urgesteine, Stützpfeiler, Wortführer, nötiger denn je, aber sie sind nicht mehr da, haben schon vor dem ganzen Theater die Flucht ergriffen. AUSGELAUGT.

Nina hat noch Energie. Sie nimmt Anlauf und legt los.

Auf einer Betriebsversammlung in der MOPO-Zentrale in der Barnerstraße in Ottensen, zu der die DuMont-Chefetage eilig und nervös anreist, informiert sie Mitarbeitende und Medien über die Pläne: „Funke will mopo.de OHNE Redaktion. Funke will unsere Seiten von einem eigenen Team befüllen lassen. Und dieses Team gibt es schon. Es bereitet die feindliche Übernahme vor." Eine erste Welle der Berichterstattung läuft an. „Hamburger Boulevardzeitung vor dem Aus" (taz) – „MOPO vor ungewisser Zukunft" (Deutschlandfunk), auch der NDR berichtet im Hamburg Journal über das drohende Ende. Erste Solidaritätsbekundungen erreichen die Redaktion, die Geschichte nimmt Fahrt auf. „Ich wusste gar nicht, dass ich so etwas anschieben kann", sagt Nina Gessner. Jetzt ist auch die Redaktion wieder unter Dampf. Die Betriebsrätin erzählt mit spürbarem Stolz davon: „Es gab auch andere Zeiten, bei Tarifauseinandersetzungen war die Redaktion oftmals gespalten. Bei dieser Geschichte waren alle dabei. Geschlossen. ES WAR ETWAS BESONDERES." Comeback des MOPO-Feelings, ein bisschen Gallier gegen Römer, aber ohne Zaubertrank, nur mit Wut im Bauch, Plakaten, und mit einer WhatsApp-Gruppe als Kommunikationszentrum für den Widerstand.

Nina schreibt Politiker an. Führende Wirtschaftsfunktionäre. Prominente. Kulturschaffende. Führt Gespräche mit Medien, anderen Betriebsräten, setzt eine Facebook-Seite auf: „Rettet die MOPO". Auch alle anderen aus der MOPO-Crew klingeln ihre Kontakte an: „Die wollen uns verkaufen und dichtmachen – es gibt dann keine MOPO mehr." Was folgt, ist eine Liebeserklärung der Stadt an die MOPO, einzigartig, so, wie es sie nie zuvor gegeben hat.

Als einer der Ersten meldet sich Bürgermeister Peter Tschentscher, nennt die Arbeit der MOPO-Leute „wichtig für die Demokratie". Die MOPO, so Tschentscher, „bereichert das Spektrum der Sichtweisen und Standpunkte in einer Metropole, die sich seit Jahrhunderten durch Internationalität, Offenheit und Vielfalt auszeichnet. Gerade im Zeitalter des digitalen Wandels ist eine offene und vielfältige Medienlandschaft der beste Schutz vor Populismus und Manipulation."

22. Januar 2020.
Auch der Kiez steht der MOPO bei. Soli-Erklärung von Dragqueen Olivia Jones: „Die MOPO ist ein Stück Hamburg – unverzichtbar!" HSV-Idol Uwe Seeler meldet sich zu Wort: „Es wäre schrecklich, wenn es die MOPO nicht mehr geben würde." Jetzt trudeln immer mehr Bekundungen ein. Gewerkschafts-Chef und CDU-Mann Joachim Lenders: „MOPO – Kurs halten!" Justizsenator Till Steffen (Grüne): „Diese kritische Stimme darf nicht leiser werden." Auch der FC St. Pauli und NDR-Moderator Hinnerk Baumgarten äußern sich, bekunden ihre Solidarität. „MOPO muss bleiben!", schreibt Rock-Legende Udo Lindenberg an die Redaktion. In den sozialen Netzwerken trendet der Hashtag #rettetdiemopo.

23. Januar 2020.
Die Welle der Solidaritäts-Erklärungen wird immer größer. „Die MOPO droht zu sterben. Wenn das passiert, stirbt ein Teil Hamburgs", postet Frederik Braun vom Miniatur Wunderland, „lasst uns alles tun, was geht." Auch die Wirtschaft meldet sich jetzt. Cord Wöhlke, Chef von Hamburgs Kult-Drogeriekette Budni, appelliert an die Verlagsmanager: „Die MOPO ist die Stimme der kleinen Leute, die nur durch sie gehört werden. Hamburg braucht diese Stimme." Die Senatoren Andreas Dressel (Finanzen) und Carsten Brosda (Kultur) melden sich zu Wort. Brosda: „Wir brauchen die MOPO als laute Stimme, die niemandem nach dem Mund redet und von allen verstanden wird."
Am gleichen Tag schreiben Kulturschaffende der Stadt an den DuMont-Verlag und fordern: „Die MOPO ist eine Stimme Hamburgs – sie darf nicht verstummen!" In dem Schreiben heißt es: „Wir zählen auf die

AUFSTAND DER REDAKTION

MOPO-Crew steht auf – Proteste vor der MOPO-Zentrale in Ottensen (oben), auf dem Rathausmarkt und vor der ABENDBLATT-Redaktion. Unten: Senator Brosda ruft zur MOPO-Rettung auf.

Carsten Brosda
@CarstenBrosda
Folgen

Unsere Demokratie lebt von Meinungsvielfalt. Seit 70 Jahren gehört die @MoPo als Boulevardzeitung mit Haltung zu Hamburg. Wir brauchen die #MoPo als laute Stimme, die niemandem nach dem Mund redet und von allen verstanden wird. #RettetDieMoPo

05:48 - 23. Jan. 2020

5 Retweets 19 „Gefällt mir"-Angaben

Carsten Brosda und Hamburger Morgenpost

MOPO und wir wollen sie nicht als Opfer unbedachter Entschlüsse verschwinden sehen." Unterzeichnet wird der Brief von den Theater-Chefs Norbert Aust, Ulrich Waller, Corny Littmann, den Schauspielern Peter Lohmeyer, Bruno F. Apitz, Tetje Mierendorf und vielen weiteren, darunter auch wieder Udo Lindenberg. Immer mehr Medien berichten, erklären ebenfalls ihre Solidarität, auch ZEIT-Chef Giovanni di Lorenzo bezieht Stellung. Er schreibt in seinem Newsletter: „Das Problem bei all diesen euphemistisch als Restrukturierungsmaßnahmen genannten Änderungen, die nichts anderes bedeuten als einschneidende Sparmaßnahmen, ist, dass die Leserinnen und Leser das Spiel durchschauen und sich weiter abwenden. Das befeuert nur die Abwärtsspirale."

Rückenwind. Das tut gut. „Wir haben alle gespürt, wie wir etwas bewegen, dass etwas passiert", erinnert sich Nina Gessner. Sie lässt jetzt nicht mehr locker. Den Druck noch erhöhen. Die MOPO startet neue Aktionsformen.

26. Januar 2020.

65 MOPO-Leute treffen sich auf dem Rathausmarkt, bewaffnet mit Kind, Kegel und stapelweise MOPO-Ausgaben. Auf geht's in die U-Bahn. Ein Flashmob, alle rein in einen Waggon, alle holen die MOPO raus, andere Fahrgäste solidarisieren sich, machen mit. Es werden immer mehr Bilder, die über die sozialen Netzwerke und andere Medien verbreitet werden – und es wird immer ungemütlicher für die verhandelnden Verlage. Ein breites Bündnis ist entstanden, meinungsstarke Köpfe aus Politik, Wirtschaft, Medien und Kultur fordern den Erhalt der MOPO, sie verlangen Verantwortung von den Verlagen, Verantwortung für Pressefreiheit, Meinungsfreiheit und Demokratie. Unterdessen trudeln weitere Solidaritätserklärungen ein. Songwriter Olli Schulz macht der MOPO in seinem Podcast „Fest und Flauschig" eine Liebeserklärung: „Eine Nachricht, die mich traurig macht: Die Hamburger MOPO steht kurz vor dem Aus. Das ist eine Zeitung, die ich immer gerne gelesen habe. Ich möchte nicht, dass die Morgenpost wegstirbt, weil das ist so ein Teil Hamburg." Auch der damalige Vize-Kanzler und Bundesfinanzminister Olaf Scholz gesellt sich noch schnell zu den Unterstützern. Er kommentiert in Scholz'scher Manier aus Berlin: „Die MOPO gehört zu Hamburg wie der Michel, die Alster und die Elbphilharmonie."

28. Januar 2020.

Die Proteste dürfen nicht abreißen. Eine Gruppe von Beschäftigten der MOPO trifft sich spontan vor dem Unternehmenssitz der Funke Mediengruppe am Großen Burstah. Dort sitzt auch das Hamburger Abendblatt. Es kommt zu Solidaritätsbekundungen durch den Betriebsrat sowie einiger Kollegen des Abendblattes. Die Arbeitnehmervertreter sprechen aus, worüber sich offenbar mittlerweile auch die Funke-Manager in Essen Sorgen machen: Der Kauf des Internet-Auftritts und die damit verbundene Schließung der MOPO-Redaktion könnte dem Image des Funke-Verlags in Hamburg erheblichen Schaden zufügen. Auch bezüglich der wirtschaftlichen Sinnhaftigkeit herrscht Skepsis, angeblich will Funke zehn Millionen Euro für mopo.de zahlen, hinzu kommen die Investitionskosten für die neue Clickbaiting-Crew. Der Abendblatt-Betriebsrat schickt einen Zehn-Fragen-Katalog nach Essen, mal checken, wie durchdacht die Strategie wirklich ist: „Was bedeutet das für das Abendblatt, wenn Funke sich in Hamburg eine News-Schleuder zulegt?" Auch wirtschaftlich nichts Gutes, befürchten viele, schließlich setzt das digitale Abendblatt-Modell auf Bezahl-Abos, das neue MOPO-Portal aber wäre als Gratis-Plattform eine verlagsinterne Konkurrenzveranstaltung.

Funke reagiert auffällig dünnhäutig auf die Proteste. Tobias Korenke, Leiter der

Unternehmenskommunikation, schreibt den MOPO-Rebellen: „Liebe Kolleginnen und Kollegen der Hamburger Morgenpost, vielleicht darf ich Ihnen und Euch als Funke-Sprecher ganz kurz mal unsere Position erläutern. Sie und Ihr demonstriert am falschen Ort. Wir verstehen den Unmut der Hamburger Morgenpost-Mitarbeiterinnen und -Mitarbeiter nach einem Jahr quälender Ungewissheit nur zu gut. Nicht verstehen können wir, warum sich Ihr und Euer Ärger in Aktionen gegen Funke Luft macht; der Ärger richtet sich definitiv gegen die Falschen. Die in der Tat traurige Lage, in der sich die Hamburger Morgenpost heute befindet und die wir sehr bedauern, hat nun wirklich gar nichts mit Funke zu tun." Es ist offenkundig: Beim Funke-Verlag brennt der Baum. Für Nina Gessner bleibt dieser Tag unvergessen: „Die Protestaktion war der entscheidende Schachzug, aber das wussten wir damals gar nicht."

30. Januar 2020.
Der Branchendienst Horizont veröffentlicht eine News, die die komplette MOPO-Redaktion in ein unbeschreibliches Gefühls-Chaos stürzt. „Funke bricht Verhandlungen um die Hamburger Morgenpost ab", titelt das Portal. Der Verlag selbst will sich nicht äußern, der Branchendienst MEEDIA spekuliert: „Hinter der plötzlichen Absage aus Essen könnte der massive Protest der MOPO-Mitarbeiter stecken." Eine folgenschwere Wende, ein Desaster für den DuMont-Verlag, die Funke Mediengruppe verabschiedet sich in letzter Sekunde mit dem Schleudersitz aus der Geschichte. Und die MOPO? Ist immer noch nicht gerettet. Das Schreckgespenst der Zerschlagung ist vorerst vom Tisch, aber einen Käufer gibt es weiterhin nicht. Gibt es noch einen Ausweg? Ein Management-Buy-Out-Modell war schon vorzeitig gescheitert: MOPO-Geschäftsführerin Susan Molzow hatte mit DuMont über eine interne Übernahme verhandelt – vergeblich. Offenbar, so wird in den Branchendiensten gemunkelt,

KNAPP 20 JAHRE IM VERLAG: MOPO-MANAGERIN MOLZOW

Verlagsleiter und Geschäftsführer haben bei der MOPO eine ähnliche Halbwertszeit wie HSV-Trainer – da wird gewechselt und ausgetauscht, Köpfe rollen, manche flüchten auch. Eine Ausnahme ist Susan Molzow. In der Gruner + Jahr-Ära beginnt Molzow Anfang der 1990er Jahre als Assistentin der Geschäftsführung, steigt auf bis zur Verlagsleiterin – bis Gruner + Jahr die MOPO abstößt. Elf Jahre später, im Februar 2011, kehrt sie unter der Führung von DuMont zurück, übernimmt die Geschäftsführung. Bemerkenswert: Auf Seiten des Verlagsmanagements hält kaum jemand so lange durch wie Susan Molzow, jedenfalls nicht auf der Flughöhe. Insgesamt gestaltet sie knapp 20 Jahre lang die verlegerischen Geschicke der Zeitung. Molzow gilt im Umgang als freundlich und verbindlich, zur Redaktion wird ihr ein unterkühltes Verhältnis nachgesagt. Flurfunk-Parole: „Sie ist eher Team Blankenese als Team MOPO." Für Branchenfremde: Es gibt eine Trennung zwischen Redaktion (zuständig für die Inhalte) und Verlag (zuständig für Finanzen und Anzeigen). Nach ihrem Ausscheiden bleibt Molzow dem Verlagsbusiness erhalten, seit Anfang 2024 ist sie Geschäftsführerin der Kieler Nachrichten. Auf dem Foto steht Susan Molzow neben dem damaligen DuMont-Geschäftsführer Philipp Froben.

weigerte DuMont sich, Molzow mit einem Negativkaufpreis oder einem günstigen Darlehen entgegenzukommen. Vier Millionen, so berichten Branchendienste, wollte die Kauffrau für die komplette Übernahme von DuMont.

3. Februar 2020.
Nina Gessner schreibt auf der Facebook-Seite „Rettet die MOPO": „Morgen bitte alle Daumen drücken! Morgen entscheidet DuMont über unsere Zukunft! Auf dass ein Käufer das Rennen macht, der der auf dem Zahnfleisch gehenden alten Dame MOPO wieder auf die Beine hilft. Wir setzen auf das Verantwortungsbewusstsein des Kölner Konzerns – für Hamburg, für die Meinungsvielfalt, für guten Lokaljournalismus, für die MOPO, für uns und unsere Familien. Euer MOPO-Team."

4. Februar 2020.
Wieder eine Nachricht, die wie eine Bombe in der Redaktion einschlägt. Der Branchendienst MEEDIA berichtet über die bevorstehende Aufsichtsratssitzung bei DuMont. Am darauffolgenden Donnerstag wolle DuMont-Chef Christoph Bauer die Belegschaft über die Zukunft der MOPO informieren. Der entscheidende Satz, der in der MOPO-Belegschaft heftiges Herzklopfen auslöst: „In Branchenkreisen kursieren Gerüchte, wonach ein mittelständischer Unternehmer aus Norddeutschland nach dem Blatt greifen könnte."

6. Februar 2020.
Banges Warten auf Christoph Bauer. Der DuMont-Chef kommt persönlich und überbringt die Nachricht. Es ist eine gute Nachricht. Es gibt einen Käufer. Kurz vor dem Termin veröffentlicht das Hamburger Abendblatt den Namen: Arist von Harpe, 41, Manager beim Berufsnetzwerk XING. Er übernimmt das komplette MOPO-Geschäft. „Wie ein Prinz", zitiert die Süddeutsche Zeitung Nina Gessner, vielleicht klingt das heute ein bisschen kitschig, aber nach den Wochen der Ungewissheit, nach dem zähen Ringen, dem Hoffen, Bangen, fällt alles ab, „wir sind total euphorisch".
Inzwischen ist klar: Auch Arist von Harpe ist kein Wunderheiler, die MOPO lebt dank harter Arbeit und harter Cuts, die weh tun, immer noch. „An der gesamtwirtschaftlichen Situation des Zeitungsmarkts hat das alles nichts geändert", sagt Nina Gessner, „aber für Hamburg und die MOPO war es immens wichtig. Die Stadt hätte eine Traditionszeitung verloren, wir sind erhalten geblieben als wichtige Stimme. Wir haben weitere Jahre rausgeholt. Ich wünsche mir, dass noch viele dazukommen."

Für Nina Gessner ist es der emotionalste Moment in ihrem Berufsleben. Neben der Arbeit im Betriebsrat widmet sie sich Geschichten über soziale Ungerechtigkeiten, der Deutsche Journalisten-Verband zeichnet sie dafür 2024 mit dem Erich-Klabunde-Preis aus. Die Ehrung wird sozial engagierten Journalistinnen und Journalisten zuteil. Begründung: „Die Reportagen von Nina Gessner passen genau in das Anforderungsprofil des Klabunde-Preises. Sie sind sozial orientiert und spielen in Hamburg."
Eine Auszeichnung, die der zweifachen Mutter, die 2021 bereits den Deutschen Lokaljournalistenpreis erhielt, noch viel mehr bedeutet, ist der 2023 an sie verliehene Wächterpreis der deutschen Tagespresse. Mit ihren Recherchen hatte sie Finanzsenator Andreas Dressel (SPD) in Not gebracht. Dressel hatte bei der Vergabe eines neun Millionen Euro schweren Auftrages die Ausschreibung ausgelassen und seinem Parteifreund Nico Lumma den Zuschlag direkt erteilt. Der Deal wurde nach der Berichterstattung gestoppt. Hätte Nina Gessner nicht Anfang 2020 ihren ganzen Mut zusammengenommen und mit der MOPO-Redaktion einen Aufstand veranstaltet, sie hätte diese Geschichte nicht mehr veröffentlicht. ■

Terror-Piloten aus Hamburg

DANK SPRINGER – MOPO-SCHLAGZEILE GEHT UM DIE WELT

Am frühen Abend des 12. September 2001, einen Tag nach den verheerenden Anschlägen auf das World Trade Center in New York, landet ein Fax des Axel-Springer-Auslandsdienstes (SAD) in der Lokalredaktion der MOPO. Brisanter Inhalt: Die Spur der Terror-Piloten führt nach Hamburg! Mohammed Atta, Mastermind der 9/11-Terroristen, lebte in der „Martinstraße 54", so heißt es aus Kreisen von US-Sicherheitsbehörden. Zu diesem Zeitpunkt weiß noch niemand, wo und unter welchen Umständen die Attentäter ihre teuflischen Anschläge geplant hatten.
Warum die Hamburger Redaktion der BILD-Zeitung, der das Fax ebenfalls vorliegt, nicht reagiert, ist nicht bekannt. Offenbar nehmen die Kollegen, die dort im Dienst sind, die Information nicht ernst – es klingt ja auch unglaublich. Ein hartnäckiger Redakteur der Berliner B.Z., die ebenfalls zum Springer-Konzern gehört, will sich damit nicht zufriedengeben. Er leitet die Meldung des SAD an die eigentlich konkurrierende MOPO weiter und bittet um Amtshilfe: „Könntet ihr da nicht mal schnell hinfahren?"

Polizeireporter Matthias Onken hat Spätdienst, er checkt die Adresse. Eine Martinstraße gibt es in Hamburg nicht. Martinistraße am UKE? Oder vielleicht der Martin-Luther-Ring in Harburg? „Wir fahren hin", entscheidet Onken und schnappt sich Polizeifotograf Rüdiger Gaertner. Eine gute Stunde später meldet sich Onken aus dem Süden der Stadt in der Redaktion: „Du glaubst es nicht, es scheint zu stimmen. Wir sind über Umwege in der Marienstraße 54 gelandet, sind im Haus, waren bei den Nachbarn."

Terror-Piloten lebten in Hamburg!
Lernen mit Spaß & Erfolg
Krieg gegen die USA

Nachdem die MOPO-Reporter sich umgesehen und eine leere, frisch gestrichene Wohnung durch den Briefkastenschlitz fotografiert haben, fährt ein erster Streifenwagen vor. Die Besatzung wurde durch die Pressestelle der Polizei alarmiert. Minuten später rückt ein Großaufgebot an, sperrt das unscheinbare Mehrfamilienhaus ab. Noch in der Nacht sind BKA und FBI vor Ort.
In der Redaktion der MOPO in der Bahrenfelder Griegstraße lässt sich das Adrenalin fast mit Händen greifen. Der sonst eher zurückhaltende Chefredakteur Josef Depenbrock reagiert wie entfesselt auf die Recherchen der Kollegen, erhöht die Druckauflage. Layouter gestalten Kiosk-Plakate mit der exklusiven Schlagzeile, die das internationale Nachrichtengeschehen der nächsten Tage bestimmen wird: „Terror-Piloten lebten in Hamburg."
Die Nachrichtenagentur dpa sendet am Erscheinungstag ein Foto der MOPO-Titelseite, es geht um die ganze Welt. Ein Meilenstein in der Zeitungsgeschichte. Jetzt kommt raus: Terror-Pilot Atta studierte Stadtplanung an der TU Harburg, plante die Anschläge in der Drei-Zimmer-Wohnung, nur wenige hundert Meter entfernt vom Campus.

Polizeireporter Matthias Onken wird später Lokalchef und dann Chefredakteur der MOPO, bevor er 2008 als Hamburg-Chef zu BILD wechselt. Heute lebt und arbeitet er in Hamburg als selbstständiger Kommunikationsberater. Rüdiger Gaertner ist seit mehr als 30 Jahren für die MOPO als Polizeireporter im Einsatz. 2025 geht er in den Ruhestand.

TAUSCHE DOKTOR-TITEL GEGEN MOPO-PRAKTIKUM

Eine junge Kunstwissenschaftlerin plant ihre akademische Karriere an der Uni in Jena. Dann entdeckt sie eine Stellenanzeige für ein Volontariat bei der MOPO. Sie fährt zum Vorstellungsgespräch nach Hamburg – und erfährt, dass es die annoncierte Stelle gar nicht gibt. Ein folgenschweres Missverständnis, das das Leben von Viola Dengler komplett auf den Kopf stellt.

Viola wartet nun schon fast 20 Minuten auf den Typen, der mit ihr das Bewerbungsgespräch führen soll. „Julian verspätet sich. Hier ist noch ein Kaffee", sagt die Redaktionsassistentin. Viola bleibt einfach auf dem Sofa neben der Eingangstür sitzen und wartet ab, was passiert, es gibt ja einiges zu gucken. Noch gestern war sie in Jena, an der Uni, da fährt sie auch wieder hin, wenn das hier nichts wird. Gern würde sie nach Hamburg ziehen, sie ist Hamburgerin, mit Jena reicht es irgendwann auch mal. Wobei – soooo schlecht ist es nicht. Bachelor und Master hat sie schon, in Kunstgeschichte, Friedrich-Schiller-Universität. Die trägt ihren Namen nicht umsonst, Schiller wirkte dort als Professor, dafür hatte Goethe persönlich gesorgt, kein Scherz, das war wirklich so. Später studierten hier Hölderlin, Marx und Zeiß, das kann sich schon sehen lassen.
Da kannst du ganz entspannt sein, sagt Viola sich, wenn das hier nichts wird, dann geht es weiter als wissenschaftliche Hilfskraft in Jena, das läuft gut, sie gibt sogar schon Seminare, Einstiegsseminare. Sie will promovieren, Karriere an einer der ältesten Universitäten in Deutschland, das ist nicht verkehrt. Du kommst irgendwo hin und sagst: „Guten Tag, mein Name ist Dr. Dengler, Viola Dengler, ich unterrichte dort, wo auch Goethe und Schiller schon lehrten. Sind quasi Vorgänger von mir." Das hat was.

Der Türsummer britzelt, jemand zieht an der Tür, gefühlt schon, als der Schlossriegel noch nicht gelöst ist, da ist Spannung drauf, klack, ein Typ kommt rein, kräftig, stoppelbärtig, komplett aus der Puste, wie nach einem Marathon, aber in Klamotten, volle Montur. Er kommt gleich auf Viola zu, hält die Hand hin. „Hallo, ich bin Julian, sorry, dass ich zu spät bin, komm, wir gehen in den Konfi hinten." Viola ist erstaunt über das laxe Terminmanagement, aber gut, sie bleibt entspannt, naja, ein wenig Aufregung spürt sie schon. MOPO statt Uni, Boulevard-Journalismus statt Doktor-Arbeit. Sie ist jetzt 25, auch nicht mehr ganz jung, das wäre schon ein krasser Wechsel des Lebensplans. Aber für Hamburg würde sie es tun, sie würde so gern zurück nach Hamburg.
Die beiden setzen sich in den Konferenzraum, sie sitzt mit dem Rücken zum Fenster, nicht schlimm, es gibt sowieso nicht viel zu sehen. Er setzt sich ihr gegenüber hin, stellt sich nochmals vor. Er ist immer noch völlig aus der Puste, also wirklich, wo war der denn essen und wie schnell und weit musste er herlaufen? Julian heißt er, er ist der Lokalchef, er stellt typische Bewerbungsfragen, es bleibt wenig hängen bei Viola. Wichtiger ist: Sie fühlt sich wohl, der Julian ist ihr mit seiner chaotischen, aber herzlichen Art sympathisch, total nett, die ganze Atmosphäre in dem Laden ist gar nicht so schlecht, alles so herrlich unsortiert. Ganz anders als an der Uni in Jena, da hat alles seine Ordnung, das ist ja auch kein Wunder bei dem Namensgeber, der die Ordnung in einem seiner Werke als „segensreiche Himmelstochter" ehrte.
Julian erzählt, was zu tun ist als Praktikantin bei der MOPO. Recherchieren, schreiben, das geht gleich alles los... HALT! STOPP! Hat er gerade PRAK-TI-KAN-TIN gesagt? Vielleicht meint er das nicht so, vielleicht nimmt er es nicht so genau, Praktikum, Volo, das kann man mal durcheinanderschmeißen. Von Praktika hat sie nun wirklich genug, Gruner + Jahr, Tide Radio, alles schon gemacht. Viola lässt es NICHT drauf ankommen, sie fragt lieber nach: „Du sagtest gerade PRAKTIKUM, ich hatte mich für ein VOLONTARIAT beworben, das

stand so in der Stellenanzeige." Julian ist irritiert, „Hä? Nee, nee, nee, wir haben hier nur eine Praktikumsstelle. Keine Ahnung, warum das online so steht." STILLE. Viola ist sprachlos, Julian ist die Sache ganz schön unangenehm, er fragt: „Macht es dann überhaupt Sinn, wenn wir hier weitersprechen?" Gute Frage, die hat sich Viola eben gerade auch schon gestellt. Nur – jetzt ist es ohnehin egal, jetzt ist sie ja hier, genau, „jetzt bin ich ja hier, jetzt führen wir das auch zu Ende".

Sie kann es noch nicht wissen, so was ist so richtig typisch für die MOPO, fast jeder kann ein Lied davon singen, irgendwie fängt bei der MOPO niemand ganz normal an. Im Sport gibt es bis Anfang der 2000er Jahre einen Sportchef, der führt Einstellungsgespräche beim Griechen in der Griegstraße, gleich um die Ecke des Redaktionsgebäudes. Taverna Tassos, zwei-Bier-zwei-Ouzo-bitte. Schickel heißt er, keiner weiß, was aus ihm geworden ist. Vier Bier am Sonntagmittag, ganz normal, danach Texte raushauen, Kolumne schreiben, Lieblingswort „Staatsamateur", hahaha, das findet er lustig. Schickel ist so ein Ur-MOPO-Mann, großartiger Schreiber, total lieb zu seinen Leuten, die Inkarnation von ‚zwischen Genie und Wahnsinn'. Ernährung: Gyros, Bier, Pommes, Ouzo, „den Salat kannst du weglassen". Schickels Bewerbungsgespräche beim Griechen starten um Punkt 17 Uhr, da macht die Taverna unter der Woche auf, gleich vorn links ist der MOPO-Stammtisch. Wenn Schickel Einstellungsgespräche führt, müssen sich alle anderen weiter hinten hinsetzen, aber nicht lange – fünf, sechs Fragen, dann ist das Thema meistens durch. „Ilias, eins noch. Und noch einen Ouzo." Ilias, das kann man sich denken, ist der Wirt des Ladens. Der weiß praktischerweise gleich alles über die Bewerber, sein Zapfhahn ist in Hörweite zum MOPO-Stammtisch.

Das ist alles lange her, jetzt sind wir wieder im Jahr 2019, Bier spielt bei Violas Bewerbung gar keine Rolle, trotzdem ist sie durcheinander, als sie die Redaktion verlässt. Ein bisschen enttäuscht, weil es gar nicht um ein Volontariat geht, trotzdem ist sie auch ein bisschen angefixt. Machen wir es kurz, sie macht es tatsächlich. Praktikum bei der MOPO, tschüs Goethe, bye-bye Schiller. Viola schreibt jetzt nicht mehr über Kunstgeschichte, sondern über Skandal-Rapper Gzuz und über Lena Meyer-Landrut. Die Sängerin ist die Protagonistin ihrer ersten MOPO-Story. Story? „Sie hat bei Instagram ihren Po in die Kamera gehalten, und der Online-Chef meinte: ‚Schreib mal was dazu! Das könnte gut funktionieren!'" Viola ist irritiert. „Das ist jetzt also Journalismus? Was mache ich hier eigentlich?" Zu spät. Viola hängt drin, gefangen in der MOPO.

Richtig glücklich ist sie nicht in den ersten Wochen und Monaten. Viola startet in unruhigen Zeiten. MOPO-Besitzer DuMont will verkaufen, Gerüchte von der Einstellung machen die Runde. Die Redaktion hat sich von Hamburg entfremdet, die Digital-Strategie setzt voll auf Clickbaiting, es ist schnuppe, wo die Geschichte spielt. Viola: „Unfälle, Verbrechen, Sex, alles ohne Hintergründe." Lokalkompetenz? Braucht es nicht, Hauptsache, es klickt.

Vier Monate vergehen, Besitzerwechsel, Arist von Harpe und Maik Koltermann übernehmen, ein ganz neues Gefühl, „Maik ist das Herz der Redaktion", sagt Viola heute. Während der alte Chef kein Wort mit ihr sprach, wird jetzt auf Augenhöhe kommuniziert. Viola fragt nach, ob sie denn jetzt endlich volontieren darf. Prinzipiell ja, heißt es, aber sie müsse noch zur Probe arbeiten, das sei eben so. „Probearbeiten? Was mache ich denn den ganzen Tag?“ Die MOPO kann wirklich Überraschungen. Aber gut, auch diese Kröte schluckt sie, die Probearbeit entpuppt sich tatsächlich nur als Formalie, die junge Frau bekommt endlich ihr Volontariat, mehr als ein halbes Jahr nachdem sie sich beworben hat. Auf eine Stelle, die es gar nicht gab.

Viola startet durch als Reporterin, erst in den überregionalen Nachrichten, doch das gefällt ihr nicht, vieles ist nur Zweitverwertung, irgendwo was abschreiben plus Lena Meyer-Landruts Hintern, das ist es nicht. Sie drängelt sich ins Lokale, hier kann sie mehr eigene Geschichten machen. Sie feilt an ihrer Schreibe, tauscht die wissenschaftliche Detailtiefe gegen knackige Buzzwords. Mathis Neuburger, damals Hamburg-Chef, heute Stellvertretender Chefredakteur, setzt sich mit ihr hin, geht die Texte durch. Sie ersetzen Begriffe, streichen Worte raus, straffen Sätze. „Ich muss alles vergessen, was ich an der Uni gelernt habe.“ Was hätten Goethe und Schiller dazu gesagt?

Mit Viola entert nicht nur eine Kunsthistorikerin die MOPO, sondern auch ein Digital Native und eine Gen-Z-Versteherin, die mit der sterbenden Zeitung auf Papier fremdelt. Als Geschäftsführer Arist von Harpe der Redaktion verkündet, die gedruckte MOPO werde künftig wöchentlich statt täglich erscheinen, fallen einige aus den Wolken. Viola nicht, „du musst dir ja nur die Auflagen angucken, nicht nur bei der MOPO, auch bei den anderen. Wir sind eine Online-Welt“. Mit was für Medien ist Viola aufgewachsen? Was lesen junge Menschen heute? „Süddeutsche, SPIEGEL, ZEIT“, zählt Viola auf, ach und die ZEIT hat sie früher auch gedruckt gekauft. Junge Leute und die ZEIT, das gibt es als klischeehafte Erzählung, so nach dem Motto: Die tragen das mit sich herum, um zu zeigen, wie intellektuell sie sind. Jetzt aber kommt Viola Dengler um die Ecke, ja, die Um-ein-Haar-Doktorin, Fast-Kollegin von Goethe und Schiller, und gibt zu: „Die ZEIT habe ich früher unterm Arm getragen, da bin ich tatsächlich so irgendwo hingegangen und fand es cool – wow, ich bin intellektuell.“ So etwas gibt es also wirklich, das ist der Beweis.

Die MOPO wird dort, wo Viola aufwächst, überhaupt nicht gelesen, weder digital noch gedruckt. Viola verbringt ihre Kindheit wohlbehütet auf der Uhlenhorst und in Eilbek, später besucht sie das Gymnasium Klosterschule, Berliner Tor. Die Eltern haben mit der MOPO nichts am Hut, sie lesen den SPIEGEL. Ihre Mutter stempelt die MOPO als Schmuddel-Blatt ab, unter anderem, weil früher Oben-ohne-Fotos dazu gehörten. Das möchte man sich heute gar nicht mehr vorstellen, aber bis hinein in die 2000er Jahre waren halbnackte Frauen im Blatt selbstverständlich. Dazu komplett beknackte Texte, mit ausgedachten Namen und irgendwelchen dümmlich-frivolen Porno-Fantasien. Zum Fremdschämen.

Nackte Frauen in der Zeitung sind Geschichte, die Zeit rast, die alten Leserinnen und Leser sterben aus oder haben einen Schlaganfall und können deshalb nicht mehr richtig gucken, und dann kaufen die keine Zeitung mehr. Aber woher kommen die neuen User? Die Gen Z investiert täglich sieben Stunden in die Mediennutzung. Klingt großartig, doch dummerweise ist die MOPO nicht dabei. Wenn das hier jetzt jemand vom Abendblatt liest und lacht, ist das nicht klug, denn dem Abendblatt und anderen geht es da nicht viel besser. Statt MOPO ist

DIE DIGITALE MOPO

Im Jahr 1995 geht mopo.de live (oben links). Die weiteren Screenshots zeigen die Homepages von 1999, 2007 und 2024.

YouTube die Nummer eins bei der Gen Z, gefolgt von Instagram. Das MOPO-Video-Angebot hält sich in Grenzen, klar, Bewegtbild ist kein Billigprojekt, da muss man sich ja nur mal BILD angucken, die mit ihrem TV-Sender so richtig auf die Schnauze gefallen sind und Millionen verbrannt haben. Das wäre bei der MOPO nicht denkbar, vor allem, weil die MOPO keine Millionen hat.
Viola Dengler beschäftigt das neue Mediennutzungsverhalten der jüngeren Generationen, das Thema bereitet ihr Sorgen und fasziniert sie zugleich. „Wenn ich es mal so sagen darf: Wir müssen an unserer Strategie arbeiten", sagt sie, „wir haben hier Leute, die haben gute Ideen, aber alle haben zu tun, und deshalb tappen wir von einem Tag zum nächsten." Ihre nächsten Worte wählt sie mit Bedacht: „Wir müssen aufpassen, dass wir nicht abgehängt werden." Eine ganz schön harte Einschätzung gegenüber ihrem Arbeitgeber. Viola stellt Fragen, auch unangenehme. „Wäre es schade, wenn es die MOPO irgendwann nicht mehr geben sollte?", fragt sie und stellt gleich klar, dass es darauf keine einfache Antwort gibt. „Um das zu beantworten, müssen wir uns immer wieder hinterfragen. Da müssen wir die Community, also alle Hamburgerinnen und Hamburger, die Interesse an der Stadt haben, einbeziehen und nachfragen: Was interessiert euch? Was wollt ihr wissen? Sind es die Wochenendtipps, die euch interessieren? Wollt ihr Kreuzworträtsel und Sudoku? Wir müssen uns fragen: Welches Portfolio brauchen wir, um einen echten Mehrwert zu liefern?"
Leserinnen und Leser mit einbeziehen und nachfragen, was die wissen wollen – bis zur aufkommenden Digitalisierung ist das schön einfach bei einer Zeitung. Da gibt es bei der MOPO eine Leserbrief-Redakteurin, Susanne Kahle, ihre Geschichte steht auch in diesem Buch. Susanne kommt einmal am Tag in die Konferenz und berichtet, was die Leute geschrieben haben. Die Briefe sind schon mehrere Tage alt. So ein Brief muss geschrieben, eingetütet, verschickt, zugestellt, geöffnet und gelesen werden. Das dauert. Schickt der interessierte Leser harsche Kritik, ist es einfach zu sagen: Ist doch schon alt, es geht ja um die Schlagzeile von vor vier Tagen. Ist es ein Lob, kann man den Brief als Referenz für die eigene Leistung überm Schreibtisch an die Wand heften. Eine Antwort formulieren? Wozu?
Viola macht sich Gedanken um eine neue Form des Journalismus, darum, wie man Menschen dazu bewegt, Zeit und Geld aufzuwenden, um die MOPO zu lesen. Das hat zwei gute Gründe: Zum einen hat sie noch mehr als drei Jahrzehnte vor sich, bevor sie das Rentenalter erreicht, und sie muss ja irgendwie gucken, wie sie ihre Brötchen verdient, Goethe und Schiller helfen da nicht mehr. Zum anderen sorgt sie sich um die Demokratie, da hat sie in Jena so einiges erlebt, was sie nachdenklich macht, lange bevor die als extremistisch eingestufte Landes-AfD stärkste politische Kraft wird.

Viola lebt bis 2019 am Rande von Jena, Plattenbau, zehn Minuten mit der Tram in die Stadt. In den Waggons sieht sie, wie Rechte patrouillieren. Menschen mit sichtbarem Migrationshintergrund schreit ein breit gebauter Typ an: „Scheiß Ausländer". Niemand sagt etwas, auch nicht ein Polizist, der dabei ist, als eine Horde rechtsradikaler Fußball-Fans einen Schlager umdichtet und die gegnerischen Fans ins KZ wünscht. Alltag in der Gegend, berichtet wird da wenig bis gar nicht.

Viola ist live dabei, als der Publizist Jakob Augstein sich auf eine Podiumsdiskussion mit Karlheinz Weißmann einlässt. Weißmann gilt als Vordenker der Neuen Rechten, ein Vertreter der völkischen Nationalisten. Die Veranstaltung findet in scheinbar bester Umgebung statt, auf Schloss Ettersburg nahe Weimar. Das Problem: Augstein und Viola Dengler sind ziemlich allein auf weiter Flur, jedenfalls politisch gesehen. Das Publikum ist schick herausgeputzt und offensichtlich gut betucht, applaudiert dem rechtsradikalen Autor, der unwidersprochen und nur wenige Kilometer vom KZ Buchenwald sein faschistoides Gedankengut zur Schau stellt und dafür gefeiert wird: „Es war eine gruselige Atmosphäre." Zur Krönung steht Viola am Abend vor dem Schloss und stellt fest: Ohne Auto kommst du hier nicht mehr weg. Sie traut sich ein Pärchen anzusprechen, die nehmen sie auch mit, beäugen sie sehr kritisch, stellen merkwürdige Fragen, aber es passiert nichts, Glück gehabt, das hätte auch anders ausgehen können.
Solche Zustände haben wir in Hamburg nicht, aber an vielen anderen Orten in Deutschland. Medien sind da wichtig, da geht es um Aufklärung, um Fakten, um Geschichte, aber es gibt nicht mehr so viele Menschen wie Viola, die noch in den Journalismus wollen – und auch immer weniger, die für guten Journalismus zahlen wollen: „Es beschäftigt mich, es macht mir Sorgen. Die Medienkompetenz existiert nicht mehr, es fehlt an Bildung, die Menschen bekommen die falschen Sachen mit, schon in der Schule." Sie selbst hat eine Auseinandersetzung mit einem User, der attackiert sie, weil sie einen Kommentar schreibt, „da schreibt der mir, in dem Kommentar sei zu viel Meinung. Wo fangen wir jetzt an, die Dinge zu erklären? Machen wir jetzt unter jeden Kommentar einen Kasten, der erklärt, ein Kommentar ist ein Meinungsstück?" Diese Menschen, so glaubt Viola, lesen nicht mehr, um Neues zu erfahren, sondern, „weil sie einfach nach Bestätigung suchen". Trotzdem, da beharrt Viola drauf, „wir brauchen ein sehr aktives Community-Management, wir müssen wissen, was die Leute bewegt." Ansonsten, so fürchtet sie, „droht auch einer Traditionszeitung die Bedeutungslosigkeit." Hamburg ohne MOPO – das wäre eine ziemliche Katastrophe, aber passieren kann das. Denn viele Medien geraten nicht nur wirtschaftlich in Schieflage, auch die Wächter-Rolle verliert ihre gesellschaftliche Achtung und Anerkennung.
Eine polarisierte Gesellschaft, Lügenpresse-Schreihälse und tätliche Angriffe gegen Journalisten – der Job als Reporter ist heute kein Traumjob mehr. Stattdessen erleben wir, wie rechtspopulistische Plattformen, mit ihren simplen Parolen und Antworten auf komplizierte Problemstellungen Gehör und Beifall finden. Wie zum Beispiel Ex-BILD-Chefredakteur Julian Reichelt, der mit „Nius" keine Wächter-Rolle mehr einnimmt, sondern sich erst dann einschaltet, wenn Menschen mit Migrationshintergrund Verbrechen begehen – oder wenn eine Geschichte besonders gut in das Weltbild derer passt, die sich von der angeblich woken Elite verraten fühlen, Themen werden entsprechend den Vorurteilen seiner Klientel besetzt. Die harte Arbeit vor Ort, in St. Georg, Altona oder in Jena-Lobeda, die macht Reichelt schon lange nicht mehr – und die spielt für seine angebliche „Stimme der Mehrheit" auch keine Rolle. Anders als bei der MOPO: Von der wird erwartet, dass sie dort ist, wo es Menschen nicht gut geht, ohne bereits die vorgefertigte Antwort darauf zu haben, warum das so ist.
Ganz konsequent recherchiert Viola Dengler in der Drogenszene, inspiziert ein

von Kakerlaken befallenes Haus in Billstedt, trifft sich mit dem Opfer eines Gewaltverbrechens auf der Veddel und setzt sich zu einem Straßentrinker vor den berüchtigten Reeperbahn-Penny, um dessen Geschichte aufzuschreiben. Sie sagt: „Das hat mich Überwindung gekostet, dadurch habe ich mich verändert und weiterentwickelt." Raus aus der elitären Uni-Welt, aus dem Elfenbeinturm, runter auf die Straße. Geschichten einsammeln.
Wie bedeutend die Arbeit lokaler Medien ist, zeigt eine Studie aus den USA. Dort hat der Wirtschaftsökonom Jonas Heese von der Harvard Business School untersucht, was passiert, wenn Lokalredaktionen verschwinden. Schon zum Zeitpunkt der Untersuchung Anfang der 2020er Jahre sind mehr als 200 Counties in den USA zu sogenannten Nachrichtenwüsten verkommen – Orte, komplett frei von lokaler Berichterstattung. Die Folgen sind dramatisch: In diesen Regionen steigt die Zahl der Betrugs- und Korruptionsfälle, ebenso nehmen Verstöße gegen Umwelt- und Arbeitsschutzgesetze zu. Eine Entwicklung, die auch auf Europa und Deutschland zu kommt. Anette Dowideit, Chefredakteurin der Recherche-Plattform correctiv.org, fordert die europäischen Verleger im Mai 2024 beim Publishing Congress in Wien dazu auf, wieder mehr Investitionen in den Lokaljournalismus zu tätigen – um die Demokratie zu schützen. Dowideit und Correctiv hatten mit ihrem Investigativ-Report berichtet, wie AfD-Politiker und rechtsextreme Aktivisten in Potsdam bei einem Geheimtreffen über eine Remigration von in Deutschland lebenden Menschen mit Migrationshintergrund debattierten. Ihre Botschaft erinnert an das, was auch Viola Dengler bei der MOPO propagiert. Dowideit: „Wir müssen das Publikum dazu bringen, uns zuzuhören und uns zu vertrauen, indem wir ihnen zuhören."

Eine schwierige Ausgangslage für den Lokaljournalismus. Umso lauter muss man applaudieren, dass eine junge Frau so ein Abenteuer eingeht, dann auch noch bei der MOPO, wo der Weg in die Zukunft steinig ist – und trotz des Missverständnisses beim Bewerbungsgespräch. Was macht Viola Hoffnung? „Wir haben Potenzial. Wir sind eine junge Marke, obwohl es uns schon so lange gibt. Wir haben das Potenzial, pfiffig und klug zu sein und die Themen in der Stadt aufzufangen. Dafür müssen wir einiges anders denken – und noch mutiger sein", sagt sie. Viola Dengler ist mutig. Sonst hätte sie den Doktor-Titel nicht gegen das MOPO-Praktikum getauscht. ■

Mohammed-Karikaturen

„SO VIEL FREIHEIT MUSS SEIN“

DPA-Meldung vom 7. Januar 2015 +++ „Schwer bewaffnete Männer haben den Sitz der Zeitung CHARLIE HEBDO in Paris überfallen, dabei wurden nach Angaben der Staatsanwaltschaft und von Ermittlern zwölf Menschen getötet. Die Zeitung ist seit Jahren für ihre provokanten Mohammed-Karikaturen bekannt.“ +++

Der 7. Januar ist ein Tag der Schreckensmeldungen. Gegen 11.30 Uhr dringen die Brüder Said und Cherif Kouachi maskiert und mit Kalaschnikows bewaffnet in die Redaktionsräume der Satirezeitschrift CHARLIE HEBDO im Zentrum von Paris ein. Sie töten elf Menschen. In der Redaktion der MOPO sitzt die Führungscrew zusammen und denkt über eine angemessene Schlagzeile nach. Der damalige Chefredakteur Frank Niggemeier schlägt vor, als Solidaritätsbekundung die CHARLIE-HEBDO-Titelseiten mit den Mohammed-Karikaturen nachzudrucken. Eine mutige Entscheidung, Niggemeier bekommt Zustimmung von seiner Führungscrew. Aber wie lautet die Headline? „Jetzt erst recht“, ist ein Vorschlag, er wird verworfen. Irgendjemand aus der Runde hat die Idee: „So viel Freiheit muss sein.“ Eine klare und mutige Positionierung, mit der die MOPO weiter geht als die meisten anderen Medien. Die Ausgabe geht mit dem Hebdo-Titel in den Druck. „Wir bekamen Mails aus aller Welt, sogar aus den USA erreichten uns Gratulationen“, erinnert sich Maik Koltermann, damals stellvertretender Chefredakteur, „aber: Es gab auch zahlreiche Droh-Mails.“

HAMBURGER MORGENPOST
www.mopo.de

+++ Mörderischer Angriff auf die Pressefreiheit +++ Killer richten Zeichner von Mohammed-Comics hin +++ Darum zeigt die MOPO die Karikaturen, für die zwölf Menschen starben Seiten 2–7

So viel Freiheit muss sein!

HAMBURGER MORGENPOST
www.mopo.de

Wir sind schockiert von dem Brandanschlag auf die MOPO. Es ist tief beunruhigend, dass so etwas in einer so liberalen und weltoffenen Stadt wie Hamburg passiert. Doch an der Grundhaltung unserer Zeitung wird das nichts ändern.

Wir bleiben MOPO!

Seiten 6–9

Europa vereint in tiefster Trauer

DAMALS CHEFREDAKTEUR

Frank Niggemeier, er zeigt Solidarität mit der Charlie-Hebdo-Redaktion

Während andere Redaktionen in Hochsicherheitstrakten arbeiten, gibt es in dem MOPO-Gebäude in der Griegstraße keine relevanten Sicherheitsvorkehrungen im Eingangsbereich – außer einer Summertür, die aber ohne Rückfrage jedem geöffnet wird, der klingelt. Maik Koltermann: „Die schrecklichen Schilderungen aus der Redaktion in Paris lösten bei mir Kopfkino aus. Ich erwischte mich des Öfteren bei der Frage, ob ich, wenn jemand bewaffnet um die Wand, die den Großraum vom Treppenhaus trennte, hereinstürmte, auf den schmalen Dachsims in rund 15 Metern Höhe klettern würde – oder doch lieber unter den Tisch, oder, wenn genug Zeit, in die Hohlräume am Kniestock der Dachschrägen. Eigentlich war mir aber klar, dass ich keine Chance hätte."
Dann passiert der Anschlag. In der Nacht zum 11. Januar 2015 werfen Unbekannte Steine und einen Brandsatz in das Archiv der Zeitung. Maik Koltermann: „Ich hatte ein schlechtes Gewissen gegenüber dem Team, weil wir auf Chefebene entschieden hatten, und nun hingen alle Kolleginnen und Kollegen mit drin."

DPA-Meldung vom 20. Juli 2017 +++ „Wegen zweier islamistisch motivierter Brandanschläge auf das Verlagsgebäude der Hamburger Morgenpost und auf eine Schule in Altona hat das Landgericht vier junge Männer verurteilt. Drei von ihnen bekamen Bewährungsstrafen von bis zu zwei Jahren, obendrein wurden ihnen Arbeitsleistungen auferlegt. Einer der Männer wurde ausschließlich zu Arbeitsleistungen verurteilt." +++

FOTO AR CHIV

1949–2024

„ALLES SPRICHT BEI NÜCHTERNER BETRACHTUNG FÜR TEN HOFF“

Die großen Geschichten der ersten MOPO-Ausgabe vom 16. September 1949: Es gibt Streit um die Bildung der Regierung unter Kanzler Adenauer, der Hamburger Schwergewichts-Boxer Hein ten Hoff reist zu seinem Kampf gegen Walter Neusel nach Düsseldorf. MOPO-Prognose: „Alles spricht bei nüchterner Betrachtung für ten Hoff.“ Außerdem narrt Star-Regisseur Gustaf Gründgens die vorm Hotel wartenden Fotografen – er reist mit Schauspielerin Elisabeth Flickenschildt in einem „lädierten Volkswagen“ an: „Die meisten Bildberichter waren leicht überrascht – sie hatten einen amerikanischen Wagen erwartet. Es reicht bei vielen nicht einmal zum Schnappschuss.“ Preis für die Ausgabe: 10 Pfennig.

HAMBURGER Morgenpost

UNABHÄNGIGE TAGESZEITUNG

16. SEPTEMBER
HAMBURG 1949
JAHRG. 1 - NR. 1

„Hamburgs Gewässer fast alle verseucht"
erklärt Senator Schmedemann

Atome gegen Krebs

Erst Dienstag Regierung

ten Hoff heute früh abgereist

Erste Ministerkandidaten benannt

Bonn, 15. September (nach dpa). Der Bundestag wird sich zu seiner nächsten Plenarsitzung am kommenden Dienstag, 16 Uhr, zusammenfinden, um die amtliche Bekanntgabe der Regierungsbildung entgegenzunehmen.

Dieser Beschluß wurde in der vierten Sitzung des Bundestages am Donnerstagnachmittag gefaßt. Ursprünglich sollte nach einem Vorschlag des Ältestenrates die nächste Sitzung am Montag stattfinden. Überraschend stellte jedoch der Abgeordnete Blücher (FDP) einen Verschiebungsantrag, dem der Abgeordnete Professor Schmid (SPD) widersprach. Als der Abgeordnete Blücher (FDP) zur Begründung seines Verschiebungsantrages erklärte, daß bis Montag nicht genügend Zeit bleibe, um alle Dinge ausreichend zu klären, die in der kommenden Zeit von außerordentlichem politischen Gewicht seien, entstand auf der linken Seite des Hauses Unruhe und es gab Zwischenrufe: „Koalitionsverhandlungen noch nicht beendet?"

In der Abstimmung wurde der Antrag Blüchers, die nächste Plenarsitzung erst am Dienstag stattfinden zu lassen, mit den Stimmen von CDU/CSU, FDP, DP und Bayernpartei gegen die Stimmen der SPD, der KPD, des Zentrums und der nationalen Rechten bei Stimmenthaltung der WAV angenommen.

Der Bundestag beschloß, das gegen den WAV-Abgeordneten Loritz laufende Gerichtsverfahren und das gegen den FDP-Abgeordneten Onnen eingeleitete Verfahren auszusetzen.

Die Mindeststärke der Fraktionen des Bundestages wurde am Donnerstag vom Geschäftsordnungsausschuß auf zehn Mitglieder festgesetzt.

Wie aus Bonn weiter gemeldet wird, setzte Bundeskanzler Dr. Adenauer am Donnerstagnachmittag seine Besprechungen über die Regierungsbildung fort. Im Anschluß an die ersten offiziellen Koalitionsverhandlungen mit der FDP und der DP erklärte Bundeskanzler Dr. Adenauer, daß voraussichtlich am Dienstag die Bundesregierung im Parlament vorgestellt werden könne.

In unterrichteten Kreisen wird der Landesvorsitzende der FDP in Bayern, Dr. Dehler, für das Amt des Justizministers genannt, der Abgeordnete Wedergard (Württemberg-Hohenzollern) für das Ministerium für Wohnungsbau. Die Deutsche Rechtspartei soll Anspruch auf das Flüchtlingsministerium erhoben haben.

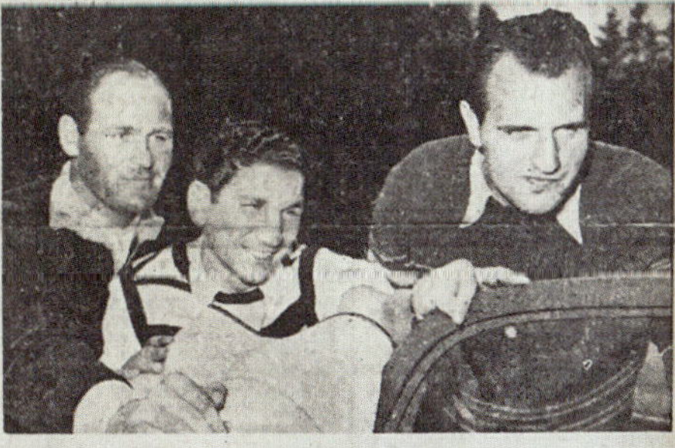

Riedel Vogt, Herbert Nürnberg und Hein ten Hoff — sehr zuversichtlich

H. M. Hamburg, 16. Sept. Heute früh reiste der Deutsche Schwergewichtsmeister Hein ten Hoff zu seinem dritten Titelkampf gegen Walter Neusel in Düsseldorf ab. Zu diesem „Kampf des Jahres" erwartet der Westen über 50 000 Menschen. Das wäre der Zuschauerrekord der Nachkriegszeit. Im Düsseldorfer Reiterstadion werden an diesem Tage zwei weitere Meister ihre Krone verteidigen. Herbert Nürnberg (Hamburg), der Leichtgewichtsmeister, stellt sich freiwillig dem Hamburger Nachwuchsmann Domke und Federgewichtsmeister Simon setzt gegen Heß (Darmstadt) seinen Titel aufs Spiel.

Riedel Vogt, der dritte im Meistertrio Hamburgs, steht schon am Sonnabend dem Berliner Conny Rux gegenüber, gegen den er bereits zweimal unentschieden boxte.

„Verweigere die Aussage"

Im Rodenbeker Quellental, wo der Meister seine Vorbereitungen abgeschlossen hat, fragten wir ihn nach seiner Meinung über den Ausgang des Kampfes. ten Hoff ist kein Freund der Worte. Er lächelte, zuckte die Achseln und murmelte: „Ich verweigere die Aussage!"

Schließlich ließ er sich auf einem Umweg doch noch verführen, über den Kampf zu sprechen: „Ich glaube nicht, daß es nur Glück war, wie Walter Neusel behauptet, als ich ihn bei unserem letzten Kampf schlug. Schließlich habe ich trotz des Niederschlags in der dritten Runde das Blatt entscheidend wenden können.

Wer gewinnt den Kampf wirklich? Das ist die große Frage, die am Sonntag nicht nur die 50 000 bis 60 000 bewegen wird. Neusels Form erscheint als eine konstante Größe, die man einzuschätzen vermag, während ten Hoffs Leistungsfähigkeit diesmal die große Unbekannte ist. Neusel ist mit seinen 42 Jahren runde zwölf Jahre älter. Er wird wieder eine große Schlacht liefern; aber es ist kaum anzunehmen, daß er den Meister ernstlich gefährden kann. Dafür sind die Qualitäten und Vorteile ten Hoffs zu groß.

Der lange Hein hat seine Krise längst überwunden. Er ist jünger und schneller, hat die größere Reichweite, die härtere Rechte und die bessere Linke. Daß er im Bedarfsfall auch über die notwendigen kämpferischen Qualitäten verfügt, hat er gerade gegen Neusel eindeutig genug bewiesen. Alles spricht also bei nüchterner Betrachtung für ten Hoff.

Großer Rahmen

Das Düsseldorfer Programm steht unter dem Zeichen eines „Tages der Meister". In diesem Rahmen verteidigt ten Hoffs Trainingsgefährte Herbert Nürnberg seinen Titel im Leichtgewicht gegen den Hamburger Rechtsausleger Domke. Eine weitere Titelverteidigung gibt es im Federgewicht zwischen Meister Simon (Leverkusen) und Hess (Darmstadt).

Connys dritter Versuch

Bereits am Sonnabendabend verteidigt Richard Vogt seinen Titel im Halbschwergewicht gegen den Berliner Conny Rux zum dritten Male. Die beiden ersten Kämpfe endeten unentschieden. Es sieht so aus, als ob sich daran auch diesmal nichts ändern wird. Vogt, der ebenfalls mit ten Hoff trainierte, ist Clever wie je, und der Berliner kämpfte zuletzt mit recht unterschiedlichem Erfolg.

Gründgens in Hamburg

„Es begann damit, daß um 10 Uhr vormittags eine weibliche Stimme am Fernsprecher erklärte: „... ne, Herr Gründgens ist nich hier, hier is überhaupt noch keener von's Theater —, bloß die Scheuerfrau!"

Vier Stunden später entstieg er dem Flugzeug der BEA, hatte einen Zwangsaufenthalt von 30 Minuten in der Zollabfertigung und wurde dann von Direktor Sattler in einem lädierten Volkswagen abgeholt.

Als er dann vor der Pension Prehm ausstieg und im Hauseingang verschwand, waren die Bildberichter leicht überrascht —, sie hatten einen amerikanischen Wagen erwartet. Es langte bei vielen nicht einmal zum Schnappschuß. Frau Flickenschildt wurde von den Photographen um ein Lächeln gebeten, sie tat es.

Der Herr Generalintendant kam gar nicht „snobistisch", im Gegenteil. Seine Aufgeschlossenheit gegenüber den vielen Fragern war direkt überwältigend.

Es fiel eben alles aus dem Rahmen des Alltäglichen —, sicher auch sein kurzes Gastspiel am Besenbinderhof ...

Explosion in Pulverfabrik

Erneut großer Sachschaden

Lüneburg, 15. Sept. (Eigenbericht)

Aus ungeklärter Ursache explodierte am Mittwochabend in der ehemaligen Pulverfabrik Wolff und Co. in Bomlitz (Lüneburger Heide) ein Druckkocher. Ein Arbeiter wurde schwer verletzt; den Sachschaden schätzt man auf ungefähr 50 000 DM.

In der Fabrik, in der jetzt zur Hauptsache Cellophan hergestellt wird, ereignete sich bereits am 30. August eine schwere Explosion, die ein Todesopfer forderte und einen Sachschaden von 1,5 Millionen D-Mark verursachte.

Heute Prozeß gegen Rajk

Budapest, 15. September (dpa)

In Budapest beginnt am Freitag der Prozeß gegen den ehemaligen Außenminister und hohen Funktionär der ungarischen Kommunisten, Laszlo Rajk. Mit ihm sitzen sieben weitere ehemals führende ungarische Politiker auf der Anklagebank. Sie werden beschuldigt, mit Marschall Tito zum Sturz der ungarischen Regierung zusammengearbeitet und außerdem dem amerikanischen Geheimdienst Informationen übermittelt zu haben.

„Made in Russia"

London, 15. September
(Eigene Meldung der „Morgenpost")

Zum erstenmal landete am 13. September ein in Rußland gebautes Passagierflugzeug, eine 32sitzige Iljuschin 12, auf dem in der Nähe von London gelegenen Flugplatz Northolt. Die Maschine, die der tschechoslowakischen Luftfahrtgesellschaft gehört, konnte ihren Rückflug nach Prag infolge Motorenschadens erst nach einer anderhalbstündigen Verspätung antreten.

Keine Reparationen an die SU mehr?

dpa **London** 15. September

Ein Beschluß über die Einstellung der Reparationslieferungen aus Westdeutschland an die Sowjetunion wird in gut unterrichteten Kreisen Londons als Ergebnis der Washingtoner Besprechungen für möglich gehalten.

V-Waffenwerk in Betrieb

dpa **Berlin**, 15. September

Der britisch lizenzierte „Sozialdemokrat" meldet, daß die Sowjets das ehemalige deutsche Rüstungswerk „Dora" in der Nähe von Nordhausen zur Herstellung von V-Waffen wieder in Betrieb genommen haben.

Unter strenger sowjetischer Aufsicht seien 5000 Häftlinge aus Konzentrationslagern der Sowjetzone in dem Werk eingesetzt worden. Als Techniker und Ingenieure verwendeten die Sowjets Fachleute aus der deutschen Rüstungsindustrie, die 1945 nach dem Einmarsch sowjetischer Truppen verhaftet worden seien.

Gröning vom Heilen krank

dpa **München**, 15. September

Bruno Gröning ist von den Anstrengungen der letzten Wochen Woche ausspannen, meldet am Donnerstag die Münchner „Abendzeitung". Gröning gilt seit einigen Tagen als verschwunden. Die „Abendzeitung" will seinen augenblicklichen Aufenthalt kennen.

Nach unserer Meinung:

Toto-Spiele am 18. September

1. Hamburg — Brandenburg . . 1
2. Rheinland — Niedersachsen . . 1
3. Westfalen — Bremen 1
4. Eintr. Lün. — Hinschenfelde . [illegible]
5. Vikt. Wbg. — TuS Hamburg . . 2
6. fällt aus
7. Wacker 04 — Post-SV . . [illegible]
8. Holsatia — Teutonia . . [illegible]
9. Wedel — Victoria 2
10. VfL Stade — Altona 93 X

Ersatzspiele

11. Bergedorf 85 — Wilhelmsburg 09 1
12. Berlin — Bayern . . . . . [illegible]
13. Sachsen — Niederrhein . . . [illegible]
14. Süd-Württemberg — Hessen . . [illegible]

NOCH ECHTE HANDARBEIT

Die telefonische Aufnahme der MOPO. „Hier gaben Sportreporter Ergebnisse durch, aber auch Politiker riefen an und diktierten mir ihre Statements", erinnert sich Susanne Kahle, die Ende der 1960er Jahre ihre ersten MOPO-Jahre in der Aufnahme verbringt. Die gesammelten Infos landen in den Fächern, die den Ressorts zugeordnet sind. Hinter dem Kollegen, der hier gerade Notizen macht, steht eine Schreibmaschine – die wird genutzt, um komplette Texte von Reportern aufzunehmen. Headset? Freisprecheinrichtung? Hallo, wir befinden uns im Jahre 1957...

TAUSENDE FOTOS LAGERN IN PAPP-KARTONS

Das akribisch gepflegte MOPO-Archiv im Pressehaus am Speersort. Einige der Kartons mit den nach Themen und Personen sortierten Fotos lagern noch heute im Keller der MOPO-Redaktion. Alles andere hat sich geändert: Die Archivarin und auch alle ihre Nachfolger sind längst in Rente. Seit Ende der 1990er Jahre werden die Bilder der MOPO-Fotografen nur noch digital archiviert.

1957

MOPO-VERKÄUFER GEHÖREN 70 JAHRE LANG ZUM STADTBILD

Straßenverkäufer Ferdinand Baumann mit der Ausgabe vom 15. September 1959. „Sowjets haben den Mond GETROFFEN", titelt die MOPO, es geht um die sensationelle Landung der Raumsonde Lunik II. Der Straßenverkauf ist für die Zeitung über Jahrzehnte hinweg ein wichtiges Geschäft, die Verkäufer sind überall in der Stadt zu sehen. Statt Portierhut und Umhang tragen sie später Overalls, rote Jacken und MOPO-Caps, ziehen abends durch Kneipen und Restaurants. 2019 wird der Nachthandel eingestellt.

1959

Morgenpost
Sowjets haben den Mond
GETROFFEN
22 Uhr - 2
HAMBURGER
Morgenpost
10

31
32
34
36

1960

PUBLIC VIEWING AM MOPO-FENSTER

In Rom laufen die Olympischen Sommerspiele, die MOPO stellt ein Fernsehgerät ins Redaktionsfenster und lädt ein zum „Olympia Fernsehdienst“. Dicht gedrängt versuchen die Menschen, einen Blick auf die Wettkampf-Übertragungen aus Italien zu erhaschen. TV-Geräte sind damals noch ein Luxusgut: Ein Schwarzweiß-Fernseher kostet rund 1000 Mark.

AGENTURFOTOS AUS DER FUNKSTATION

Der Fortschritt zieht ein bei der MOPO: Die Funkbude bekommt einen Empfänger der Nachrichtenagentur United Press International, hier gehen Bilder aus aller Welt ein und werden direkt ausgedruckt. An einen, der als 19-Jähriger in der MOPO-Funkbude seine Karriere startet, werden sich viele erinnern: Jörg Stiller. Er arbeitet 44 Jahre für die MOPO, geht 2005 in Rente.

1961

BEE-GEES-ALARM IN DER MOPO-REDAKTION

Im Januar 1968 kommen die Bee Gees nach Hamburg, geben eine Autogrammstunde in den Räumen der MOPO im Pressehaus. Der freie Musikfotograf Robert Günther hat sein Büro ebenfalls im Pressehaus, er sieht den Menschenauflauf vor der Tür, läuft in den zweiten Stock, öffnet die Tür – und sieht die Gibb-Brüder an einem langen Tisch sitzen. Als Maurice Gibb sich umdreht, hält er mit seiner Leica drauf – so entsteht dieses Bild.

DIE ERSTE MOPO IN FARBE IST EINE SENSATION

Das MOPO-Führungsteam hält die erste in Farbe gedruckte Ausgabe in der Hand, darunter MOPO-Gründer Heinrich Braune (ganz rechts) und Geschäftsführer Erich Müller (2.v.r.). Die sogenannten 4C-Fotos bleiben vorerst eine Ausnahme. Noch bis in die 1990er Jahre hinein werden die meisten Seiten in Schwarz-Weiß gedruckt.

DAS NEUE MOPO-STADTBÜRO IST DIE ATTRAKTION IN DER CITY

Ein Blick auf den Speersort in der Hamburger Altstadt. Die MOPO eröffnet im Pressehaus ihr öffentliches Stadtbüro, ein Servicecenter für Leserinnen und Leser. Hunderte Neugierige kommen. Eine Attraktion ist der mit MOPO-Logos verzierte Doppeldecker-Bus. Dazu der Werbeslogan: „Die farbige Weltstadtzeitung."

Volksfürsorge
Morgenpost
Morgenpost

HELMUT SCHMIDT BEI DER MISS-WAHL

MOPO-Gründer Heinrich Braune schenkt mit der Schöpfkelle Bowle aus, an seiner Seite zwei besondere Gäste: Helmut Schmidt, damals Bundesverteidigungsminister in der Sozialliberalen Koalition. Und Heidi Dappler – sie hat gerade die Miss-Wahlen der MOPO gewonnen.

1971

FRAUEN ÜBERNEHMEN DIE MOPO-REDAKTION

Himmelfahrt 1971. Anlässlich des Vatertages wird die MOPO von Frauen gestaltet. Dr. Cornelia Wolgast-Sonntag, damals Volontärin, übernimmt den Chefredakteurs-Sessel von Wolf Heckmann, alle Ressortleitungen werden von Mitarbeiterinnen besetzt. Als es in der Konferenz, in der auch Männer anwesend sind, zu Unstimmigkeiten über Themen kommt, beendet Wolgast-Sonntag das Wortgefecht: „Liebe Kollegen, heute bin ICH die Chefin und entscheide." Die Aktion sorgt für Aufmerksamkeit. Ein TV-Team des NDR begleitet die Chefinnen. Schlagzeile der Frauen-MOPO: „Sohn lebendig begraben."

HAMBURG STEHT HINTER WILLY BRANDT

27. April 1972: In Bonn stimmt der Bundestag über ein Misstrauensvotum gegen Willy Brandt ab. In Hamburg demonstrieren tags zuvor 20 000 Menschen für den Kanzler. Auf der Moorweide halten sie die Titelseite der MOPO hoch: „Willy muss Kanzler bleiben!“

1972

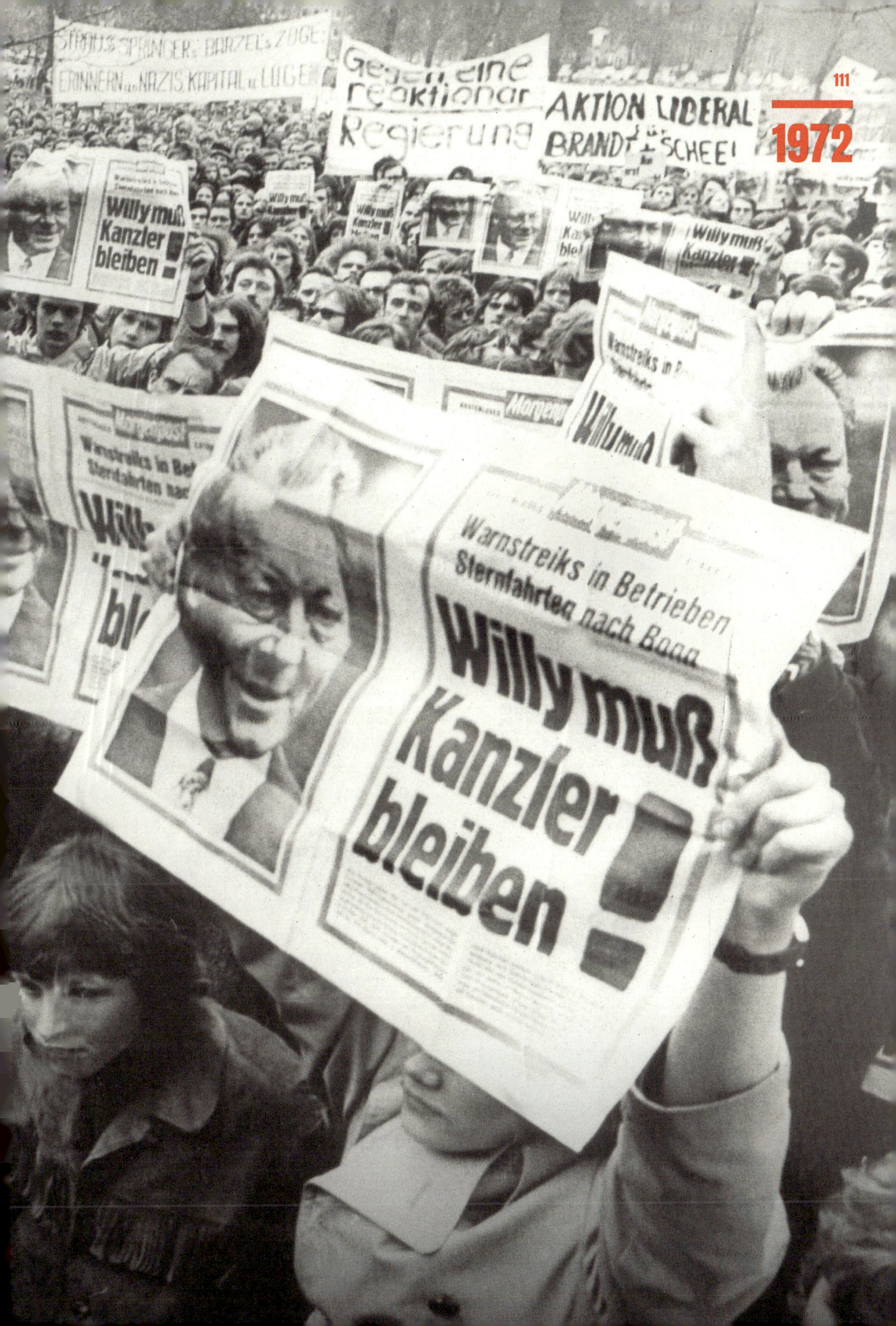
Gegen eine reaktionär Regierung
AKTION LIBERAL
BRANDT SCHEEL
Warnstreiks in Betrieben
Sternfahrten nach Bonn
Willy muß Kanzler bleiben!

MOPO-REDAKTION FEIERT SCHEITERN DES VOTUMS

Die MOPO-Redaktion jubelt – Grund ist das überraschende Scheitern des Misstrauensvotums gegen Bundeskanzler Willy Brandt. Erst nach der Wende kommt raus: Zwei Unions-Abgeordnete sind von der Stasi bestochen, sie stimmen gegen den Antrag des CDU-Abgeordneten Dr. Rainer Barzel.

1972

HALLO, HIER IST DER OLYMPIA-ERGEBNISDIENST

Februar 1972, Olympische Winterspiele im japanischen Sapporo. Holt Erhard Keller Gold im Eisschnelllauf? Wie schlägt sich die junge Rosi Mittermaier, Deutschlands neue Ski-Hoffnung? Das Ergebnis-Telefon der MOPO ist ein Renner, durch die Zeitverschiebung (plus acht Stunden) verpassen viele Fans die TV-Übertragungen. Videotext und das Internet müssen erst noch erfunden werden.

STUMME VERKÄUFER SIND GUT FÜR DIE AUFLAGE

Ein sogenannter „stummer Verkäufer“ vor der MOPO-Zentrale am Speersort: Ob der Herr wirklich die drei Groschen einwirft oder die MOPO so mitnimmt, kontrolliert niemand. In Hamburg setzen sich die „Klaukästen“ nicht durch. Sie sind gut für die Auflage, aber schlecht für die Einnahmen – längst nicht alle Passanten zahlen. In Köln und München gehören die Kästen dennoch bis in die 2020er Jahre hinein zum Stadtbild.

im Seitenstreifen
Volksfürsorge
DEUTSCHE
HH JL 103
Morgenpost
17jähriger erstickte seine Mutter

TSCHÜS, TANTE KÄTHE

23 Jahre arbeitet diese Zeitungsverkäuferin – genannt Tante Käthe – für die MOPO, ihr Stammplatz ist der Treppenaufgang vorm Ziviljustizgebäude am Sievekingplatz. Die MOPO widmet ihr am letzten Arbeitstag eine Meldung. Da ist Käthe bereits 74 Jahre alt.

Verkaufte 23 Jahre lang die MORGENPOST

Tante Käthe geht in Pension

„Ich wohne hier, und alle sind meine Kinder", sagt die 74jährige „Tante Käthe" über die Beamten im Ziviljustizgebäude am Sievekingsplatz. Gestern kamen alle „Kinder" an ihrem Stammplatz im Treppenaufgang vorbei, wo sie seit über 23 Jahren die MORGENPOST verkauft. Denn gestern war ihr letzter Arbeitstag. Mit vielen Pralinen, Geschenken und kleinen Zuschüssen für die Rente, nahmen Freunde und Kunden Abschied von Tante Käthe, die jetzt in den Ruhestand geht.

1972

Morgenpost
Bundesliga fordert:
Freier Markt für Fußballstars
Staatsanwalt: Sie gab den Mordbefehl
Kopf hoch, Minouche!
Das Opfer tröstet seine Frau

MOPO-GRÜNDER ERÖFFNET KITAS

Mit dem Verein Kinderland engagiert sich Heinrich Braune für Kinder in benachteiligten Stadtteilen. Der Verein eröffnet Kindertagesstätten in den sozialen Brennpunkten der Stadt. Heute gibt es noch drei Kinderland-Kitas: Auf St. Pauli, in Lurup und in Mümmelmannsberg. Die Kita dort trägt den Namen „Heinrich-Braune-Haus".

Kinder

MOPO-CHEF KOMMT TRAGISCH UMS LEBEN

Lässig: Der umtriebige MOPO-Geschäftsführer Erich Müller (rechts) auf einer Bootstour. 1980 verlässt er die Zeitung. Am 25. Juli 2000 kommt Müller auf tragische Art und Weise ums Leben: Seine Gattin und er sind an Bord der Concorde, die kurz nach dem Start in Paris abstürzt.

1974

1974

DIE MOPO-POLIZEIREDAKTION

Die Berichterstattung über Verbrechen, Unfälle und Unglücke spielt bei einer Boulevardzeitung immer eine große Rolle. Hier ein Blick in die erste Polizeiredaktion der MOPO, damals noch im Hinterhof des Pressehauses in der Curienstraße.

BLICK INS GROSSRAUM-BÜRO

Die MOPO-Lokalredaktion im Hinterhof des Pressehauses. Lokalchef ist zu der Zeit Walter Wolf (2.v.l.). Er ist fast 30 Jahre lang bei der MOPO tätig, geht 1987 in Rente.

1974

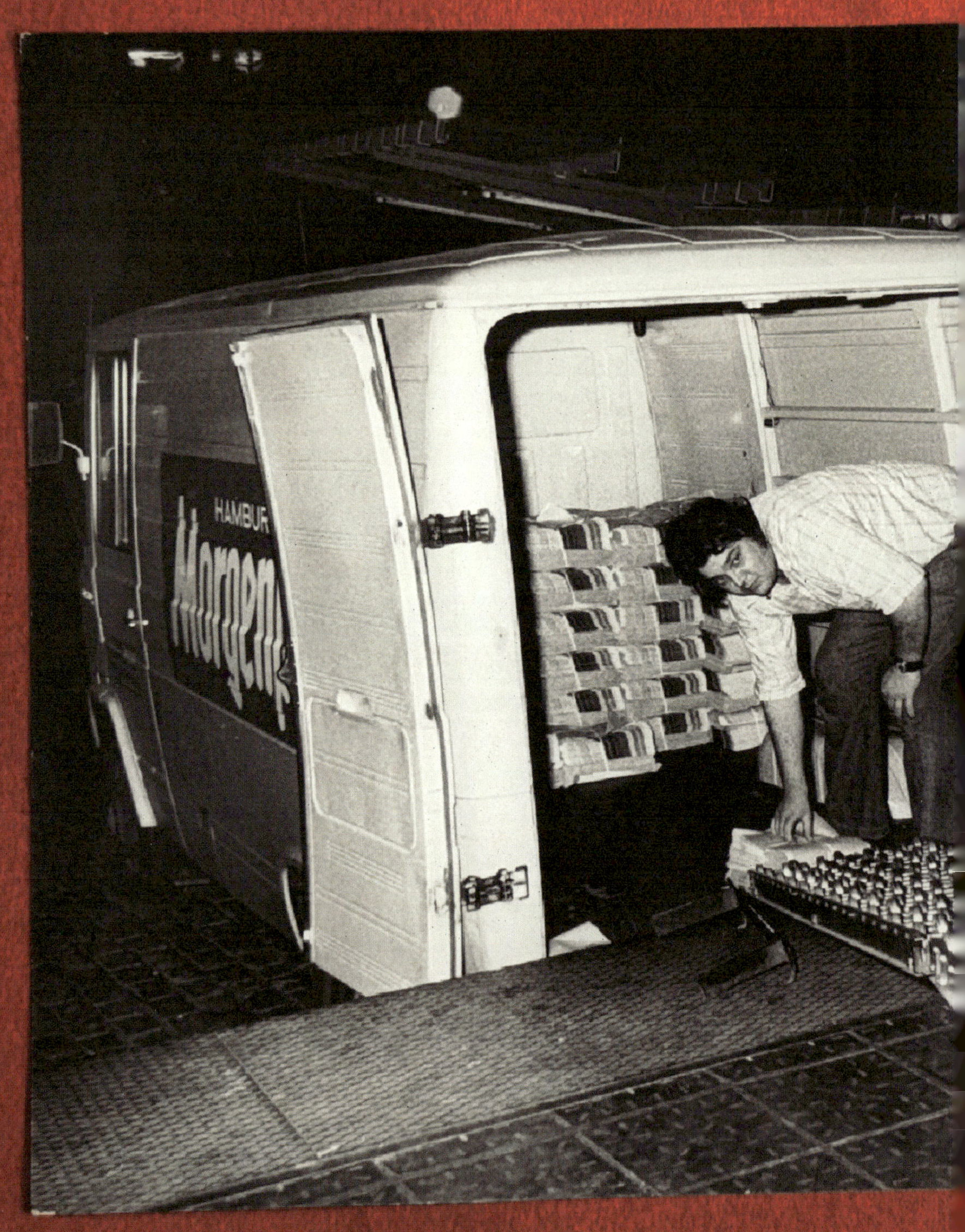
HAMBUR
Morgen

1974

AUS DEM HINTERHOF IN DIE GANZE STADT

Die MOPO wird am Speersort geschrieben – und gedruckt. Auf dem Hinterhof fahren am Abend die Transporter der Grossisten vor. Von hier aus wird die MOPO an die Verkaufsstellen gebracht. 1974 werden am Tag mehr als 240 000 Exemplare verkauft.

KONTROLL-BLICK INS BLATT

Die Auer-Druckerei am Speersort – Drucker überprüfen die frisch gedruckte Zeitung. Bis Ende Februar 1980 wird die MOPO hier gedruckt, dann schließt der Standort. Die Schlagzeile an dem Tag: In Winsen/Luhe passiert ein Bahnunglück, drei Menschen sterben.

1974

Winsen: Schranke zu früh geöffnet
Ein Wunder, daß hier nur drei starben

DER GRÜNDER MIT ZWEI HAMBURGER THEATER-LEGENDEN

Die beliebteste Volksschauspielerin der Stadt im Arm des MOPO-Gründers: Heinrich Braune umarmt Heidi Kabel (1914–2010) und ihre Tochter Heidi Mahler. Sie steht im Mai 2024 mit 80 Jahren noch einmal auf der Bühne des Ohnsorg-Theaters.

1974

MOBILE REDAKTION IN HARBURG

MOPO-Caravan am Marktplatz Sand, Hamburg-Harburg. Mit der mobilen Stadtteil-Redaktion demonstriert die MOPO Nähe zu ihren Leserinnen und Lesern. Der Wohnwagen bleibt ein Experiment.

1975

NACKT-WERBUNG FÜR RÄTSELHEFTE

Das Marketing der 1970er Jahre setzt auf halbnackte Frauen und Kreuzworträtsel. Die Kreuzworträtsel haben bis heute überlebt. Eine Erzählung aus der Zeit der gedruckten MOPO lautet: Eine falsche Meldung macht keinen Ärger – aber wehe, es wird zweimal hintereinander das gleiche Rätsel gedruckt…

1976

Morgenpost
Riesen-Rätsel-Heft
50 Pf
Morgenpost
Riesen
Rätsel

ALSTERWANDERN MIT DER MOPO

Volksfeststimmung am Alsterufer: Die MOPO veranstaltet das beliebte Alsterwandern. Rechts im Bild: Verlagsleiter Erich Müller mit Prinz-Heinrich-Mütze.

RT

BRANDT BLEIBT DER MOPO TREU

Der Alt-Kanzler und die MOPO – da geht was. Als der SPD-Abgeordnete Conrad Ahlers (rechts neben Brandt) 1977 Chefredakteur wird, kommt Brandt vorbei und nimmt an der Konferenz teil. Ganz rechts: MOPO-Gründer Heinrich Braune.

Zwei Hunde
von Kindern
zerfleischt

HIER WIRD DIE MOPO GEMACHT

Die Chefredaktion in der MOPO-Zentrale am Speersort. Rechts mit Bart und Brille: Gerd Kahle. Er arbeitet in verschiedenen Funktionen für die MOPO, übernimmt zwei Mal den Posten des Chefredakteurs.

DIE SETZER DER MOPO AM SCHNEIDETISCH

Im ersten Stock des Pressehauses arbeiten die MOPO-Setzer. Am Schneidetisch werden die Textfahnen geschnitten, hinten steht Manuel Escaso – von den Pin-ups an der Wand suchen die Herren jeden Tag eines für die letzte Seite aus. Zwei Kollegen arbeiten noch bis in die 2010er Jahre bei der MOPO: Klaus Hilgenfeldt (3.v.r.) und Martin Heidorn (ganz links).

1977/78

SCHMIDT UND DIE MOPO

Die MOPO und Helmut Schmidt verbindet eine langjährige Beziehung. Hier trinken die MOPO-Chefs gemeinsam mit dem Kanzler Moravia-Pils, auf dem Tisch liegt eine Schachtel von Schmidts bevorzugter Zigarettenmarke „Reyno". Der Kanzler inspiziert ein Bullauge, ganz offensichtlich ein Geschenk der Redaktion. Links: Gerd Kahle und Heinrich Braune.

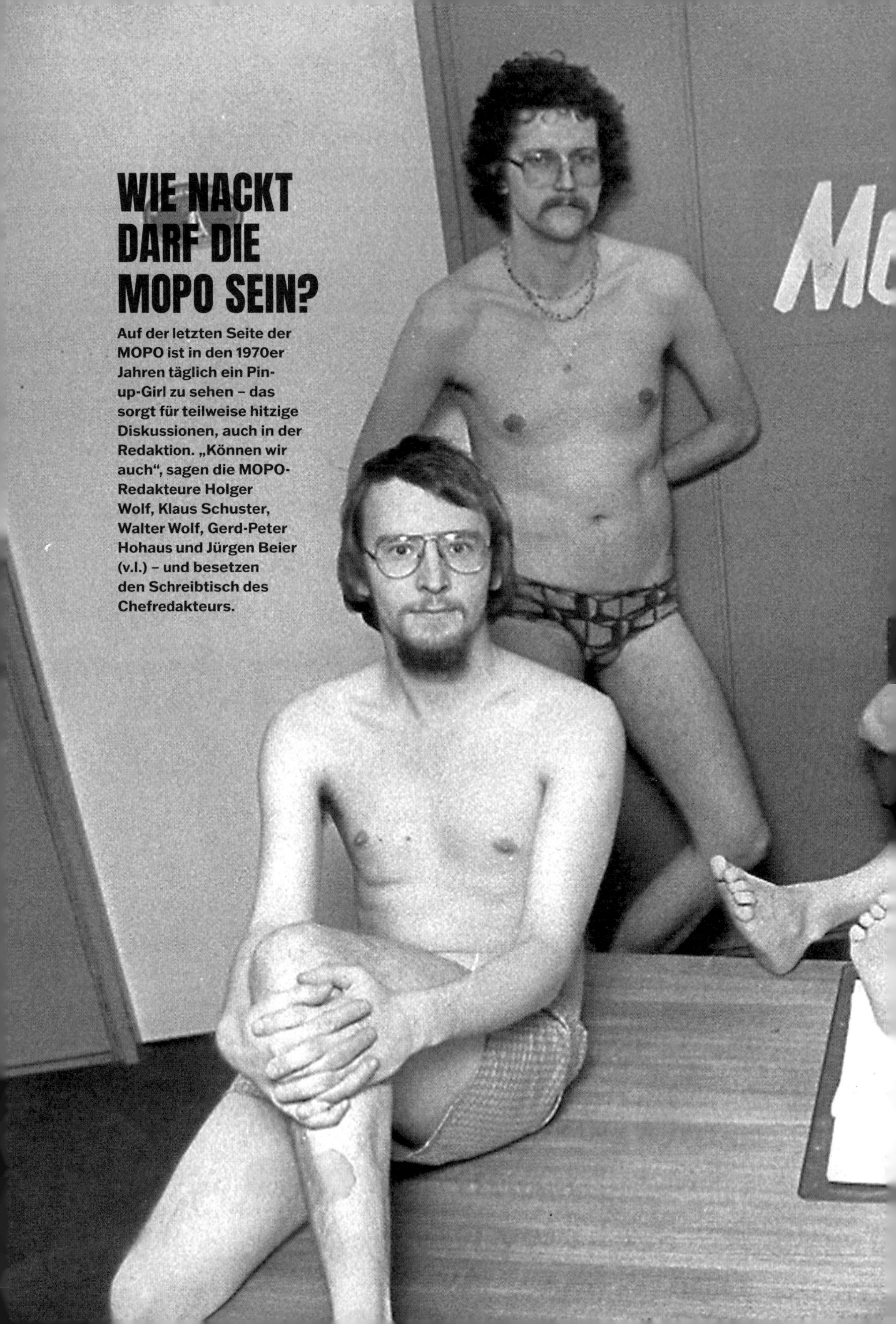

WIE NACKT DARF DIE MOPO SEIN?

Auf der letzten Seite der MOPO ist in den 1970er Jahren täglich ein Pin-up-Girl zu sehen – das sorgt für teilweise hitzige Diskussionen, auch in der Redaktion. „Können wir auch", sagen die MOPO-Redakteure Holger Wolf, Klaus Schuster, Walter Wolf, Gerd-Peter Hohaus und Jürgen Beier (v.l.) – und besetzen den Schreibtisch des Chefredakteurs.

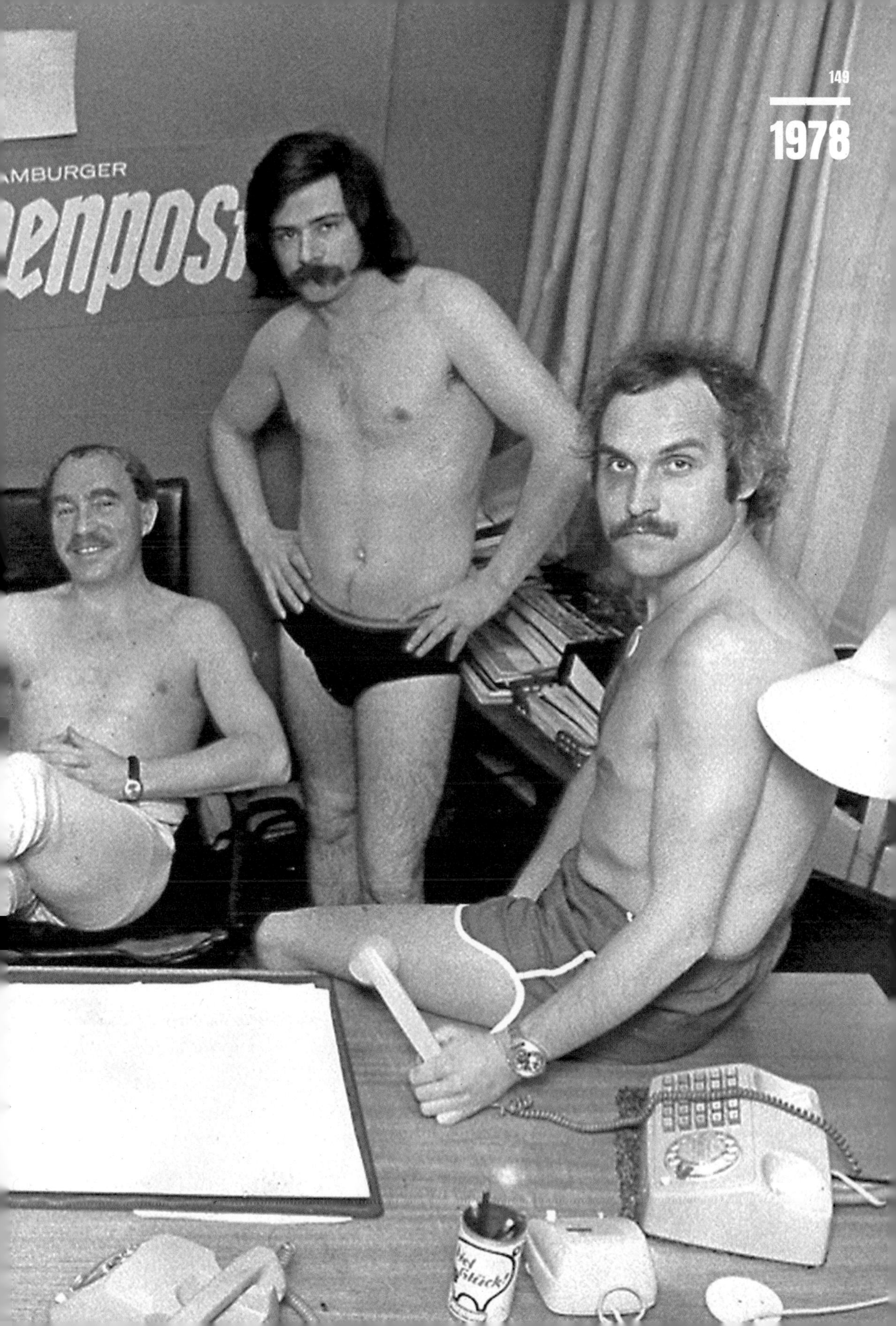

„DER VERLAG DER HAMBURGER MORGENPOST UND DER DRUCKEREI WERDEN EINGESTELLT“

Am 15. September 1979 verschickt die Agentur AP diese fehlerhaft formulierte Meldung – mit einem Foto des Pressehauses am Speersort. Oben auf dem Gebäude ist prominent der Schriftzug Hamburger Morgenpost zu sehen. Die Redaktion selbst sitzt zu diesem Zeitpunkt bereits in einem Anbau im Hinterhof des Pressehauses.

HBG-1)HAMBURG,11.9.79 (ap)-- Der Verlag der "Hamburger Morgenpost" und der Druckerei "Auerdruck" werden eingestellt.Diesen Beschluß hat gesten der Aufsichtsrat der"Konzentration G.m.b.H.und Co.KG " mit knapper Mehrheit verabschiedet.Das Foto zeigt das Hamburger Pressehaus,in dem Verlag und Druckerei untergebracht sind.
(AP WIREPHOTO) 1979 (jk/string/Jochen Körner)

„HEUTE AM MORGENPOST-TELEFON: PETER MAFFAY“

Das Social-Media der 1980er Jahre: Das MORGENPOST-Telefon erweist sich als DER Renner der Stadt. Die Stars besuchen die Redaktion, beantworten Fragen der Leserinnen und Lesern. Darunter ist auch Peter Maffay. Er veröffentlicht in dem Jahr sein Album „Ich will leben“ mit dem Superhit „Eiszeit“.

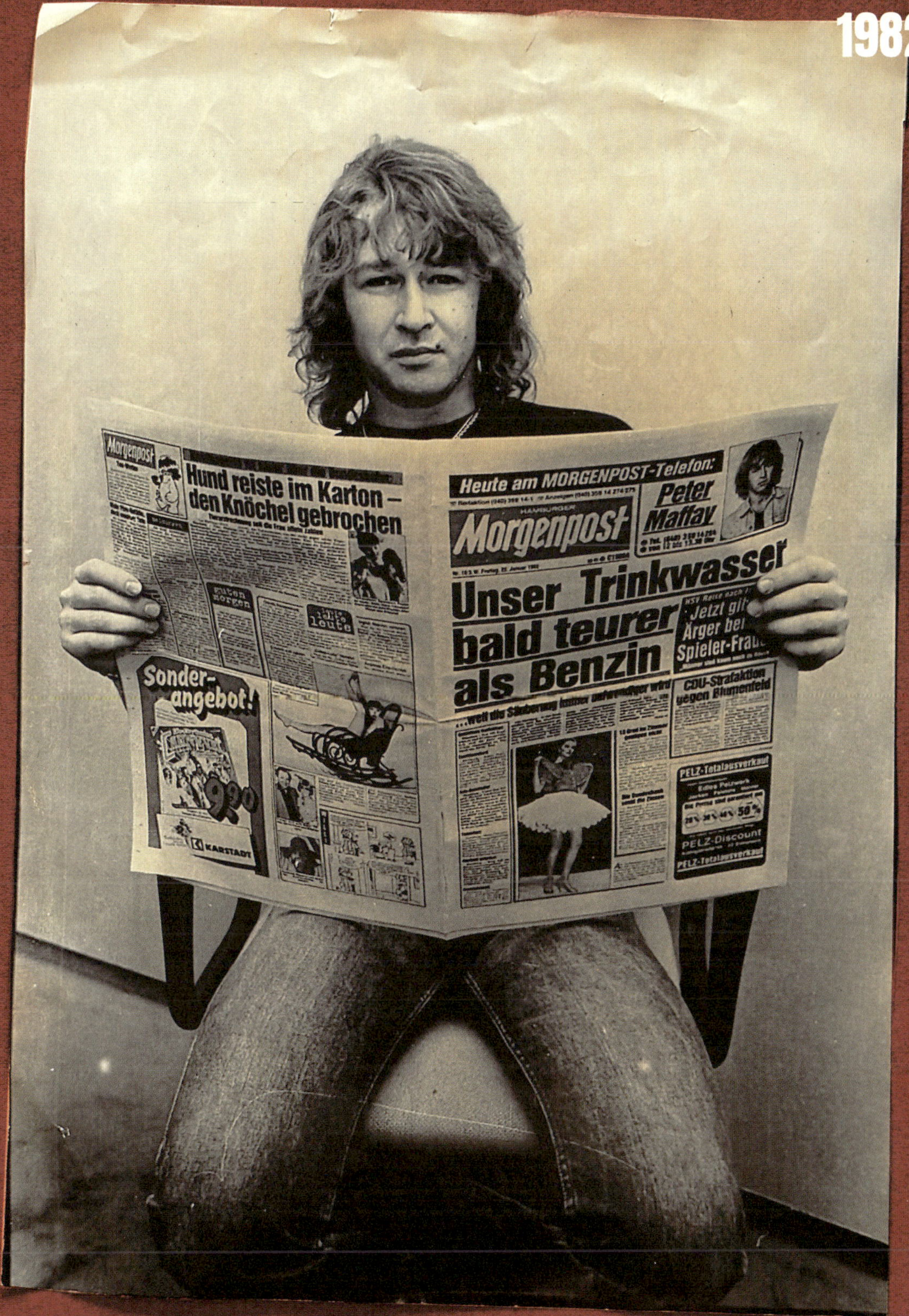

1982

Morgenpost

Hund reiste im Karton – den Knöchel gebrochen

Heute am MORGENPOST-Telefon:

Peter Maffay

Hamburger Morgenpost

Unser Trinkwasser bald teurer als Benzin

Sonder-angebot!

KARSTADT

CDU-Strafaktion gegen Blumenfeld

PELZ-Totalausverkauf

PELZ-Discount

EINE LEGENDE DER TV-GESCHICHTE

Volker Lechtenbrink, damals 38, am MOPO-Telefon, neben ihm Redakteur Gotthardt Neumann. Lechtenbrink ist ab Ende der 1950er Jahre bis 2020 in unzähligen TV-Produktionen zu sehen.

ab!

EIN GIPFELSTÜRMER FASZINIERT DIE MASSEN

Auch Reinhold Messner setzt sich ans MOPO-Telefon. Der Bergsteiger aus Südtirol ist 1982 bereits ein Held, hat den Mount Everest zwei Mal bezwungen (1978, 1980). 1978 ist er der erste Mensch, der den höchsten Berg der Welt ohne Sauerstoffgerät erklimmt.

1982

BLÖDELBARDE AN DER STRIPPE

Karl Dall darf natürlich als Star am MOPO-Telefon nicht fehlen. Dall wird mit seiner Komödiantentruppe „Insterburg & Co.“ berühmt. Die letzten Jahre seines Lebens verbringt er in Eppendorf. 2020 stirbt er an den Folgen eines Schlaganfalls.

mburgs
andere
tung

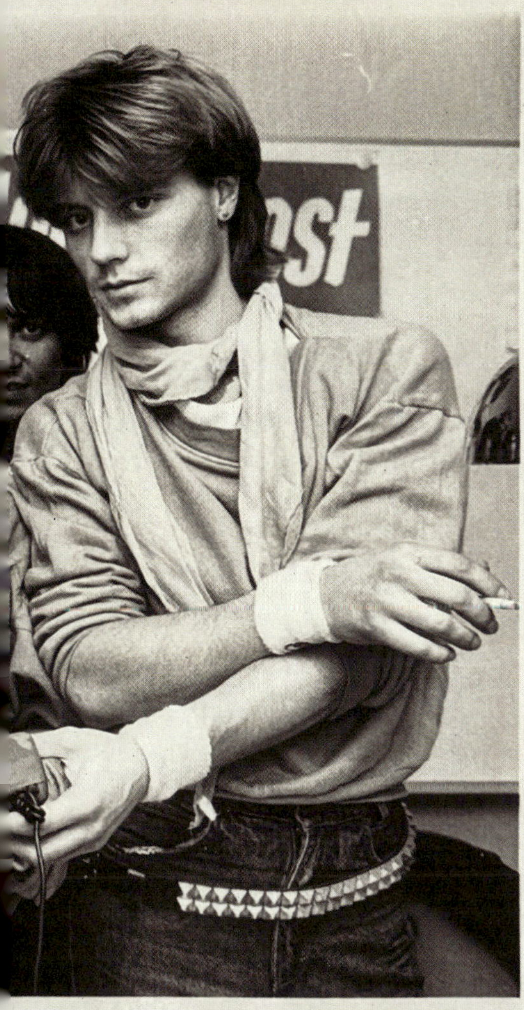

DAVON KONNTE HAMBURG BISHER NUR TRÄUMEN

Nena mit ihrer Band am MOPO-Telefon. In dem Jahr erscheint ihre erste erfolgreiche Single – „Nur geträumt". Kurz danach folgt ihr größter Hit: „99 Luftballons". Die aus Hagen stammende Sängerin lebt heute in Hamburg.

AUCH DIE KÖLNER GEHEN IN HAMBURG ANS TELEFON

Oh ja, die sind 1982 auch ganz groß: Die Kölner Jungs von BAP mit ihrem Frontmann Wolfgang Niedecken (am Telefon). In dem Jahr erscheint ihr Album „Vun drinne noh drusse“ mit dem Hit „Kristallnaach“.

Hamburger
Früh-Stück

HAMBURGER FRÜHSTÜCK FÜR HARDY KRÜGER

Mit MOPO-Leserinnen und -Lesern quatschen, dazu einen halben Liter Astra trinken – Hardy Krüger scheint's am MOPO-Telefon zu gefallen. An seiner Seite macht MOPO-Volontärin Beate Sager Notizen.

1982

HAMBURGE
Morgen
n Morgen ne
urger
Stück
Eine
ASTRA
Urtyp
ASTRA
Urtyp

NA SOWAS! GOTTSCHALK BEI DER MOPO

Thomas Gottschalk ist Anfang der 1980er Jahre der Shooting-Star im deutschen Fernsehen. Zu der Zeit starten seine ersten Erfolgsshows „Na sowas!“ und „Thommys Pop Show“.

HSV-STAR VERSCHENKT TAUSENDE MARK

Als wäre die MOPO finanziell auf Rosen gebettet: Im Rahmen einer Werbekampagne verpflichtet die Marketing-Abteilung HSV-Torhüter-Legende Uli Stein. Drei Wochen lang tourt Stein mit MOPO-Fotograf Jürgen Joost durch die Stadt und verschenkt täglich einen 1000-Mark-Schein an Fahrgäste in der U-Bahn.

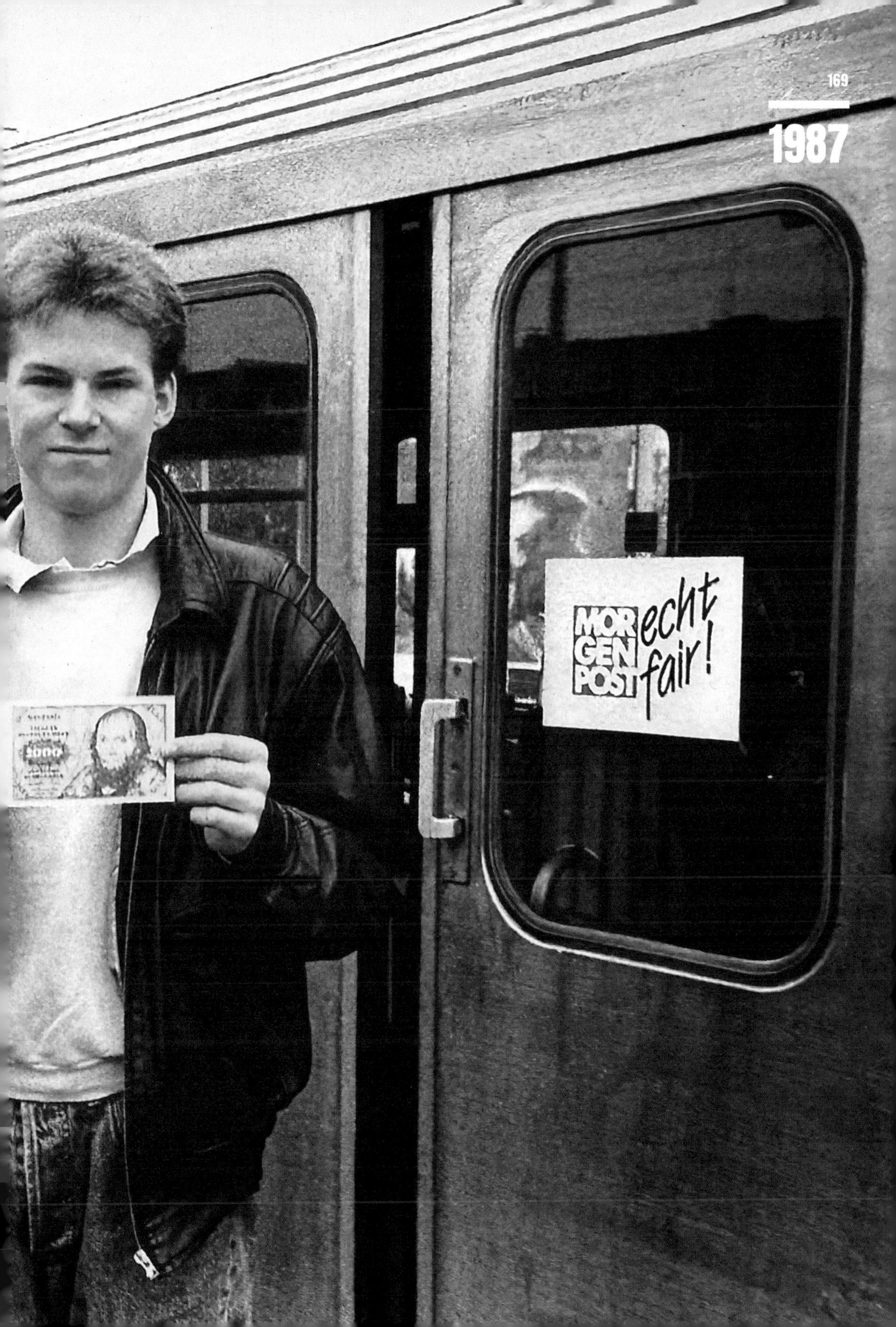
MOR GEN POST echt fair!

DIE MOPO BEGRÜSST DIANA

„Welcome Charles & Di“ – mit diesem Titel sowie Di-Shirts feiert de MOPO den Besuch von Prince Charles und Lady Di im November 1987. Einen Tag lang heißt die MOPO „Morning Post“. Charles und Di machen eine Hafenrundfahrt, es kommt auf Höhe der Hafenstraßenhäuser zu einem Zwischenfall: Aktivisten aus den besetzten Häusern feuern Leuchtspurmunition ab und enthüllen ein IRA-Solidaritätsbanner.

1987

Morning, Di.
Welcome Charles & Di
MOR GEN POST
MOR NING POST
Fall Barschel: FDP läßt CDU fallen!

KARRIERE IN DER POLITIK

Konferenz mit einem prominenten Chefredakteur: Wolfgang Clement übernimmt 1987 die MOPO. Links neben ihm: Uwe Dulias, den er damals von BILD zur MOPO holt. Dulias übernimmt den Sport, später rückt er auf in die Chefredaktion. Clement wechselt nach seiner MOPO-Zeit in die Politik, wird Ministerpräsident von Nordrhein-Westfalen und später Bundeswirtschaftsminister.

„DIE MORGENPOST IST DEM TÄTER AUF DER SPUR“

Wer auch immer für die inhaltliche Gestaltung dieser sogenannten Händlerschürze verantwortlich ist, nimmt den Mund ganz schön voll. „Der Barschel-Mord – die Indizien“, das verspricht einen spannenden Krimi, dazu teasert die MOPO: „Die Morgenpost ist dem Täter auf der Spur.“ Nun ja, bis heute gibt es keinen Täter. Offiziell wird der Tod Uwe Barschels als Selbstmord zu den Akten gelegt.

HAMBURGER MORGEN POST
heute
Der Barschel-Mord
Die Indizien
Die Morgenpost ist dem Täter auf der Spur.
HAMBURGER MORGEN POST

Kiel 6: Ztgsverkäufer / Strand für Kurt Will

MOPO-OFFENSIVE AM STRAND

Als die neue MOPO nicht so zündet, wie Gruner + Jahr es geplant hat, startet der Verlag 1987 eine Werbeoffensive. Dazu gehören auch Verteilaktionen am Kieler Ostseestrand. Vom föngewellten MOPO-Schönling gibt's sogar noch einen Kuss dazu.

INTERNATIONAL
Herald Tribune
Britain Warns Japan on Trade Talks Set in U.S.
Moscow, Israel Set Exchange
wieder 16 Seiten
TV-Beilage
in Farbe!
MOR GEN POST

DIE KLEINE GEGEN DIE GROSSEN

Die kleine MOPO zwischen der großen HERALD TRIBUNE und dem THE WALL STREET JOURNAL. Sieht witzig aus, ist aber unrealistisch: In der Hamburger U-Bahn werden weder HERALD TRIBUNE noch das WALL STREET JOURNAL gelesen.

AUF UND AB MIT DER MOPO

Welche Symbolik möchte die MOPO mit diesem Motiv auf dem Hamburger Dom vermitteln? MOPO lesen ist eine Achterbahnfahrt? Weitblick dank MOPO, wenn auch nur ganz kurz? Sicher ist: Nachdem das Foto gemacht ist, geht es erst einmal bergab.

Brüder in der Wüste
Ampelkreuzung Hamburg-Wandsbek 11.55 U
Laster kippte au
Fußgänger: 1 Tote
6 Verletzte!
MORGEN POST

GENSCHER IN DER GRIEGSTRASSE

Außenminister Hans-Dietrich Genscher (FDP) zu Gast bei den MOPO-Chefs Wolf Heckmann und Ernst Fischer (2. und 3. v.l.). Aus dem Politik-Ressort sitzt Georg Streiter (ganz links) mit am Tisch – er wird 2011 Regierungssprecher unter Kanzlerin Merkel.

ERNIE UND BERT IN DER GRIEGSTRASSE

Seltene Gäste: Ernie und Bert besuchen im Dezember 1997 – kurz vor dem 25-jährigen Jubiläum der deutschen Sesamstraße – die MOPO-Redaktion. Hinter den beiden hängen die ausgedruckten Seiten der aktuellen Ausgabe.

18
19
Die gute Fee
PLAN
DIENSTAG 2.12.
40
VP
chiff hynne
ammert: Betrug
ntführung
en EC-Karte
3 Fälle in 2 Stunden

HIER LOGIERT DIE CHEFREDAKTION

Pragmatismus statt Ästhetik: Der sogenannte Balken, an dem die Chefredaktion in der Hauptproduktionszeit arbeitet und Seiten abnimmt. Tagsüber sind die Plätze meist verwaist, erst am Nachmittag kommt hier Leben rein. Bei der Verkabelung der Computer gilt: Hauptsache, alles läuft.

FLUCHT
Bitte
3 mal
aus-
drucken

ZUM 50. ÖFFNET SICH DIE REDAKTION

Die MOPO wird 50 und lädt die Hamburgerinnen und Hamburger in die gläserne Redaktion in der City ein. Am Eingang ein nachgestellter MOPO-Arbeitsplatz, Modell 1949.

1999

DIE SCHÖNSTEN MÄNNER KALIFORNIENS POSIEREN AUF GRAUEM FILZTEPPICH

Normalerweise rekeln sie sich auf weißem Strandsand: Die California Dream Men beim MOPO-Besuch. Der graue Filzteppich und die unaufgeräumten Schreibtische ergeben nicht gerade ein schönes Ambiente – das unscharfe Foto von den scharfen Jungs wird dennoch gedruckt.

DIE CHEFREDAKTEURIN UND DER BÜRGERMEISTER

Marion Horn ist die einzige Chefredakteurin in der Geschichte der MOPO. Hier zeigt sie dem damaligen Bürgermeister Ortwin Runde (SPD) beim Redaktionsbesuch, wie die Zeitung entsteht. Runde hört gespannt zu, ehe er wieder in sein Brötchen beißt. Horn muss gehen, als Barlach und Depenbrock die Zeitung kaufen. Heute ist sie Vorsitzende der Chefredaktionen der BILD-Gruppe.

1999

FLIRTEN IM FEES

Ende der 1990er Jahre führt die MOPO Single-Partys und eine Single-Beilage ein – mit Erfolg: Bei dieser Party gibt es eine lange Schlange vorm Café Fees. Titel der Serie: „Make a date!“

1999

KNUDDEL-FLASHMOB

Auf die Idee muss man auch erst mal kommen. Die MOPO-Crew testet den Flashmob-Trend „Wir umarmen uns alle!“ – und das unterm Torbogen des MOPO-Gebäudes.

2003

BORIS BECKER BESUCHT DIE MOPO

Sportreporter Nils Weber, Sportchef Immo Hoppe, sein Stellvertreter Dirk Hoffmann und Chefredakteur Josef Depenbrock (v.l.) lauschen gebannt, was der ehemalige Tennis-Star Boris Becker beim Besuch in der MOPO-Redaktion zu erzählen hat.

Die schwimmenden Plätteisen der Elbe
Eine Hamburgensie und Zukunftsmusik
Vom Betriebswirt zum Millionenreeder
»Wir bringen die Schweden-Happen«
Alsterschiffe – ein Symbol des Friedens

2004

DIE ZWEI AUS DER MOPO-KANTINE

Zwei, die auf engstem Raum dafür sorgen, dass es bei der MOPO in der Griegstraße mittags etwas Warmes auf die Gabel gibt: Christel und Angelika (re.) kochen im Souterrain für die MOPO-Crew.

Bil
Bild
Bil

2004

STUDENTEN BESETZEN DIE MOPO

Anfang 2004 streiken die Studierenden der Uni Hamburg, protestieren gegen die Bildungspolitik der Stadt – und besetzen die MOPO-Redaktion. Chefredakteur Josef Depenbrock hört sich die Anliegen an, die MOPO berichtet, die Gruppe verlässt die Redaktion nach einer halben Stunde.

WENN ES NACHT WIRD BEI DER MOPO

Herbert Bangen, in den 2000er Jahren der unverzichtbare Spätdienst-Redakteur der MOPO. Für diesen Job muss man gemacht sein – ganz allein am späten Abend den Nachrichtenverlauf auf der Welt im Blick zu behalten, ist kein Zuckerschlecken. Legendär ist Bangens Brotdose. Die trägt er jeden Tag prall gefüllt mit zum Dienst. Dazu Kaffee, Kaffee, Kaffee. Wach bleiben ist angesagt.

2004

wie Frieden geht
SADDAM HUSSEIN
Geheime Konten in Deutschlan
So stehen Ih

WENIG PLATZ, REICHLICH UNTERLAGEN, VIEL ARBEIT

Das sieht nach Arbeit aus: Blick in die Lokalredaktion der MOPO. Die beiden Redakteurinnen Simone Pauls (oben) und Sandra Schäfer arbeiten noch immer für die MOPO.

2004

NACHRICHTEN-CHEF ERKLÄRT DIE WELT

Achim Ortmann ist auch so ein einzigartiges MOPO-Original. Er lernt Kfz-Mechaniker, macht dann ein Volontariat in seiner Heimat Hamm. 1987 kommt er zur MOPO, bleibt fast 30 Jahre, arbeitet als Nachrichtenchef und später als Stellvertretender Chefredakteur. Hier plant er die Seiten mit den News aus aller Welt, an seiner Seite: Redakteurin Miriam Kaefert (re.) und Swantje Dake (ganz links). Sie wird später Geschäftsführerin und Chefredakteurin Digital der Stuttgarter Zeitung und Stuttgarter Nachrichten.

2007

DIE STARS DER LINKEN ZU BESUCH

Oskar Lafontaine und Linken-Chef Klaus Ernst (2.v.r.) beim Redaktionsbesuch. Vorn sitzen der stellvertretende Chefredakteur Frank Wieding (links) und Politik-Korrespondent Christian Wiermer.

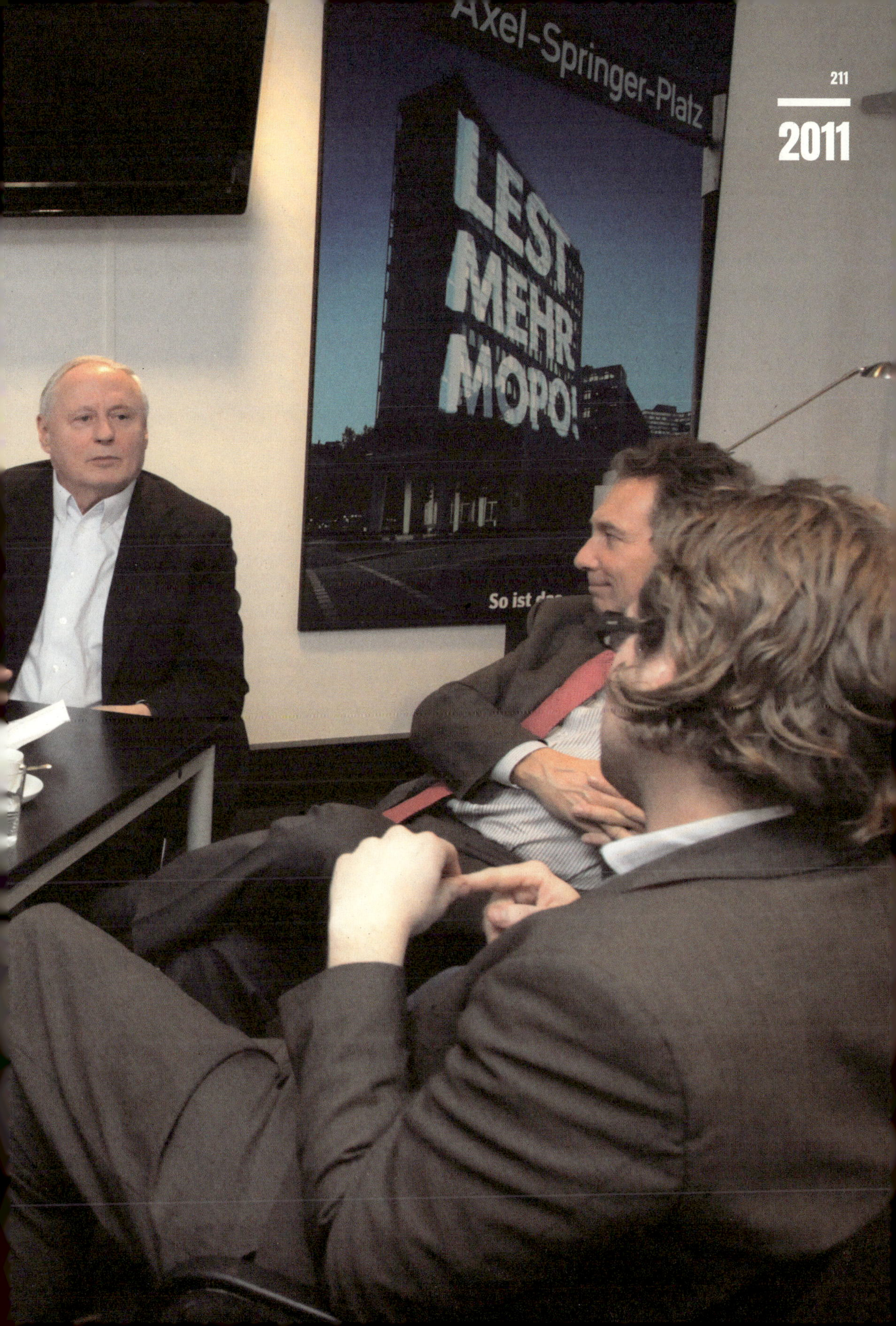
Axel-Springer-Platz
LEST MEHR MOPO!

DER BÜRGERMEISTER IM TWITTER-INTERVIEW

Da ist er noch ein gut gelaunter Bürgermeister: Olaf Scholz stellt sich den MOPO-Leserinnen und -Lesern im Twitter-Interview. Hinten: Chefredakteur Frank Niggemeier sowie die Rathaus-Korrespondentinnen Geli Tangermann und Renate Pinzke.

MOR
GEN
POST
Kein

DAS LETZTE ANDENKEN AUS BAHRENFELD

Nach 33 Jahren verlässt die MOPO ihre liebgewonnene Heimat in der Bahrenfelder Griegstraße. Die Redaktion verkleinert sich, zieht in ein neues Bürohaus nach Ottensen, künftig spielt das Leben nur noch auf einer Etage. Die Olympia-Schreibmaschine, ein Relikt aus analogen Zeiten, muss entsorgt werden, für so etwas ist kein Platz mehr. Der stellvertretende Chefredakteur Maik Koltermann erbarmt sich – und nimmt das Gerät mit nach Hause.

ALLE RÜCKEN ZUSAMMEN

Die neue MOPO-Redaktion in der Barnerstraße in Ottensen. Hier sitzen alle Ressorts und die diensthabenden Chefs zusammen in einem Großraum-Büro.

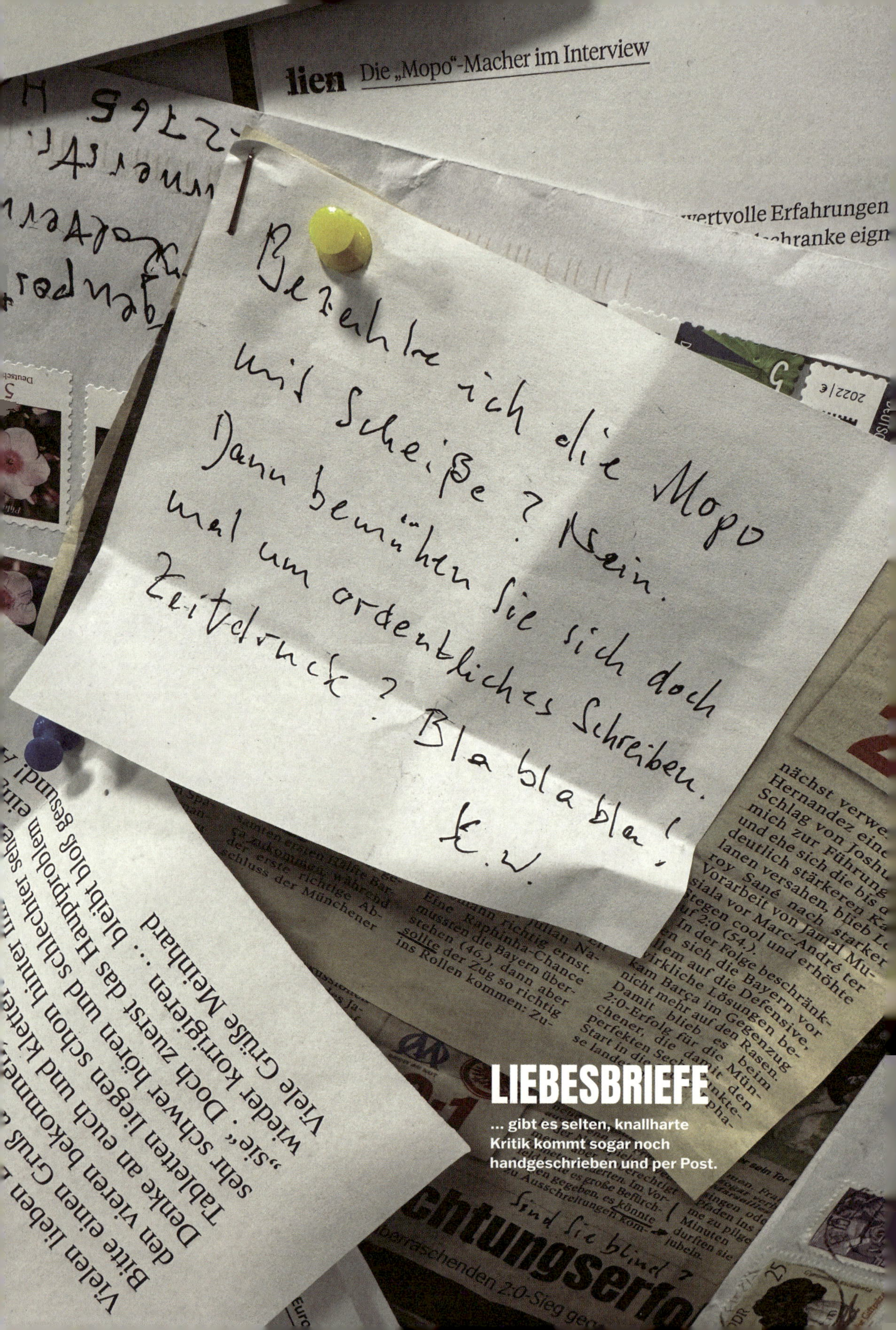

LIEBESBRIEFE

... gibt es selten, knallharte Kritik kommt sogar noch handgeschrieben und per Post.

HAMBURGER MORGENPOST AM WOCHENENDE

Unser Nachbar, der Milliarden-Betrüger

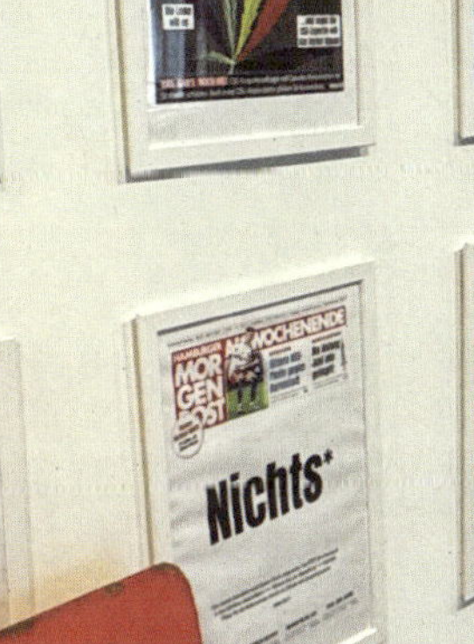
HAMBURGER MORGENPOST

Die GroKo fürs legale Kiffen

GALERIE DER TITELSEITEN

Der Empfangsbereich in der neuen MOPO-Zentrale. An den Wänden hängen ausgewählte Schlagzeilen der letzten Jahre. Vorn ein „stummer Verkäufer“.

MOPOP
#mopobleibt
Zum goldenen
HANDSCHU

„DIE MOPO UND DER GOLDENE HANDSCHUH WERDEN HOFFENTLICH FÜR IMMER BLEIBEN“

Das 30 Jahre alte Original-Schild der Kiezkneipe „Zum goldenen Handschuh“ ist ein Geschenk von Wirt Marco Nürnberg an die MOPO. Sein Urgroßvater Herbert war Boxer, er gründete die Kneipe. Bei einer Feier in der MOPO-Redaktion entdecken Marco und sein Vater ein Foto des Kneipengründers – auf der Titelseite der ersten Ausgabe vom 16. September 1949.

GANZE

2024

PREMIERE FÜR DIE NEUE MOPO

Ein neues Kapitel in der MOPO-Geschichte: Im April 2024 erscheint die erste WochenMOPO mit mehr als 100 Seiten. Zum Start feiern mehr als 300 Gäste mit der Redaktion, Chefreporter Thomas Hirschbiegel verteilt die druckfrische Zeitung.

DER UNGELIEBTE ENTHÜLLUNGSREPORTER

Gerd-Peter Hohaus deckt 1984 den größten Medizinskandal der deutschen Nachkriegsgeschichte auf. Noch Jahrzehnte später berichten Medien über den „Fall Bernbeck“. Doch neben viel Anerkennung bekommt Hohaus auch heftigen Gegenwind: Von Ärzten, hochrangigen Politikern – und dem eigenen Chefredakteur. Ein Porträt über einen außergewöhnlichen Reporter, der mehr als 30 Jahre lang MOPO-Geschichte schreibt.

Am Morgen des 10. Januar 1984 ahnt in der MOPO-Redaktion noch niemand, wie turbulent dieser Tag werden sollte. „Chefarzt operierte uns zu Krüppeln", titelt die MOPO, es ist eine Geschichte, deren Tragweite historisch ist – ein Fall, an den Medien noch Jahrzehnte später erinnern. So wie die WELT im Januar 2014, genau 30 Jahre nach der MOPO-Veröffentlichung: „Der Skandal begann, wie üblich, mit einem Zeitungsbericht. Nicht die zuständige Gesundheitsbehörde oder die ärztliche Leitung im Allgemeinen Krankenhaus Barmbek, sondern der Journalist Gerd-Peter Hohaus, Redaktionsmitglied der Hamburger Morgenpost, brachte an das Licht der Öffentlichkeit, was sich jahrelang in der Orthopädie dieses Krankenhauses abgespielt hatte. Aus diesen Enthüllungen wurde ein Fall, der sich zu einer Lawine von Kunstfehler-Prozessen auswuchs, die in die bundesdeutsche Rechtsgeschichte eingegangen sind." Weitere zehn Jahre später, im Frühjahr 2024, dokumentiert die ZEIT in ihrer Sonderedition „ZEIT Verbrechen" den Skandal, ausführlich und nicht ohne die Einbindung des Mannes, der den Fall enthüllt hat: Gerd-Peter Hohaus. Die mediale Aufmerksamkeit zeigt eindrücklich, welche Dimensionen der Fall hat – und was für eine herausragende journalistische Leistung die Enthüllung ist. Wer Hohaus kennt, der ahnt schon: Solche Lobhudeleien will er nicht hören. Stolz auf den Erfolg, so sagt er, sei nicht der richtige Begriff. „Ich war entsetzt und erschüttert über das, was die jungen Leute erlitten hatten. Ich wollte ihnen helfen und natürlich so einen Skandal an die Öffentlichkeit bringen."

Die jungen Leute – das sind die Opfer von Professor Rupprecht Bernbeck (1916–2003), einst gefeierter und dreifach promovierter Chefarzt der Orthopädie im AK Barmbek. „Der wurde wie ein Messias verehrt", sagt Hohaus, „seine autoritär-joviale Art entsprach genau dem Bild des unfehlbaren Chefarztes, das vielen Patienten und Untergebenen gefiel." Bernbeck wird zudem als selbstherrlich und herrisch beschrieben, einer, der überhaupt keinen Widerspruch duldet. Das überrascht nicht, Bernbeck macht erfolgreich Karriere während der Nazi-Herrschaft. Er studiert, 1936 tritt er in die Kriegsmarine ein, dient als Marinearzt auf U-Booten. In seiner ersten Dissertation im Jahre 1942 lobt er das „Fundament für eine segensreiche Rassenhygiene". Auch der Titel seiner zweiten Doktorarbeit von 1943 spricht Bände: „Der Seemann und seine Welt – eine rassenpsychologische Untersuchung der Beziehung des Menschen zu Meer und Seefahrt unter besonderer Berücksichtigung des deutschen Volkes". Doch die Dritte-Reich-Perversitäten der Dissertationen spielen bei seinem Aufstieg zum Chefarzt in Barmbek offenbar keine Rolle. Hamburg hat keine Zweifel an Professor Dr. Dr. Dr. Rupprecht Bernbeck.

Der Stein gerät ins Rollen, als MOPO-Reporter Hohaus, damals 38, bei der morgendlichen Zeitungslektüre auf eine Kleinanzeige mit Chiffrenummer stößt. Dort werden Patienten gesucht, die sich von Ärzten geschädigt fühlen. Hohaus' Neugierde ist entfacht. „Ich habe mir aus der Anzeigenabteilung die Telefonnummer besorgt und einen Termin gemacht. Mein Foto-Kollege Andreas Buttmann und ich konnten kaum fassen, was wir bei unserem ersten Kontakt zu sehen bekamen: fünf junge Leute an Krücken und im Rollstuhl, die uns stapelweise Krankenakten und Röntgenbilder als Beweise vorlegten." Die Schilderungen der Betroffenen sind so ungeheuerlich, dass die MOPO-Leute Zweifel am Wahrheitsgehalt haben. So ergeht es zuvor offensichtlich bereits anderen Journalisten, die die Geschichte ebenfalls zu hören bekommen, sie aber wohl nicht glauben wollen – oder sich nicht darantrauen. Gerd-Peter Hohaus reagiert anders. Er besitzt ein Gespür für brisante Geschichten. Hohaus ist vorsichtig, kritisch, will sich auf keinen Fall instrumentalisieren lassen. Wenn jemand etwas erzählt, sieht man ihm an, wie die Worte in seinem Kopf einem Plausibilitäts-Check unterzogen werden, davor ist wirklich niemand sicher. Er ist neugierig, scharfsinnig, dazu kommt eine ordentliche Portion Sturheit, das sind ziemlich gute Charaktereigenschaften für einen hartnäckigen Journalisten. Hohaus hat eine innere Leitlinie: Er hasst Ungerechtigkeiten. Er will denen, die keine Stimme haben, Gehör verschaffen.

Trotz seiner Skepsis bezüglich der Schilderungen der vorgeblichen Ärzte-Opfer will Hohaus aber nicht leichtfertig aufgeben. Er ruft einen befreundeten Arzt in Lübeck an und schildert ihm den Fall. „Professor Bernbeck, das flinke Messer", ist dessen spontane Reaktion, noch bevor Hohaus den Namen überhaupt erwähnt. ALARM. Hohaus recherchiert weiter, das Bild wird immer deutlicher: Bernbecks unheilvolles Wirken ist in Medizinerkreisen durchaus kein Geheimnis mehr. „Eine Krähe hackt der anderen kein Auge aus", diese alte Volksweisheit scheint sich in aller Tragweite zu bestätigen. Viele wissen davon, Konsequenzen zieht niemand. Bernbeck, die Lichtgestalt, der Halbgott in Weiß – da traut sich niemand ran. Bis Gerd-Peter Hohaus kommt.

Bernbeck ist zu diesem Zeitpunkt gar nicht mehr in Hamburg, er verlässt die Stadt 1981, zieht an den Starnberger See, Ruhestand, die ohnehin üppige Pension noch vergoldet durch eine Privatpraxis. Der Senat zeichnet den Professor zum Abschied mit dem Portugaleser aus, einer Ehrenmedaille für Persönlichkeiten, die Herausragendes geleistet haben. Zweifel an Bernbeck gibt es keine, dabei müssten allein die Zahlen doch stutzig machen. 37 000 Operationen in 18 Jahren sind dokumentiert. Das muss man sich noch mal langsam vorlesen: SIEBEN-UND-DREISSIG-TAUSEND. Über die unhaltbaren Hygiene-Zustände im Orthopädie-OP des AK Barmbek liegen in der zuständigen Gesundheitsbehörde mehrere Berichte auf dem Tisch – ohne Reaktion. ZEIT-Autor Peter Wenig fasst das Unglaubliche in seiner Dokumentation des Skandals noch einmal eindrucksvoll zusammen:

> *Nach und nach werden zudem die dramatischen hygienischen Zustände der Ära Bernbeck deutlich. Sein Reich glich eher einem Feldlazarett. In der Küche, wo das Mittagessen für die Kinder zubereitet wurde, sägten Pflegerinnen und Pfleger vereiterte Gipsverbände auf. Mehrere Zeugen berichteten, dass Bernbeck während Operationen mit blutverschmierter OP-Schürze zum Telefon geeilt sei, vorbei an wartenden Patienten. Mitunter habe er vor dem Gang zurück in den OP einen Joghurt gelöffelt, den Becher mit Handschuhen umklammert. Ohne die Handschuhe zu wechseln, habe Bernbeck dann weiteroperiert. Als ihm einmal eine Schwester die Schürze vor dem Gang aus dem OP abnehmen wollte, entgegnete Bernbeck laut Zeugen: „Lass die doch draußen sehen, was für ein blutiges Gewerbe wir haben." Mitunter operierte Bernbeck bei offener Tür, der OP war ohnehin weder vom Flur noch vom Gipsraum durch eine Schleuse getrennt. Gegen*

Redaktion 040 359 14-1

HAMBURGER
Morgenpost

Nr. 8 2. W., 38. Jahrg., Dienstag, 10. Jan. 1984 · C 1986 A

Skandal in Barmbek: Diese Patienten klagen an

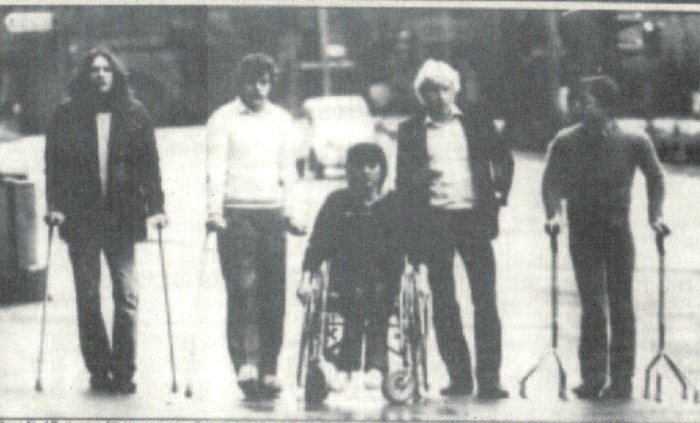

Diese fünf Patienten fühlen sich als „Opfer" des ehemaligen Chefarztes der Orthopädischen Abteilung des AK Barmbek. Professor B leitete die Klinik von 1965 bis 1981 und befindet sich jetzt im Ruhestand. Die Betroffenen: „Wir verklagen ihn"

HSV: 8 zittern um ihren Vertrag

Das große Pokern hat schon begonnen

NGG-Chef: Rente mit 59 ist ein Schlag ins Wasser!

Döding-Interview S. 2

HAMBURG: Befreit die Kantinen von der Durststeuer!

Bericht auf Seite 3

„Chefarzt operierte uns zu Krüppeln"

Hamburg – Sie sitzen im Rollstuhl oder können sich nur mühsam an Krücken bewegen: Sechs Patienten (fünf davon sehen Sie oben auf unserem Foto), die sich alle im Allgemeinen Krankenhaus Hamburg-Barmbek operieren ließen (O-Beine, Hüftgelenk, spastische Lähmung).

In allen Fällen soll der Chefarzt gepfuscht haben: „Er hat uns zu Krüppeln operiert", behaupten die sechs Patienten, die mit anderen Opfern eine Interessengemeinschaft gründen und gegen den Professor vorgehen wollen. Was sie durchgemacht haben, was Gutachter sagen und wie die Behörde reagiert: Große Sonderseite im Innern, Kommentar Seite 2.

Mordprozeß

Hamburg – Wegen Mordes stehen seit gestern der Arbeiter Holger K. (22) und der Schlachter Werner C. (24) in Hamburg vor Gericht. Die beiden Männer sollen am 3. Dezember 1983 den 21jährigen Reiner A. durch einen Schlag mit einer Kristallvase umgebracht haben, damit sie einen geplanten Diebstahl ausführen konnten.

Kaffee teurer

Hamburg – Um 44 Pfennig je Pfund wird ab Donnerstag der „Tchibo"-Kaffee teurer. Gleichzeitig wird auf ein Ultrakurz-Röstverfahren umgestellt.

Bonn: Gefängnis für Geisterfahrer

Bonn – Geisterfahrer sollen künftig mit Gefängnis bis zu fünf Jahren bestraft werden, plant Bonn. Bisher war's nur eine Ordnungswidrigkeit (Geldbuße bis 100 Mark).

Schwimmer flüchtete

Berlin – Ein DDR-Bürger hat gestern die Havel nach West-Berlin durchschwommen. DDR-Grenzer bemerkten nichts.

Sturm als Preistreiber

Bremerhaven – Die schweren Stürme haben die Fischer in den Häfen festgehalten: Die Fischpreise ziehen in dieser Woche deutlich an.

EG als Preisbrecher

Brüssel – Die Lagerhäuser in den EG-Ländern sind randvoll mit Tafeläpfeln und Birnen: Durch das Überangebot sinken die Preise.

Reagan-Mord geplant

New York – Palästinensische Terroristen wollten im Herbst 1981 US-Präsident Reagan und Israels Ministerpräsidenten Begin ermorden, berichtet eine US-Zeitung unter Berufung auf FBI-Quellen.

Weltrekord im KKW

Bonn – Das Kernkraftwerk Grafenrheinfeld hat 1983 mit knapp zehn Milliarden Kilowattstunden einen neuen Weltrekord in der Stromerzeugung aufgestellt.

Das gibt's

Lotto: [illegible] (Ohne Gewähr)

Im Frühjahr in den Kinos: Muriel Hemmingway in „Star 80"

Brillen-Bode kauft seine Läden zurück

Hamburg – Optiker Hansgeorg Bode in Hamburg-Bergedorf hat anscheinend das Geschäft seines Lebens gemacht.

[illegible]

Was die Sensation perfekt macht: Hansgeorg Bode hat seine 15 Läden zurückgekauft. Das Magazin nennt einen Kaufpreis von drei Millionen Mark.

[illegible]

„Tornado"-Absturz: Piloten überlebten

Bonn – Fünf Tage nach dem Absturz eines Tornado-Kampfflugzeugs in den Niederlanden (beide Piloten starben) hat die Bundeswehr eine weitere Maschine dieses Typs verloren.

[illegible]

Mit dem 82 Millionen DM teuren „Tornado" – so ein Sprecher des Verteidigungsministeriums – seien bereits 22 000 Flugstunden absolviert worden. Dabei seien bislang keinerlei Probleme aufgetreten, die auf technische Mängel schließen ließen.

Gefahr durch den Dollar

Frankfurt – Der Kurs des US-Dollar ist gestern weiter geklettert – auf 2,83 Mark. Und das kann für unsere Wirtschaft gefährlich werden. Auch für die Bürger drohen damit Teuerungen: Heizöl, Benzin und Erdgas sind betroffen.

An der Frankfurter Devisen-Börse versuchte die Deutsche Bundesbank gestern durch den Verkauf von Dollars im Wert von rund 175 Millionen Mark die US-Währung zu bremsen. Ohne diesen Einsatz hätte der Kurs womöglich noch stärker angezogen. Innerhalb einer Woche wurde der Dollar zehn Pfennig teurer.

[illegible]

Mord in Hollywood

[illegible]

> *die Gefahr von Infektionen legten Pflegerinnen und Pfleger mit Desinfektionsmittel getränkte Leintücher auf den Boden.*

Noch schlimmer sind die Schilderungen der Machenschaften Bernbecks als Operateur. Über die Kunstfehler des Professors schreibt Gerd-Peter Hohaus damals in der MOPO:

> *Bernbeck, den seine Kollegen heimlich das ‚flinke Messer' nannten, war ein Arzt, der seine Patienten als Versuchskaninchen missbrauchte. Er testete an ihnen neue Behandlungsmethoden, wie selbst entworfene Stahlzwingen, die sich durchs Fleisch bohrten und aus den Schenkeln herausragten. Er korrigierte Skelettdeformationen bei Jugendlichen, obwohl dieser Eingriff sonst erst nach Ende der Wachstumsphase gemacht wird. Und er zersägte Unterschenkelknochen diagonal, um so O-Beine zu korrigieren. In den Hüftpfannen mancher Patienten klapperte noch der OP-Knochenzement.*

Eines der Opfer ist Kerstin Hagemann, sie ist die Frau im Rollstuhl auf dem Seite-Eins-Foto der MOPO, 22 Jahre alt. Ihre Geschichte ist die erste, von der die Menschen in Hamburg aus der MOPO erfahren. Sie ist zwölf Jahre alt, als Bernbeck sie wegen einer Fehlbildung der Wirbelsäule das erste Mal operiert. Künftig kann sie nur noch mit Unterarmstützen gehen, ihr Alltag ist durch Schmerzen belastet. Als sie 19 ist, setzt Bernbeck ihr ein künstliches Hüftgelenk ein, doch das Implantat ist um 180 Grad verdreht. Kerstin Hagemann sitzt seitdem im Rollstuhl. Ein derart offenkundiger Ärztepfusch, den selbst medizinische Laien erkennen – eigentlich müssten da doch sofort alle Alarmglocken schrillen. Als Hohaus während der Recherche immer tiefere Einblicke in das Ausmaß der Geschehnisse in Barmbek erhält, wird ihm schnell klar: So einfach ist das nicht. Vier Wochen lang führt er unzählige Telefonate – in einem Bereich, wo schon unter normalen Bedingungen absolute SCHWEIGEPFLICHT herrscht, durchforstet er mit hilfsbereiten Medizinern Akten. Bei allem Mut zum Risiko weiß Hohaus: „Wenn ich einen Fehler mache, dann bin ich raus." Darum holt er auch den Patientenanwalt Wilhelm Funke mit ins Boot, der schon in einem anderen Fall von Ärztepfusch einen spektakulären Erfolg vor Gericht erzielt hatte. „Ohne das unglaubliche Engagement und das Fachwissen von Wilhelm Funke", sagt Hohaus noch heute voller Hochachtung über den im Jahr 2000 im Alter von nur 53 Jahren an einem Herzinfarkt gestorbenen Anwalt, „wäre die finanzielle Abwicklung des Skandals für die Geschädigten niemals so erfolgreich abgelaufen." Dasselbe gelte auch für seinen juristischen und menschlichen Einsatz beim späteren UKE-Strahlenskandal.

Gerd-Peter Hohaus macht keinen Fehler, er deckt die ganze Geschichte auf, deren Dimensionen erst Jahre später im Rückblick deutlich werden: Mindestens 242 Menschen zählen zu den Opfern von Bernbecks Flinke-Messer-Operationen. Als 1985 von der Hamburger Bürgerschaft ein Parlamentarischer Untersuchungsausschuss eingesetzt wird und die ganzen Ungeheuerlichkeiten des Skandals öffentlich zur Sprache kommen, versuchen einige der Ausschussmitglieder den Fall für ihre parteieigenen Ziele auszuschlachten.

Der SPIEGEL schreibt im Dezember 1985: „Unablässig begnügt sich da der (CDU-) Ausschussvorsitzende, der Arzt Sieghard-Carsten Kampf, alle seine Wahrnehmungsschärfe auf eine letztlich vom SPD-Gesundheitssenat zu verantwortende Behördenschlamperei zu lenken." Offenkundig, um Bernbeck zu entlasten, besteht die CDU auf Ladung von Patienten, bei denen kein Fehler passiert ist. „Als könne der schlichte Normalfall, die erfolgreich verlaufene Operation, den Verdacht von Kunstfehlern widerlegen", spottet der SPIEGEL.

Während Teile der Ärzteschaft nun öffentlich und reumütig Scham wegen des lange geübten „Krähenprinzips" bekunden, zeigt die nicht kleine Fraktion der selbst ernannten Halbgötter in Weiß weiter Solidarität mit der heftig umstrittenen ärztlichen Kunst des einst ruhmreichen Pensionärs Bernbeck. Das schlägt sich in gutachterlichen Stellungnahmen ebenso nieder, wie in interessengesteuerten Publikationen. So bekommt Bernbeck noch knapp zwei Jahre nach Aufdeckung des Skandals in einem Interview mit der „Ärztezeitung" die Gelegenheit zu erklären, dass es sich bei den Fällen um „Misserfolge" handelt, die „wohl keinem klinisch-chirurgisch tätigen Operateur ganz erspart bleiben". In einem Tagesschau-Bericht fabuliert er anfangs sogar über „Fehlheilungen".
Es dauert fünf Jahre, bis es endlich zu einem Strafverfahren gegen Professor Bernbeck kommt. Die meisten Fälle sind zu diesem Zeitpunkt schon verjährt, diverse Gutachter demonstrieren vor Gericht weiterhin mehr oder weniger ungeniert ihr Bekenntnis zum gern bemühten Krähenprinzip. Bernbeck kommt mit einer läppisch anmutenden Geldstrafe von 7000 Mark davon. Bis zu seinem Tod im Jahre 2003 kassiert er seine üppige Pension von rund 120 000 Mark im Jahr. Für Schadensersatz und Schmerzensgeld in Höhe von 30 Millionen Mark zahlt die Stadt Hamburg als Bernbecks Arbeitgeber 60 Prozent, den Rest seine Haftpflichtversicherung. Bedeutet: Die Steuerzahler müssen für das blechen, was der Professor angerichtet hat.
Und dann passiert etwas, was nicht nur in der bundesdeutschen Presselandschaft zur Fassungslosigkeit führt. Hohaus, der höchstes Lob und Anerkennung bei den Kollegen in den Medien gefunden hatte und von Anrufen Hilfesuchender regelrecht überrollt wird, gerät nun selbst unter Beschuss – vom eigenen Chefredakteur. Nils von der Heyde, neu in Amt und Würden bei der MOPO, düpiert den Reporter öffentlich. Nachdem Sieghard-Carsten Kampf, der Vorsitzende des Parlamentarischen Untersuchungsausschusses, wegen seiner öffentlichen Parteinahme für Bernbeck selbst in Bedrängnis gerät, ruft ein Sprecher seiner Partei bei von der Heyde an und beschwert sich über Hohaus' Berichterstattung. Am Morgen danach traut der Reporter seinen Augen nicht. In der eigenen Zeitung schreibt der Chefredakteur einen Kommentar: „Nach den vorliegenden Tatsachen sind die Vorwürfe von GAL und SPD falsch, darüber hinaus offensichtlich auch bösartig vorgebracht." Damit zielt er ab auf die Berichterstattung seines eigenen Reporters.
In der Morgenkonferenz kommt es zum Eklat. Gerd-Peter Hohaus explodiert und betitelt den Chefredakteur als „inkompetent, feige und dumm". „Inkompetent, weil der im Fall Bernbeck über keinerlei Sachkenntnis verfüge, feige, weil er ohne Wissen des Autors dessen Recherchen und Berichte konterkariert habe, und dumm, weil er sich als MOPO-Chefredakteur vor den Karren der CDU

hatte spannen lassen", beschreibt der Betriebsrat in einem Infoblatt den Eklat und verdeutlicht: Hohaus trifft mit seinen Formulierungen auch in dieser explosiven Auseinandersetzung den Kern. Die Geschäftsführung schickt ihn in den Zwangsurlaub, kündigt seine Entlassung an – und löst eine überregionale Welle der Solidarität mit dem Reporter aus. Aus der ganzen Republik protestieren Medienvertreter gegen die Beurlaubung, das Büro von Nils von der Heyde erhält Protest-Faxe von ZEIT, SPIEGEL, NDR, WDR, der SÜDDEUTSCHEN, der FRANKFURTER RUNDSCHAU und der TAZ. Eine prekäre Situation für Geschäftsführung und den Chefredakteur, zumal auch der von ihm so eilfertig kommentierte Fall der angeblichen Verleumdung gegenüber der CDU eine ungeahnte Wendung nimmt. Im Untersuchungsausschuss stellt sich heraus: Die Behauptung des CDU-Ausschussvorsitzenden Sieghard-Carsten Kampf, er habe als Deputierter der Gesundheitsbehörde nie etwas von den Vorwürfen gegen Bernbeck gehört, erweist sich als Lüge. MOPO-Chef von der Heyde schreibt eiligst einen Rolle-rückwärts-Kommentar und fordert von der CDU, den Mann „schleunigst zurückzuziehen".

Und Hohaus? Der bekommt ein Friedensangebot, übermittelt von Geschäftsführer Sepp Schelz: Er möge sich in der Konferenz bei von der Heyde entschuldigen – und alles sei erledigt. Hohaus lehnt ab, auch eine Entschuldigung unter vier Augen steht für ihn nicht zur Debatte. Es kommt zu einem Kompromiss. In der Konferenz trägt Hohaus vor: „Ich bleibe bei dem, was ich gesagt habe. Da Nils von der Heyde jedoch großen Wert darauf legt, nicht feige zu sein, nehme ich das Wort ‚feige' hiermit zurück."

1993 erschüttert die nächste investigative MOPO-Medizin-Geschichte die Republik: „Tödliche Strahlen im UKE" titelt die MOPO am 18. Juni des Jahres. Im Fokus: Der Direktor der Strahlentherapie am UKE. Wieder so ein hoch angesehener Mann, einer, der als Koryphäe gilt und bestens vernetzt ist. Der Vorwurf: Der Radioonkologe soll Krebskranke mit teilweise drastisch überhöhten Strahlendosen behandelt haben. In der Folge erleiden seine Patientinnen und Patienten schwerste Verbrennungen am und im Körper, Organschäden, die unvorstellbar schmerzhaft sind – und mitunter tödlich enden. Sogar das sonst eher vorsichtige Hamburger Abendblatt titelt: „Sie leiden Höllenqualen." Bis der Hintergrund für die MOPO-Schlagzeile steht, leistet Hohaus Schwerstarbeit. Er muss Geschädigte finden, braucht einen Kronzeugen, doch die Namen in den Patientenakten, die ihm zugespielt wurden, sind geschwärzt – bis auf einen, und den gibt es 160-mal im damaligen Hamburger Telefonbuch. „Ich habe alle abtelefoniert", erzählt Hohaus, „und ich habe die betroffene Familie gefunden. Es war der vorletzte Eintrag."

Die MOPO beginnt erneut mit einer Serie von Veröffentlichungen, wieder springen bundesweit die Medien auf. Die unheilvolle Strahlentherapie im UKE wird gestoppt, Verantwortliche werden suspendiert oder flüchten sich in den Ruhestand, überall im Land werden Strahlentherapie-Konzepte überprüft, Sicherheitsrichtlinien überarbeitet oder neu geschaffen, Kontrollgremien eingeführt. Durch die kritische Wachsamkeit und den Mut der MOPO, Missstände aufzudecken, kommen schwer geschädigte Patienten wenigstens finanziell zu ihrem Recht. Die Schadensersatzsumme ist dieses Mal noch deutlich höher als im Fall Bernbeck: rund 30 Millionen Euro werden an die Opfer überwiesen.

Es ist nicht Hohaus' letzte Enthüllung. Er berichtet exklusiv über die unglaublichen Vorgänge in der UKE-Herzchirurgie, wo der durch einen schweren Schlaganfall arbeits- und berufsunfähige Chefarzt mit Wissen und Duldung der UKE-Leitung noch bei 121 weiteren Eingriffen am OP-Tisch steht. Er operiert einen einjährigen Jungen, leistet sich einen fatalen Fehler, der Junge wird zum Pflegefall. Hohaus deckt auf, dass der damals noch gefeierte und später zu einer mehrjährigen Haftstrafe verurteilte Chirurg Professor Christoph Brölsch bei einer aussichtslos gewordenen Lebertransplantation die Operation einer jungen Patientin durch einen tödlichen Pfortader-Schnitt beendete. Hohaus enthüllt, dass eben dieser Professor für Lebertransplantationen damals jeweils 60 000 Mark mehr in Rechnung stellte als beispielsweise die Uni-Klinik in Göttingen. Aber er schreibt auch darüber, wenn es Positives aus den Hamburger Kliniken und der Gesundheitspolitik zu berichten gibt – und das gar nicht selten.

Als Hohaus 1973 als freier Mitarbeiter bei der MOPO anfängt, sind die Zeiten turbulent. Es herrscht Aufbruchstimmung, Nachwehen der 68er, der Nachwuchs rebelliert gegen die Autoritäten, „auch bei der MOPO", erinnert sich Hohaus. In der Redaktion wird heftig diskutiert und Widerstand geleistet – auch gegen die mehr oder weniger offenen politischen Kursvorgaben der SPD, der Eigentümerin des als „unabhängige Tageszeitung" ausgewiesenen Boulevardblattes. Schließlich hatte kein Geringerer als Willy Brandt die Parole ausgegeben: „Mehr Demokratie wagen!" Wie bei STERN und SPIEGEL, fordert die Redaktion Mitbestimmung durch einen Redaktionsbeirat, verweigert Hofberichterstattung für den SPD-geführten Senat. Hohaus ordnet diese Zeit als elementar für das Selbstverständnis der MOPO ein. Die Debatten und die kollegiale Zusammenarbeit in der Redaktion unterscheiden sich gravierend von dem, was wenige hundert Meter weiter im Springer-Haus an der Kaiser-Wilhelm-Straße passiert. Hohaus: „Alles, was politisch fortschrittlicher ausfiel als das Gedankengut von Adenauer, Strauß und Axel Cäsar Springer höchstselbst, konnte dort den Job kosten."

In der MOPO-Redaktion gibt es etwas, was BILD, WELT und Abendblatt in der Form nicht haben – das phänomenale MOPO-Gen. „Wir haben viel gelacht, viel Spaß gehabt und viel gearbeitet", erinnern sich Hohaus und andere aus der alten Crew immer noch gern, besonders auch an den Zusammenhalt. „Trotz der im Vergleich zu den Springer-Gagen miserablen Bezahlung und der grottenschlechten Ausstattung haben wir immer noch gute und exklusive Geschichten abgeliefert." Das Redaktions-Mobiliar im Hinterhof-Neubau des alten Pressehauses am Speersort hat den Charme einer Sperrmüllhalde. Kaum ein Schreibtisch passt zum anderen, funktionierende Bürostühle sind Mangelware. In der „Abend-Kantine", einem gekachelten Steh-Kabuff, zwei Meter breit, gibt es Spiegeleier, Frikadellen, Würstchen oder belegte Brötchen zum Mitnehmen – Verzehr am Schreibtisch im Großraum. Die technische Ausstattung ist miserabel: Es fehlt an Aufnahmegeräten, Kameras und modernen Schreibmaschinen. Außerdem gibt es, wenn überhaupt, nur ein Mini-Budget für Langzeitrecherchen, Reisekosten oder gar für „Sonderausgaben" – also einen Honorartopf, mit dem bei anderen Verlagen Informationen gekauft werden. Dafür erzählt man sich aber immer wieder gern den Witz, über den man bei der „Mottenpost" eben nur

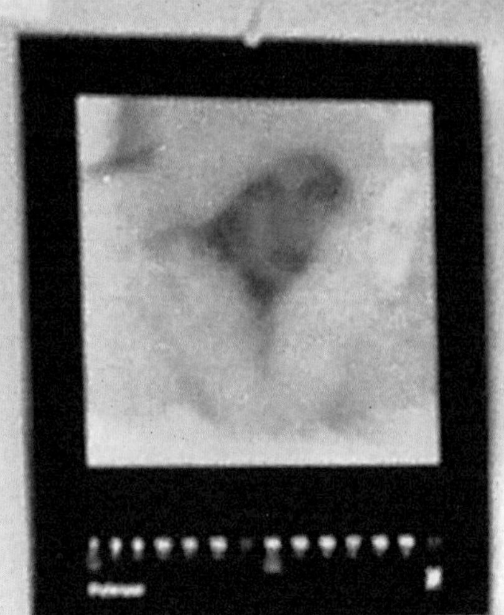

HOHAUS UND DER STAR-FOTOGRAF

Gerd-Peter Hohaus mit Kippe, Telefon und einem prominenten Fotografen: Robert Lebeck (1929–2014) ist ein seltener Gast in der MOPO-Redaktion. Lebeck wird für seine sehr persönlichen Fotos von Romy Schneider berühmt.

wegen des reichlich vorhandenen Galgenhumors herzhaft lachen kann:
Was ist das: zwei Typen an der Autobahnauffahrt, die ihre Daumen hochhalten?
Antwort: Fotograf und MOPO-Reporter auf Dienstreise.

Gerd-Peter Hohaus lässt sich auf seinem Weg von solchen Umständen nicht sonderlich beeindrucken. Seine Geschichten dokumentieren, wie wichtig die Arbeit von Journalistinnen und Journalisten ist – und zeigt auch die Rolle der MOPO in Hamburg: eine engagierte Tageszeitung, die gegen die Widerstände von Amtsträgern und Politikern für Aufklärung sorgt, zum Wohl der Menschen in der Stadt. 1993 erhält Gerd-Peter Hohaus den Wächterpreis der deutschen Tagespresse, eine begehrte Auszeichnung, die jährlich von der Stiftung „Freiheit der Presse" vergeben wird. 1996 zeichnet ihn auch der Hamburger Senat aus – mit dem Alexander-Zinn-Preis, Hohaus wird damit für seine herausragenden Leistungen in der Medizin-Berichterstattung geehrt. In der Laudatio heißt es, Hohaus habe sich mit seiner Berichterstattung „in besonderer Weise um das öffentliche Wohl verdient gemacht". Er habe „der Versuchung widerstanden, unter Missachtung journalistischer und ethischer Grundsätze kurzfristige Schlagzeilen-Erfolge zu produzieren, und mit seinen fundierten Recherchen zur Aufdeckung gravierender Missstände und ihrer Beseitigung beigetragen".

Eigentlich, so will es das Protokoll, übergibt der Erste Bürgermeister den Preis. Doch Henning Voscherau lässt sich bei der Übergabe von der Kultursenatorin Christina Weiß vertreten. Womöglich kein Zufall. Dem Ersten Bürgermeister hatte Hohaus immer wieder seine Meinung gegeigt. So, wie er es eben tut, wenn er etwas für falsch hält.

So ein Typ wie Gerd-Peter Hohaus ist Gold wert für die MOPO, auch wenn seine Vorgesetzten es nicht immer leicht mit ihm haben. Hohaus verabscheut „aufgeplustertes Autoritätsgehabe", wie er sagt. Er legt sich immer wieder mit seinen Vorgesetzten an, wenn die nicht faktisch argumentieren, sondern nur aus ihrer Position heraus etwas anordnen. Dann stellt er sich quer. Mehrfach wird er beurlaubt, es wird ihm mit Kündigung gedroht. Obwohl Hohaus mehrfach lukrative Angebote bekommt, greift er nicht zu. „So was wie Karriere wollte ich nie machen," sagt er im Nachhinein, „und wie mit den Gegebenheiten bei der MOPO umzugehen war, hatte ich ja die ganze Zeit gelernt."

Frühling 2007. Im Arbeitszimmer von Gerd-Peter Hohaus erscheint eine sichtlich nervöse Personalchefin. Die MOPO muss sparen, mal wieder, es geht um Planstellen. „Können Sie sich vorstellen, aufzuhören?", fragt sie den 61-Jährigen. „Zu welchen Bedingungen?", fragt Hohaus zurück. Die Personalchefin nennt ihm eine Abfindungssumme. „Ich dachte, ich falle vom Glauben ab – und bin fröhlich und entspannt nach Hause gegangen."

Ende 2007 ist die 34 Jahre andauernde MOPO-Ära für Gerd-Peter Hohaus endgültig vorbei. Seine Spuren bleiben: Zum 50. Jahrestag der Enthüllung des Bernbeck-Falles im Jahr 2034 werden hoffentlich wieder Medien darüber berichten, wie ein MOPO-Reporter den bis dahin größten Medizin-Skandal der Nachkriegsgeschichte aufdeckt. ■

EIN LEBEN IM ROLLSTUHL

Ärztepfusch-Opfer Kerstin Hagemann und Gerd-Peter Hohaus treffen sich 40 Jahre nach der Enthüllung des Bernbeck-Skandals.

Hausmitteilung

Von: Gerd-Peter Hohaus ☎ 040 / 88 303 250
An: Chefredaktion Hamburg, 28. 1. 1997
Betrifft: Telefonaktionen

Lieber Herr Dr. Döpfner,
lieber Herr Leichsenring,

die internen Gegebenheiten zur heutigen Telefonaktion mit Ärzten und Vertretern der Krankenkassen waren blamabel und untragbar.
o Die Telefone im sogenannten Konferenzraum waren nicht geschaltet. Wir fanden ein Sammelsurium an Apparaten - teilweise ohne Mithörmöglichkeit - mit verknoteten Leitungen vor. Nachdem wir die Anschlüsse installiert hatten, mußten wir durch Probeanrufe die Apparate den Nummern zuordnen, damit der jeweilige Experte auch unter der im Blatt angegebenen Nummer zu erreichen war.
Vollauf mit technischen Aufgaben beschäftigt, war uns nicht nur eine der Höflichkeit entsprechende Begrüßung der Aktions-Gäste unmöglich, es blieb auch keine Zeit, ein kurzes Vorgespräch zu führen.
Die Telefonaktion war von Herrn Klingel termingerecht angemeldet. Das führte allerdings, was die Haustechnik angeht, nicht zu einem Ergebnis.
o Es lagen für die Aktionsteilnehmer weder Blöcke, Kugelschreiber noch eine aktuelle Ausgabe der Morgenpost bereit.
o Für die acht Teilnehmer wurde eine Kanne Kaffee, eine kleine Blechdose Kondensmilch („Glücksklee") und Tassen im Bahnhofsmissions-Design abgestellt. Daß es Menschen gibt, die vorzugsweise Tee, oder gar Fruchtsaft beziehungsweise Mineralwasser bevorzugen, wurde offensichtlich noch nicht einmal angedacht. Eine zweite Kanne Kaffee (bei einer Aktionszeit von zwei Stunden) wurde erst nach einem Anruf im Chefsekretariat gebracht.

o Für den kleinen Hunger zwischendurch, den seit acht Uhr Berufstätige durchaus zwischen elf und 13 Uhr verspüren, wurden die allseits hausbekannten Gourmet-Bemmen - Qualität a´ la „Papas Stullen für die Schicht" - aus der Kellerküche serviert. Auf ein Tablett zusammen´gequetscht, war natürlich kein Platz mehr vorhanden für bei Hausfrauen beliebte dekorative Einsprengsel wie Tomaten- oder Gurkenscheibchen - von einer Olive oder gar etwas Obst ganz zu schweigen.

o Wenn man schon den Rest der Welt für kleine Schweinchen hält, so hätte man doch wenigstens für die beiden anwesenden, schon vom Metier her hygienegewöhnten Medizinern eine Serviette bereithalten sollen. Tellerchen zum Ablegen der Brötchen gab es selbstverständlich auch nicht.

o Als Gast bei einer großen Hamburger Tageszeitung hätte ich - zumindest als Präsident der Ärztekammer Hamburg - erwartet, daß ich innerhalb der zwei Stunden irgendwann einmal von einem Mitglied der Chefredaktion begrüßt worden wäre.

Nebenbei: Dr. Montgomery ist außerdem der Bundesvorsitzende der Ärztegewerkschaft „Marburger Bund" und sitzt in x anderen bundesweit agierenden Gremien - also nicht ganz unwichtig für Informationen und Zusammenarbeit.

Voranstehendes bitte ich für künftige Aktionsplanungen zu berücksichtigen. Als honorarpflichtigen Verbesserungsvorschlag sehe ich diese „Hausmitteilung" allerdings nicht.

Mit freundlichem Gruß

„BLAMABEL UND UNTRAGBAR"

Der Mann nimmt kein Blatt vor den Mund: Gerd-Peter Hohaus informiert den damaligen Chefredakteur Mathias Döpfner per Hausmitteilung über den misslungenen Ablauf einer MOPO-Telefonaktion mit hochkarätigen Medizinern.

Peter Forster

DIESER MANN BRINGT DER MOPO KULTUR BEI

Markenzeichen Föhnwelle, Hornbrille, gepflegter Schnurrbart, maßgefertigter Anzug und Krawatte: Das ist Peter Forster, MOPO-Redakteur in den 1960er und 1970er Jahren.
Dieser Forster ist nicht nur eine ungewöhnliche Erscheinung, er ist auch ein außergewöhnlich vielseitiger Typ: Forster gehört zu den wichtigsten Beratern von MOPO-Gründer Heinrich Braune, ist ein ausgezeichneter Kulturkenner, Theaterexperte, ein Freund der großen Stars – und zudem noch Pin-up-Künstler. Erotische Comic-Kurven und flache Witze sind das Erfolgsgeheimnis von „Stups", dem MOPO-Pin-up. Mehr als zwei Jahrzehnte zeichnet Peter Forster die Bilderwitze und Comics mit „Stups", bis er Mitte der 1970er Jahre das Ende verkündet: „Das Biest wird nie älter als 18, während man selbst schon ins Opa-Alter schlurft." Als er 1975 gefragt wird, wie er „Stups" erfunden hat, antwortet er: „Weiß ich nicht mehr. Zu lange her."

Peter Forster ist auch ein Wegbereiter – für die Kulturkompetenz der MOPO. Er ist das Gesicht der Zeitung, wenn es um Theater und Showbusiness geht. Forster trifft die größten Stars seiner Zeit, schreibt Kritiken und organisiert das „Studio Pressehaus". Die Events im Erdgeschoss des Zeitungshauses am Speersort gehören zu den beliebten Society-Highlights der Stadt, die bis Ende der 1970er Jahre Stars und Politiker anziehen.

Forster ist auch ein Lebemann. Er feiert gern, liebt Calvados, raucht Kette („R6"), lädt seine Kollegen zu ausschweifenden Festen zu sich nach Hause ein. Im Keller seines Hauses in den Elbvororten zeigt er Freunden seine heimliche Liebe: eine Modelleisenbahn. In den 1980er Jahren wechselt Forster zu BILD, unfreiwillig, so erinnern sich Zeitgenossen. Es ist seine letzte Station als Journalist. Er stirbt in den 1990er Jahren, wird auf dem Friedhof in Nienstedten beerdigt.

O.E. HASSE

Zum Kinostart von Zadeks „Eiszeit“ kommt Schauspieler O.E. Hasse ins MOPO-Studio an den Speersort. Forster interviewt den Künstler, der 1978 starb.

STUPS, DAS MOPO-PIN-UP-GIRL

Mehr als zwei Jahrzehnte lang zeichnete Forster tausende Comics und Bilderwitze mit „Stups", dem MOPO-eigenen Pin-up-Girl.

P.F.

HANS-JOACHIM KULENKAMPFF

1969 mit der TV-Legende („Einer wird gewinnen"). Mit den roten Strichen auf dem Foto markierten die Layouter den gewünschten Bildausschnitt – in diesem Fall wurde „Kuli" einfach abgeschnitten …

GÜNTER GRASS

Im Gespräch mit einem der wichtigsten Schriftsteller der Nachkriegsgeschichte: Peter Forster und der spätere Nobelpreisträger Günter Grass (1974).

INGE MEYSEL

Forster trifft 1976 die legendäre Schauspielerin: Inge Meysel, damals 66 Jahre alt, sorgte in dem Jahr mit „Harold und Maude“ für Furore im Ernst-Deutsch-Theater.

HEINZ RÜHMANN

Erst mal eine rauchen: Forster trifft Heinz Rühmann (1902–1994). Rühmann schrieb u. a. mit der „Feuerzangenbowle“ Filmgeschichte. Das Foto entstand im Dezember 1977.

GIORGIO STREHLER

Der italienische Regisseur erklärt Forster seine aufsehenerregende Inszenierung von Brechts „Der gute Mensch von Sezuan“ am Schauspielhaus.

„UND PLÖTZLICH HAST DU EINE EIGENE ZEITUNG“

Die Romanze zwischen der MOPO und ihrem Verleger Arist von Harpe beginnt in einem Saftladen. Das ist aber kein schlechtes Omen.

Diese Geschichte spielt an einem höchst durchschnittlichen Mittwoch im September 2019. Das Wetter ist so wie es eben ist im Hamburger Spätsommer, 19 Grad, vereinzelte Regenschauer, zwischendrin ein bisschen Sonne. Die Nachrichtenlage – überschaubar: In Bonn beginnt der Prozess gegen zwei britische Aktienhändler, die sich via Cum/Ex die Taschen vollgemacht haben. Die Polizei Hamburg meldet die Festnahme eines Kleindealers in Harburg. Ausbeute: 270 Euro Dealgeld und ein Beutel Marihuana. Vor einem Saftladen in der Hamburger Dammtorstraße sitzt der Geschäftsführer von Xing Marketing Solutions und trinkt einen Cappuccino, raucht eine Lucky Strike. Von den Blauen, ohne Zusätze.

DER 4. SEPTEMBER 2019 IST EIGENTLICH KEIN TAG, AN DEM HELDEN GEBOREN WERDEN.

Arist von Harpe hat die erste Fluppe gerade durch, als er einen alten Kollegen trifft. Die beiden kennen sich von einem Start-up. Facelift heißt das Unternehmen, es macht Mitte der 2010er Jahre Schlagzeilen, als es erst eine 15-Millionen-Euro-Investition erhält und dann zwei Jahre später von dem Kölner Verlag DuMont geschluckt wird. Das Geschäftsmodell: Facelift platziert große Unternehmen auf Facebook und anderen sozialen Netzwerken. Das Ding läuft wie geschnitten Brot: Als Facelift im Jahre 2016 an DuMont verkauft wird, arbeiten 200 Leute in Deutschland, Frankreich und Dubai für das Unternehmen. Zu den rund 1000 Kunden gehören namhafte Marken wie Mercedes-Benz, BASF, Ikea, Samsung und Nestlé.

Arist fühlt sich zu Hause in dieser Welt. Mit seiner gewellten Langhaar-Matte, wie sie auch Brad Pitt einst trug, könnte er ebensogut in Berlin-Kreuzberg sitzen. Macht er aber nicht, er hält die Fahne der Digital-Nerds an der Elbe hoch. Knapp sieben Jahre lang ist er als Geschäftsführer bei Facelift mit an Bord, gut ein Jahr nach dem Verkauf verlässt er das Unternehmen. Wechselt als Vermarktungs-Geschäftsführer zu New Work SE, dem Mutterunternehmen hinter Xing. Deshalb sitzt er an diesem 4. September 2019 auch in der Saftbar „Mad about Juice" in der Dammtorstraße. Im gleichen Komplex residiert das Business-Netzwerk.

Arist und sein alter Kollege trinken noch einen Cappuccino, quatschen über alte, gemeinsame Zeiten, kommen auf DuMont und wie deren vor einigen Monaten durchgesickerter Plan so läuft, sich von allen ihren Zeitungshäusern zu trennen. Seit Monaten sucht DuMont einen Käufer, aber die Sache gestaltet sich schwierig. Wer will in 2019 noch ein Portfolio von vermutlich schon bald defizitären Regionalzeitungen kaufen? Sein alter Kollege hat aber gehört: Die sollen einzeln verkauft werden.

Während des Gesprächs schießen Arist von Harpe Erinnerungen in den Kopf, er denkt an seine Studienzeit. 1999, Technische Universität Harburg, Ingenieurswissenschaften. Der damals 21-Jährige wohnt in der Kalischerstraße, Phoenix-Viertel, kein Ort, wo sich jemand in Hamburg verliebt. Doch Arist ist bereits bis über beide Ohren verknallt. Mit 18 feiert er durch, auf dem Kiez. Mit einem Bekannten, der ist zwei Jahre älter, schon mit allen Wassern gewaschen. Die Sauftour startet auf dem Dom, dann läuft der Jahrhundert-Boxkampf Rocky gegen Tiger am Millerntor, Open-Air. „Wir hatten keine Karten, da gab es am Zaun eine Stelle, wo wir rein sind." Skandal-Urteil, Schlägereien am Rande des Rings, Rotlicht-Gestalten, wie Arist sie in Düsseldorf noch nie gesehen hat. Nach dem Kampf weiter auf den Kiez. Pudel-Club, „die ganzen ikonischen Orte. Am Ende auch noch auf den Fischmarkt und dann morgens um sieben nach Hause zu meinem

Kumpel. Sein Vater machte uns Frühstück mit Speck, die Sonne schien. Ich dachte so, Alter, wie geil ist Hamburg, bitte?“ Eine Nacht fürs Leben. Liebe. Liebe. Liebe.

Mit 21 zieht er aus Düsseldorf nach Hamburg. TU Harburg, nach einem Jahr im eher düsteren Phoenix-Viertel Umzug ins feine Eppendorf, ein 40-Quadratmeter-Zimmer im Seniorenstift an der Frickestraße. Einfach auf doof mal angerufen, das hatte seine Mutter als junge Frau genauso gemacht, irgendwann Ende der 1960er Jahre, genau im gleichen Laden. Manchmal wiederholt sich die Geschichte, manchmal sind die Tipps der Alten doch Gold wert.

Arist geht steil. Kiez, Kiez, Kiez, Schanze, wieder Kiez. Freitag, Samstag sowieso, manchmal auch an allen anderen Tagen. Live-Musik, Indie-Mucke, er besucht ein Club-Konzert, liest zufällig in der MOPO einen Konzertbericht darüber. „Das hat mein Bild von der MOPO geprägt. Da war zeitgleich ein Auftritt von irgendwelchen Megastars, und die MOPO berichtet von einem Clubkonzert. Das war mir sympathisch, das konnte ich nachfühlen.“

Arist sitzt immer noch beim Kaffee und grübelt. Wenn die die einzeln verkaufen und die MOPO aktuell Miese macht, dann kann das doch eigentlich nicht viel kosten. Kann man sich wirklich eine eigene Zeitung kaufen? Was kostet das? „Ich hatte mental gerade Platz, Zeit für andere Gedanken, Ideen. Einfach mal probieren, dachte ich. Es kostet ja nichts.“

Arist erinnert sich an Maik, eine Bekanntschaft über einen gemeinsamen Freund. Maik Koltermann, ehemaliger Vize-Chef der MOPO. Der hatte gerade entnervt und abgekämpft das Handtuch geschmissen. Der weiß alles, was man über die MOPO wissen kann, denkt Arist. Eine Mobilnummer hat er nicht, also Facebook durchgucken, da ist Maik, er schickt ihm eine Nachricht über den Facebook-Messenger, 10.49 Uhr geht das Ding raus: „Ich würde mich gerne mit Dir zur MOPO austauschen.“ 22 Minuten verrinnen, dann schreibt Maik: „Ich bin flexibel, schlag einen Termin vor.“ Die Sache gerät ins Rollen.

Arist und Maik fangen gemeinsam an zu träumen. Parallel starten die Gespräche mit DuMont. Der Verlag zeigt sich erstaunlich offen, obwohl von Harpe wenig von dem vorweisen kann, was ein Zeitungsverleger eigentlich können sollte, jedenfalls nach klassischem Anforderungsprofil. Arist holt sich Unterstützung, fährt mit einem alten Bundeswehrkameraden, der jetzt Wirtschaftsprüfer ist, zu Verhandlungen nach Köln, der Deal bekommt Konturen, aus der fixen Idee zwischen Cappuccino und blauer Lucky im Saftladen ist still und heimlich eine Herzensangelegenheit geworden. Es kribbelt. Bei Arist. Und nun auch bei Maik.

WAS SIND DAS FÜR TYPEN, DIE SICH ANSCHICKEN, EINE TRADITIONSZEITUNG ZU ÜBERNEHMEN? UND VOR ALLEM – ZU RETTEN?

Arist von Harpe, geboren 1978 in Düsseldorf. Der Name Arist – Betonung auf der zweiten Silbe – kommt aus dem Griechischen, bedeutet: der Beste. Studium an der TU Harburg und an der Chalmers University of Technology, Göteborg. Seine Diplomarbeit als Wirtschaftsingenieur schreibt er bei Ikea im Älmhult, Schweden. Thema: Sales Forecasting. Oder: Wie viele Billy-Regale verkaufst du am kommenden Wochenende? Jobstationen: Boston Consulting Group (erstes Projekt: Büroflächenreduzierung bei einem Stahlkonzern), Facelift, Xing, jetzt MOPO. Musikliebhaber, Schlagzeuger, Indie-Rock und HipHop, Riesenfan von Daft Punk. Verheiratet mit der Schauspielerin Nora Marie von Harpe (Schauspielschule Bochum), drei Töchter, wohnhaft im Hamburger Westen, aber nicht in Blankenese, eher am Rande der Schnösel-

grenze. Laster: alte Autos, zu viele Schallplatten, Bier. Wechsel-Raucher: echte Kippen kontra Tabakerhitzer.
Der Zweite im Bunde, das journalistische Hirn des Unternehmens: Maik Koltermann, Baujahr 1975, Hamburger Jung, wächst in Hamm auf, Rockmusik, Festivalgänger (Scheeßel), Gitarrist, verheiratet, drei Kinder, lebt südlich der Elbe, S-Bahn-Fahrer. Laster: Bier, Zigaretten, HSV (noch ein bisschen, aber zum Glück nicht mehr so doll). Nach dem Abitur studiert er Jura, lustlos, schlägt sich als freier Musik-Journalist durch (u.a. Visions, Musikexpress). Als er 25 ist, taucht er in Sneakern und Schlabberjeans zum Vorstellungsgespräch bei der MOPO auf. Zusage nach 30 Minuten, weil guter und authentischer Typ. Die Zeitung bleibt seine Heimat und seine Herzenssache: Volontär, Redakteur, CvD, Lokalchef, stellvertretender Chefredakteur. 2019 kündigt er, müde und zermürbt vom ständigen Überlebenskampf und Dauer-Ärger mit dem Verlag. Er hat sich noch gar nicht erholt, da schickt Arist von Harpe ihm die verhängnisvolle Nachricht vom 4. September 2019.

Kurz vor Weihnachten scheint der Traum von der eigenen Zeitung zu platzen. DuMont funkt Arist an: „Sie haben mir gesagt: Die Gespräche waren gut. Aber du bist nur Nummer zwei. Wir machen jetzt mit den anderen weiter. Ich dachte nur: fuck. FUCK!“ Frisch verliebt, aber Weihnachten trotzdem allein, die neue Flamme feiert mit einem anderen.
Wieder kommt alles anders. Drei Monate später stehen Arist von Harpe und Maik Koltermann in der Redaktion der MOPO und begrüßen die Crew.
Die potenzielle Käuferin, die Funke-Gruppe, Herausgeberin des Hamburger Abendblattes, war in letzter Sekunde abgesprungen. Der Plan: Funke wollte die MOPO-Domain mopo.de mit der eigenen Redaktion bespielen. Die alte MOPO-Redaktion sollte gehen. Keine Zukunft für die MOPO also, nur eine Zukunft für vier Buchstaben und ein „.de“ hintendran.
In der Stadt: Solidarität, Proteste. DuMont habe einen Bräutigam ausgesucht, der die Braut „ohne ihre Familie“ nimmt, wütet Betriebsrats-Chefin Nina Gessner, die von diesen Verhandlungen erfährt und die Truppen mobilisiert. HSV-Idol Uwe Seeler und Drag-Queen Olivia Jones stehen Seite an Seite, solidarisieren sich. Seeler verkündet, er lese die MOPO, „seit ich denken kann“. Auch Peter Tschentscher, der Erste Bürgermeister, meldet sich zu Wort: „Die Morgenpost gehört zu Hamburg!“ Die MOPO-Crew marschiert protestierend vor der Abendblatt-Redaktion auf, einige Leute von dort solidarisieren sich, es riecht nach Revolution, so ein bisschen jedenfalls. Plötzlich steht Funke als Totengräber der altehrwürdigen Zeitung im Scheinwerferlicht – es folgt ein Abbruch der Verhandlungen. DuMont ruft wieder bei Arist von Harpe an. Der fackelt nicht lange. Abschluss.
Innerhalb von einer Woche steht „das megadicke Vertragskonvolut“. Vor dem Notartermin düst Arist noch ins Krankenhaus, seine dritte Tochter kommt, nach der Geburt Vertragsunterschrift, alles ist in Bewegung, „die größte Energiephase in meinem Leben“, sagt er, ein Wahnsinn. DuMont verkündet den Verkauf, deutschlandweit berichten Medien: „Überraschung! Xing-Manager kauft Hamburger Morgenpost“. Ein fetter Knall.

VIER WOCHEN SPÄTER ENTERN ARIST VON HARPE UND MAIK KOLTERMANN DIE REDAKTION.

6. März 2020, 9 Uhr. Start in den Tag, am Abend geben sie die erste Ausgabe in den Druck, parallel läuft die Digital-Maschinerie. Eine neue Ära.

AUF DER BRÜCKE

Chefredakteur Maik Koltermann (li.), Verleger Arist von Harpe in ihrem gemeinsamen Büro. Die Tür steht meistens auf, das Fenster auch – zum Rauchen.

OPIUM
WANGLOS
SHURE
Neujahrsbrief

Das Führungsduo startet wie euphorisiert, Gespräche, Geschichten, Getränke. Arist und Maik teilen sich als Geschäftsführer und Chefredakteur ein Büro, 20 Quadratmeter, gläserne Tür nach drinnen, Blick auf die Barnerstraße nach draußen, Ottensen, keine 200 Meter von der Fabrik entfernt. Rauchen am geöffneten Fenster geht, mit Straßenlärm. Nicht schön, aber MOPO. Die Redaktion gerät in Wallung. Nach den Monaten der Angst vor der drohenden Einstellung, all den Gerüchten um den Verkauf, Protesten, Sorgen um die persönliche Zukunft, sitzen da zwei und starten wieder durch. MOPO gerettet. Das Office beginnt wieder zu pulsieren, es wachsen Pläne: Print stärken, mehr Hamburg-Kompetenz, mehr Kultur, Qualitätsoffensive, digitaler Großangriff, MOPO wieder zur Lovebrand machen. Euphorie, eine alte Liebe erwacht.
Doch es wird nicht alles gut, es wird alles schlimmer. Gut zwei Wochen nach dem Start sind alle Pläne dahin, über den Haufen geschmissen, für den Arsch.

CORONA. KONTAKTVERBOTE. LOCKDOWN.

„Das war krass. Ich habe nur gedacht: Wie lange soll das gehen?“ Und wie lange geht das gut? Die Anzeigenumsätze brechen ein, der Umsatz rauscht runter. Verkaufsstellen machen dicht, die Auflage stürzt ab, erholt sich auch nach der Pandemie nicht mehr. Stell dir vor, du kaufst als Verleger eine Zeitung, übernimmst Verantwortung für knapp 100 Mitarbeitende, und dann werden einfach alle Lebensadern der Gesellschaft gekappt. Wie lange reicht das Geld?
Wie so häufig benachteiligt der Lauf der Dinge fast schicksalhaft die MOPO: Der Informationsbedarf der Menschen während der Pandemie führt zu einem fetten Zuwachs bei den digitalen Abos und Plus-Angeboten, vor allem die regionalen Medien profitieren, nie zuvor wurde mit digitalem Journalismus so gutes Geld verdient. Nur der MOPO bringt das nichts. Arist: „Wir hatten ja noch kein Paid-Content-Angebot.“
Also ran an die Fixkosten: Räume verkleinern, von vier geleasten Dienstwagen bleibt kein einziger, später kommt ein Ford Transit aus den 1960er Jahren dazu, gebranded im MOPO-Stil. Pay-TV-Abos kündigen, Möbel aus der Insolvenzmasse eines ehemaligen Untermieters. Weg mit der Vermarktungssoftware für 25 000 Euro im Monat, ausgetauscht gegen innovative Standardlösungen für 500 Euro im Monat, Technik-Urgestein Thomas Brandt baut wieder eigene Lösungen fürs Personalmanagement, das kann er, weil er gut ist und weil er die MOPO kennt wie kein anderer. Brandt arbeitet seit den 1980er Jahren für die Zeitung.
Arist von Harpes MOPO überlebt die Pandemie, sie muss danach eigentlich an einen Tropf, aber es gibt keinen. „Ich bin Optimist“, sagt Arist, „wir haben es in der Hand. Wir müssen niemanden fragen.“ Harte Entscheidungen stehen an, eigentlich anders als geplant, aber so ist das eben bei der MOPO. Immer wenn du denkst, jetzt läuft es mal richtig gut, kommt etwas dazwischen.

Nach vierundsiebzigeinhalb Jahren stellt die MOPO ihre tägliche Erscheinungsweise um, aus der gedruckten Tages- wird eine Wochenzeitung. Braucht die Stadt keine tägliche MOPO mehr? Arist sagt: „Wenn irgendwo in der Stadt Rauch in den Himmel steigt, gehen die Menschen auf mopo.de und gucken, was los ist.“ Und weiter: „Das Interesse der Menschen am Lokaljournalismus ist ungebrochen, hier in der Stadt passiert jeden Tag so viel. Schönes und Schreckliches. Wir haben zu Hochzeiten in den 1960er Jahren täglich 450 000 Zeitungen verkauft. Heute haben wir täglich 450 000 Menschen auf unserer Plattform, die rufen 1,6 Millionen-mal am Tag unsere Website auf." Außerdem, sagt Arist, „haben wir auch eine Verantwortung. Es gibt eine Studie aus den USA. Da, wo Lokaljournalismus verschwindet, steigen Korruption und sonstige Kriminalität. Auch deshalb bleiben wir, als Aufpasser."

Noch einmal zurück an den Start, zurück zum 4. September 2019. Ein sehr durchschnittlicher Mittwoch. Kein Tag, an dem Helden geboren wurden. Aber ein Tag, an dem eine neue MOPO-Ära eingeleitet wurde. In einem Saftladen in der Hamburger Innenstadt. ■

„WIR KÖNNEN ES UNS NICHT LEISTEN, SCHEISSE ZU BAUEN. WIR MÜSSEN GUT SEIN. DIE MOPO IST KEIN IMBISS UNTERM EIFFELTURM, WO JEDEN TAG NEUE TOURISTEN KOMMEN UND DIE QUALITÄT KEINE ROLLE SPIELT. WIR SIND WIE EIN RESTAURANT IN EINEM WOHNGEBIET, WIR LEBEN VON DEN MENSCHEN, DIE IM VIERTEL WOHNEN. UNSER VIERTEL, DAS IST HAMBURG."

Doris Banuscher

SIE BRINGT DEN BOULEVARD NACH BLANKENESE

Eigentlich hat Doris Banuscher einen ganz anderen Lebensplan. Sie führt ein Geschäft für Antiquitäten und Accessoires am Neuen Wall, eine piekfeine Adresse, und so sind auch ihre Kunden, mit echten Hanseaten kennt sie sich aus. Wie kommt sie zur MOPO? „Das war Zufall", erinnert sie sich, „eine Freundin hat mich mitgenommen und dort vorgestellt." Mit der Schreibmaschine kann sie nicht umgehen, also schreibt sie ihre erste Geschichte per Hand. Das spielt im Jahre 1979, die Zeitung steht gerade am Abgrund, doch Doris Banuscher findet Gefallen an der MOPO. Sie verkauft ihren Laden und beginnt ein Volontariat. Ihren Draht in die feine hanseatische Gesellschaft nutzt sie, um die MOPO dort einzuführen, „das war mühevolle Kleinstarbeit, die musste ich ja erstmal überzeugen." MOPO, das war eben Arbeiterkram, links, verrucht und ein bisschen schmutzig. Doch mit Doris Banuscher bekommt die Zeitung eine neue Farbe: Sie ist keine skandalsuchende Klatschtante, sondern eine Gesellschaftsreporterin. Für die MOPO öffnen sich die Türen nach Blankenese, das oftmals rustikal anmutende Boulevard-Blatt hat nun auch ein spektakulär schönes Gesicht.
20 Jahre schreibt Doris Banuscher für die MOPO ihre Kolumnen, an ihrer Seite immer der gleiche Fotograf: Jürgen Joost. Der kommt einige Jahre später als sie zur MOPO, auch zufällig, er jobbt gerade im Fotografen-Shop PPS am Bunker, ein Kollege schleift ihn mit zur MOPO, stellt ihn vor, fünf Minuten später wird er losgeschickt eine Brücke fotografieren, es ist sein erstes Bild für die MOPO. Danach bleibt er dort. Doris Banuscher entdeckt „Joosti", er begleitet sie fortan zu allen Terminen: „Ich war der Leibeigene von Doris. Und es ist mir gut gegangen damit." 1999 wechseln sie im Doppelpack zur Welt. Die MOPO vergessen sie nie. Doris: „Es war meine beste Zeit."

MIT IHM SCHLÄGT DAS HERZ DER MOPO LINKS

In der Gruner + Jahr-Ära schärft die MOPO ihr linksliberales Profil und wird zum Liebling der Kulturszene in Hamburg. Die Zeitung schrumpft auf ihr einzigartiges U-Bahn-Format und positioniert sich lautstark gegen rechte Gewalt. Einer, der die Ära mitgestaltet, ist Jan Haarmeyer. Der Junge aus Eimsbüttel und die Zeitung aus Bahrenfeld sind eigentlich ein Traumpaar. Doch am Ende reicht es für Haarmeyer nur zum Trost-Titel: „Chefredakteur der Herzen“.

Es gibt so Leute, die sehen nach 30, 40 Jahren im Tageszeitungs-Journalismus aus wie der Tod auf Socken. Sie gehen dann in Rente und bekommen einen Schlaganfall. Oder sie fallen gleich tot um. Und es gibt Jan Haarmeyer. Geboren 1957, der sitzt 2024 vor einem und man denkt – 25 Jahre nach der gemeinsamen Zeit bei der MOPO –, wieso ist er eigentlich nicht älter geworden? Wieso hat er das gleiche spitzbübische Grinsen, dieses fröhliche Gesicht, die gleiche Frisur, gefühlt auch die gleichen Klamotten, aber alles, ohne dass es peinlich wirkt? Nicht so ein gepimpter pseudoberufsjugendlicher Kerl, sondern ein cooler Typ, der mitten im Leben steht. So viel sei schon einmal verraten: Haarmeyer ist heute Rentner, Opa mit sieben Enkelkindern, Musiker – und Student. Doch dazu später mehr.

Haarmeyer gehört in den 1980er und 1990er Jahren zu den Leuten bei der MOPO, die den Laden prägen, die maßgeblich zu diesem MOPO-Gefühl beitragen, von dem alle schwärmen, die da mal gearbeitet haben. Dabei ist er gar nicht der offizielle Chef. Er ist immer so Beinahe-Chef, eigentlich sind sich auch alle einig, Haarmeyer wäre der beste Chefredakteur, keiner könnte es besser, weil nur wenige die MOPO so im Blut haben. Volontär, Reporter, Lokalchef, Volo-Papa, stellvertretender Chefredakteur, Aushilfs-Chefredakteur, ENDE, hier geht es nicht weiter. Haarmeyer ist nicht so ein Karrieretyp, keiner, der mit den Verlagsleitern zum Nobelitaliener geht und unhaltbare Versprechen abgibt, wie er den Laden auf Erfolgskurs bringt. Als der heutige Springer-Chef Mathias Döpfner die MOPO verlässt, übernimmt Haarmeyer die Chefredaktion kommissarisch, im Duo mit Hansjörn Muder, einem erfahrenen Haudegen. Der Boulevard-Hai Muder und der MOPO-Mensch Haarmeyer sind ein gutes Gespann, die Redaktion setzt auf die beiden, ein Reparatur-Team für die vermeintlichen Schäden, die Döpfner mit seinen Experimenten hinterlässt. In einem offenen Brief fordert die Redaktion den Verlag auf, Haarmeyer und Muder fest als Doppelspitze zu installieren. „Doppelspitzen machen wir nicht“, antwortet Gruner + Jahr, um wenige Wochen später die neue STERN-Chefredaktion vorzustellen: eine Doppelspitze, bestehend aus Thomas Osterkorn und Andreas Petzold. Es ist das Ende der Liaison zwischen Haarmeyer, dem Chefredakteur der Herzen, und der MOPO. Als er die Zeitung 1998 nach 17 Jahren verlässt, hat die Redaktion mal wieder wilde Jahre hinter sich. 13 Jahre gehört die MOPO zu Gruner + Jahr, es sind Jahre, in denen sich mehrere prominente Chefredakteure, Kolumnisten und Reporter an der Griegstraße ausprobieren dürfen.

Um das gleich vorwegzunehmen: Es ist nun wirklich nicht alles schlecht, was unter Gruner + Jahr und dem damaligen Vorstandsvorsitzenden Gerd Schulte-Hillen bei der MOPO passiert. Ganz im Gegenteil, nach der unfassbar chaotischen Regentschaft der Gebrüder Greif aus der Schweiz atmet die Redaktion erleichtert auf, als die Profis vom Baumwall die MOPO kaufen. Die Zeichen stehen auf Aufbruch, die MOPO sorgt bundesweit für Aufsehen: Am 24. September 1986 erscheint die erste Zeitung im Tabloid-Format, klein, handlich und frech soll sie auch noch sein. Gerd Schulte-Hillen prägt den Begriff „U-Bahnzeitung“. Eine Revolution im Zeitungsgeschäft, da kommt auf einmal diese kleine freche MOPO und sagt: Guck mal, mich kannst du in der Bahn viel besser lesen als die unhandliche BILD! Zwei Tage später startet G + J eine millionenschwere Offensive: Am 26. September 1986 erklärt Gerd Schulte-Hillen dem Hause Springer den „Zeitungskrieg“. Das sagt er nicht nur, die MOPO titelt es auch. Haarmeyer erinnert sich: „Wir standen alle in MOPO-Anzügen an den U-Bahnstationen, teilweise schon morgens um fünf oder sechs Uhr." Alle müssen ran, sogar Schulte-Hillen zieht es an die Front, er verteilt im weißen Overall MOPOs auf der Straßenkreuzung. Mit 50 Millionen Mark will der G + J-Chef den deutschen Blätterwald aufmischen. Eine großspurige Ankündigung, die im Hause der übermächtigen Konkurrenz kurz für Aufregung sorgt. Der damalige ZEIT-Autor Cordt Schnibben schreibt im Juli 1987, rückblickend auf die Kriegserklärung des G+J-Chefs: „Seither tänzelt das kleine Blatt aufgeregt um den mächtigen Gegner, ohne ihn zu erwischen." An der Qualität der MOPO lässt der spätere SPIEGEL-Ressortleiter kein gutes Haar: „Das Blättchen, das die Männer in den weißen Overalls fortan morgens in den Wind hielten, war so seicht und überflüssig, dass BILD die eigens gegründete Krisenredaktion, die mit einer neuen Zeitung für Hamburg („Der Tag") kontern sollte, sofort auflöste."

Eine übertriebene Kritik, denn die MOPO hat durchaus ihre Qualitäten, vor allem im Lokalen und im Sport bietet sie der Konkurrenz die Stirn. Darüber hinaus fährt Schulte-Hillen alles auf, was im Gruner + Jahr-Imperium greifbar ist. Plötzlich schreiben die Granden des deutschen Journalismus in der MOPO. STERN-Gründer Henri Nannen, die TV-Stars Hanns Joachim Friedrichs (1927–1995, „Tagesthemen"), Wolf Schneider (1925–2022, „NDR Talkshow") und Peter Scholl-Latour (1924–2014), der als Auslandskorrespondent in den Nachrichtensendungen von ARD und ZDF einem Millionenpublikum die Welt erklärt. Doch die Investitionen zahlen sich nicht aus. Die Auflage stagniert, „sie klebt bei 130 000 fest", lästert Schnibben in der ZEIT. Schulte-Hillen holt Wolfgang Clement in die Chefredaktion, ja, den Clement, der später Karriere in der Politik macht. Als Ministerpräsident von Nordrhein-Westfalen (1998–2002), unter Bundeskanzler Gerhard Schröder wird er Bundesminister für Wirtschaft und Arbeit (2002–2005). „Wolfgang Clement", erinnert sich Jan Haarmeyer, „war ein sehr guter Chefredakteur, ein unglaubliches Arbeitstier. Der war morgens der erste und abends der letzte. Der hat Qualität reingebracht." Haarmeyer ist zu der Zeit Lokalreporter, er schleppt Themen ran, die der MOPO ein Gesicht geben. Haarmeyer lässt einen Anlagebetrüger auffliegen, der tausende Hamburger um ihre Ersparnisse bringt. Er ist unterwegs mit Heinz Oestmann, dem legendären Elbfischer und Umweltschützer, der letzte Anwohner von Altenwerder, der sich mit dem US-Konzern Dow Chemical anlegt und so international auf die Verklappung von Giftstoffen in der Nordsee aufmerksam macht. Er setzt auf Umweltthemen und investigativen Journalismus, auch als Lokalchef. Unter seiner Regie deckt die MOPO mehrere Umweltskandale auf, darunter die ungeschützte Lagerung hochgiftiger Chemikalien an der Uni. Wohlgemerkt, wir befinden uns Ende der 1980er Jahren, die meisten Mainstream-Medien verschonen ihre Leserinnen und Leser mit solchen Geschichten.

Die MOPO nicht, sie bekennt sich zu unbequemen Themen. Als Anfang der 1990er Jahre eine Welle der rechten Gewalt das Land erschüttert, Neonazis in Hoyerswerda, Lichtenhagen und Mölln* Anschläge auf Menschen mit Migrationshintergrund verüben, schreit die MOPO es laut nach draußen: „Fremde brauchen Freunde – STOPPT DEN HASS!" Gemeinsam mit antirassistischen Initiativen, Künstlern und Kulturschaffenden organisiert die MOPO Veranstaltungen und Konzerte gegen Rassismus. Überall in der Stadt sind Buttons und Plakate zu sehen, die Berichterstattung

---

* Die tödlichen Anschläge – in Mölln verlieren drei Menschen ihr Leben – werden von einem immer wiederkehrenden Schlachtruf der Neonazis begleitet: „Deutschland den Deutschen, Ausländer raus!" Genau, die Parole, die einige Ungebildete im Jahre 2024 für einen rebellischen Party-Hit halten.

IM HERZEN IMMER REPORTER

Keiner, der nur am Schreibtisch sitzt: Jan Haarmeyer verliert niemals die Lust am Schreiben, delegiert nicht nur, sondern geht selbst raus. Hier ist er im Gespräch mit der Sängerin Jule Neigel (1997).

der Zeitung lenkt den Fokus der Menschen immer wieder auf das Thema. Die Kampagne findet überregional Anerkennung. Jan Haarmeyer telefoniert für eine andere Geschichte mit dem niederländischen Songwriter Herman van Veen, der gerade in Hamburg ist, erzählt ihm von der Aktion, fragt: „Willst du nicht auch kommen?“ Van Veen sagt zu, gibt ein spontanes Konzert und wird von Hunderten in der Fischauktionshalle frenetisch gefeiert.

Am 30. und 31. Januar 1993 blickt das Land auf Hamburg: Im Thalia-Theater treffen sich Menschen aus Musik, Literatur und Politik zu einem historischen Event – dem „Stoppt-den-Hass-Festival“. Zwei Tage performen Stars gegen Rassismus, unter den Gästen sind die US-Stars Kris Kristofferson und Harvey Keitel. Für den Höhepunkt aber sorgt ein Mega-Star aus Irland: Als Bono von U2 die Bühne des Thalia-Theaters betritt und zum „gemeinsamen Kampf gegen jede Art von Faschismus“ aufruft, brandet tosender Jubel auf – bis die ersten Takte von „One“ erklingen. GÄNSEHAUT, der Saal hält den Atem an. „One love, one blood“, Bonos Stimme überwältigt das Publikum, es ist ein historischer Moment.

Die Anti-Rassismus-Kampagne der MOPO ist damit nicht am Ende, Jan Haarmeyer begleitet das Thema weiter. Er dokumentiert 1993 zusammen mit MOPO-Fotograf Volker Wenzlawski eine gemeinsame Reise von Skinheads aus Hoyerswerda, Problem-Kids aus Rostock und türkischen Jugendlichen aus Kiel. Drei Wochen lang fährt die Gruppe gemeinsam durch Deutschland, fliegt nach Ankara und Antalya. Sie diskutieren über „deutsches Blut“, kommen sich näher, rücken zusammen. Es ist kein

DIE MOPO ALS SPRUNGBRETT

Sommerfest in der Griegstraße 1996: Dr. Mathias Döpfner mit Gruner + Jahr-Vorstand John Jahr und dessen Frau Heike. Döpfner wechselt 1998 zur WELT, seit 2002 ist er Vorstandsvorsitzender von Axel Springer. Links: MOPO-Geschäftsführer Dr. Bodo Almert.

Projekt, das die Welt verändert, aber eines, das zeigt, wie wichtig es ist, miteinander zu sprechen. Die MOPO ist damals das einzige Medium, das die ungewöhnliche Reise von Beginn an begleiten und Tag für Tag dokumentieren kann. Die Organisatoren haben Vertrauen gefasst zu der Zeitung, die sich klar bekennt und das Thema immer wieder in den Blickpunkt rückt. „Wir waren ein wichtiger Ansprechpartner für Gewerkschaften und Initiativen. Wenn in der Stadt etwas schief lief, kamen die auf uns zu", erinnert sich Haarmeyer.

Das ändert sich, als Mathias Döpfner am 1. April 1996 Chefredakteur der Zeitung wird. Haarmeyer, inzwischen von Döpfner-Vorgänger Manfred von Thien in die Chefredaktion befördert: „Ich dachte nur: Wie lange kannst du das aushalten? Mathias war kompetent und eloquent, aber der falsche Mann am falschen Ort. Das hätte man wissen können. Döpfner hat mit seinem ersten Kommentar über Gewerkschaften gleich mal nahezu alles zunichte gemacht, was uns ausgemacht hat." Das bestreitet nicht einmal der heutige Axel-Springer-Vorstandsvorsitzende selbst. In der Jubiläumsausgabe zum 70. Jahrestag der MOPO schreibt Döpfner: „Unter der Überschrift ‚Die Arbeitwegnehmer' lieferte ich leidenschaftliche Gewerkschaftskritik (...). In einer SPD-Zeitung Gewerkschaften als Arbeitsplatzvernichter zu bezeichnen, kann man als gehobene Prinzipienfestigkeit bezeichnen. Oder als Wahnsinn."
Döpfner feuert einen Großteil der Ressortleiter, bezeichnet das später lapidar als einen „Anfängerfehler". Haarmeyer darf bleiben, rettet sich in den Keller, entwickelt

zusammen mit Ralph Klingel-Domdey ein viel beachtetes Wochenend-Magazin der MOPO. Genau, der Kulturkeller, auch so ein Kult-Ort der Gruner+Jahr-MOPO, hier wächst eine Redaktion, die ab 1986 von Karsten Peters, dem ehemaligen Feuilleton-Chef der Münchner AZ, geleitet wird. Peters bringt exzellente Kontakte mit nach Hamburg, unter seiner Führung entwickelt sich die MOPO zum Liebling der Hamburger Kulturszene. Mindestens drei Seiten am Tag liefert die Redaktion über Theaterpremieren, Musik und Literatur, sie ist bestens verdrahtet mit dem Kulturschaffenden der Stadt. Regisseur und Produzent Hark Bohm kommt gelegentlich sogar persönlich vorbei, wenn er etwas zu erzählen hat.

Aber zurück zu Döpfner, im März 1998 erfährt die Redaktion, dass er neuer Chefredakteur der WELT wird. Jan Haarmeyer kommt wieder hoch aus dem Keller, übernimmt für fünf Monate kommissarisch die Redaktion, zusammen mit Hansjörn Muder. AUFATMEN. Als im Juli des Jahres bekannt wird, dass Marion Horn neue Chefredakteurin wird, verabschiedet sich Jan Haarmeyer von der MOPO, nicht nochmal zurück in die zweite Reihe, nicht wieder so ein Experiment. Der Abschied tut ihm weh, auch und gerade, weil er als Chefredakteur der Herzen geht. „Die MOPO war auch meine Familie. Fast 20 Jahre lang war das mein Leben – und es war mehr als ein Job." Er geht zum Abendblatt, übernimmt dort den Sport, bis 2008, danach widmet er sich als Autor wieder den Themen, die ihm wirklich am Herzen liegen– und das sind KINDERTHEMEN. Haarmeyer dokumentiert den „Fall Dennis", die Geschichte eines Pflegekindes, das aufgrund eines richterlichen Beschlusses seine Pflegeltern verliert und in einem Heim landet. Für die Geschichte wird er 2013 mit dem Theodor-Wolff-Preis ausgezeichnet. Er deckt Missstände im „Fall Jule" auf, ebenfalls ein Pflegekind, dem vom Jugendamt offenkundig Hilfe verweigert wird. Im Sommer 2020 gründet er einen Verein, gewinnt als Paten den Liedermacher Rolf Zuckowski und die Kinderbuchautorin und Hamburger Ehrenbürgerin Kirsten Boie: „Children's European Capital". Das Ziel ist eine jährliche Europäische Kinderhauptstadt. „Um den Kindern endlich mindestens einmal im Jahr eine laute Stimme zu geben und gleichzeitig die Städte zu verpflichten, die Kinder zu beteiligen – so wie es die UN-Kinderrechtskonvention seit 1989 verlangt." Jahrelang macht er Druck, knüpft Netzwerke, im März 2024 stimmt das Europaparlament mit großer Mehrheit dafür, jetzt muss die neue EU-Kommission die Idee umsetzen. Als erste Stadt wird Düsseldorf gehandelt. Ein Riesen-Erfolg für den ehemaligen MOPO-Reporter und seine engagierten Vereinsmitglieder. „Eine jährliche europäische Kinderhauptstadt", sagt Jan Haarmeyer, „wäre eine großartige Chance für Europa - und für die Kinder."

Haarmeyer, der inzwischen Rentner ist und im Sommer sein zweijähriges Tontechnik-Studium erfolgreich abgeschlossen hat („Ich möchte meine eigenen Songs in meinem Studio vernünftig produzieren"), engagiert sich auf noch andere Art und Weise für Kinder. Zusammen mit seiner Frau Irene tingelt er durch die Schulen, gemeinsam führen sie „Historicus" auf, eine musikalische Lesung über die Geschichte Hamburgs, in der ein Außerirdischer in Hamburg landet und hier auf Zeitreise geht – gemeinsam mit den begeisterten Kindern. „Historicus" lief schon als Musical in den Kammerspielen. Das Buch ist von Irene, die Musik von Jan Haarmeyer, der auch ein „Historicus-Hörspiel" produziert hat. Wer ihn kennt, kann sich gut vorstellen, wie er mit seinem spitzbübischen Grinsen vor den Grundschülern steht, Gitarre spielt und singt. ■

UNTER EINSATZ DES EIGENEN LEBENS

Die Jagd nach einem Seite-1-Foto endet für einen MOPO-Reporter fast tödlich: Bei einem Reportage-Einsatz verunglückt Thomas Hirschbiegel, stürzt sechs Meter in die Tiefe. Mehr als 40 Jahre nach dem Unfall arbeitet er noch immer für die MOPO. Nahezu alles hat sich seitdem verändert. Nur die Schmerzen sind geblieben.

Morgenpost
2000 Hamburg 36
GÄSTEAUSWEIS
Name HIRSCHBIEGEL
Vorname Thomas

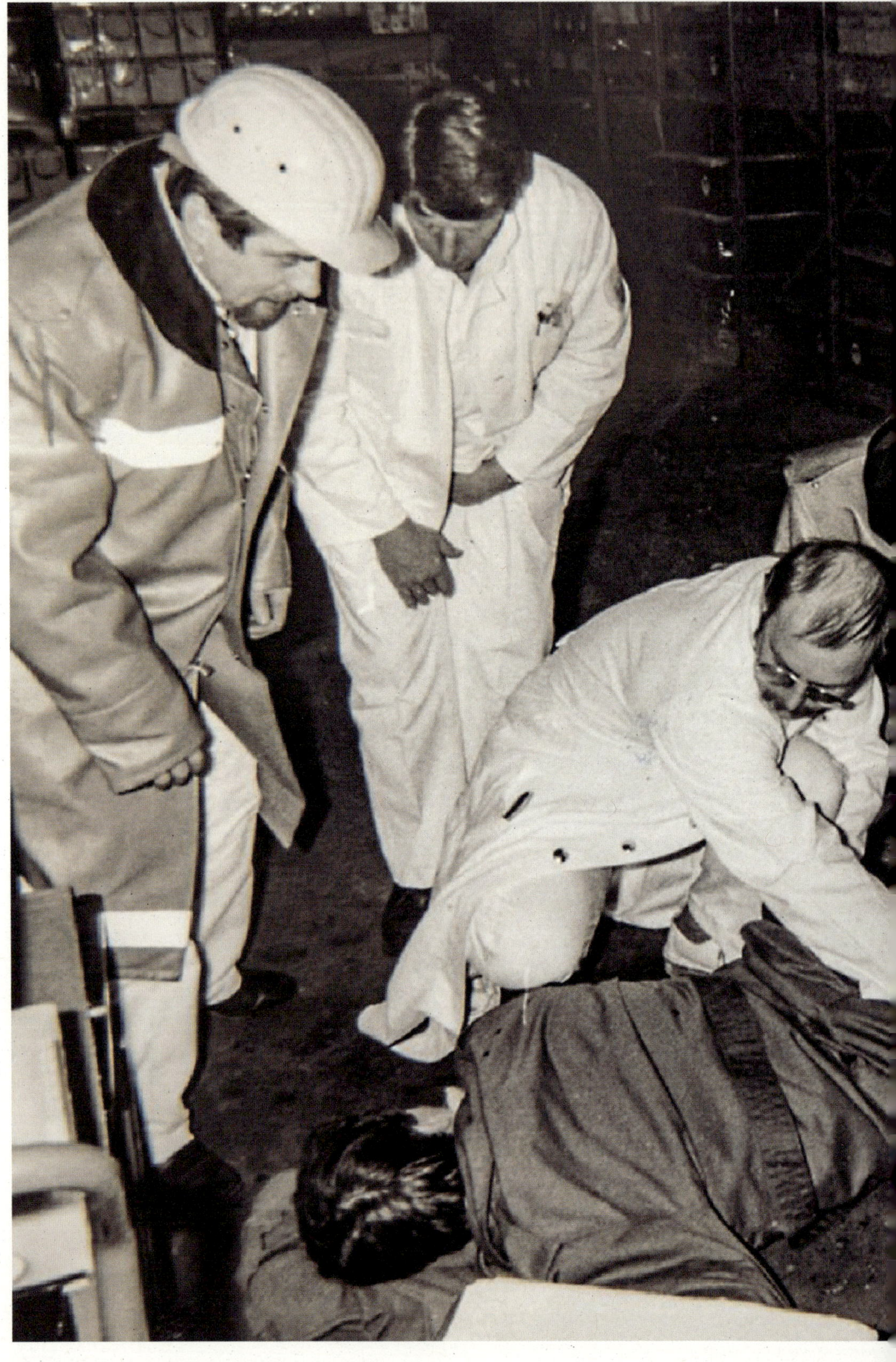

„MERKST DU IRGENDWAS?“

Ein Wunder, dass er überlebt hat: Thomas Hirschbiegel liegt am Boden der Lagerhalle, der Notarzt tastet sein Bein ab, BILD-Reporter Bernd Beutner fotografiert.

Die Entscheidung, einfach loszulassen und der Anziehungskraft nachzugeben, fällt Thomas bei vollem Bewusstsein. „Mir war klar: Ich muss sterben. Den Gedanken habe ich nicht mehr ausgehalten, also entschied ich: Wenn ich sterbe, dann jetzt." Er lässt los. Die Unaufgeregtheit, mit der er diese Entscheidung trifft, überrascht ihn selbst. Thomas steckt in mehr als sechs Metern Höhe in einer Plastikabdeckung des Oberlichts einer Lagerhalle, eingebrochen wie im Eis eines zugefrorenen Sees. Das Eternit-Dach bietet genauso wenig Möglichkeiten sich festzuhalten wie eine Eisfläche, die Beine baumeln in die Tiefe, etwas unterhalb der Brusthöhe krallt er sich noch mit ausgebreiteten Armen an den Rändern des Lochs, das sein Körpergewicht verursacht hat, fest. Die sich ausbreitenden Risse und das Geräusch von berstendem Kunststoff lassen keine Zweifel: Dieser Zustand wird keine Minute mehr andauern. Also lässt er los. Weniger als zwei Sekunden später schlägt er auf, mit dem rechten Bein zuerst, er trägt Cowboystiefel, enge Dinger, mit Absatz. Aufschlag auf Beton. Der rechte Fuß platzt, das Knie bleibt heil, der Aufprall drückt die Wirbel drei bis fünf auf ein Minimum zusammen, die „haben den Stoßdämpfer gemacht", so Hirschbiegel.

Es ist heiß, sehr heiß sogar, denn direkt neben der Lagerhalle, auf deren Dach Thomas Hirschbiegel mit seiner Pentax-MX-Kamera geklettert war, brennt ein Reifenlager. Hirschbiegel, oder auch Hirsch, wie ihn viele seiner Kollegen nennen, auch wenn er es gar nicht so mag, ist Polizeireporter der MOPO. Seine Spezialität: spektakuläre Tatort- und Unfallfotos. Niemand ist so schnell an den Unglücksorten wie der junge Fotograf. Mit einem konventionellen Kofferradio hört er jede Nacht den Polizeifunk ab. Hirsch hat bis heute eines der Geräte in seiner Wohnung in Eimsbüttel stehen. „An dieser Stelle musste man einfach das Rad bis vor die erste Markierung der Skala drehen." Der analoge Mechanismus des Radios wehrt sich nicht, jahrzehntelang konnte so jeder ungehindert den Funkverkehr von Polizei und Feuerwehr abhören.

So auch am Abend des 17. Februar 1981, als über Funk das Feuer in der Liebigstraße in Hamburg-Billbrook gemeldet wird. Ein schäbiges Gewerbegebiet, in dem auch windige Kaufleute und halbseidene Geschäftemacher ihre Waren horten. Diesmal ist Hirsch allerdings langsamer als sonst. Die Kollegen von BILD und ABENDBLATT sind schon vor Ort, darunter auch Thomas Osterkorn, später Chefredakteur des STERN, in der Nacht als Polizeireporter für das Abendblatt im Einsatz. Hirschbiegels Ehrgeiz ist gepackt, die Gedanken kreisen darum, wie er an ein spektakuläres Foto von dem Großfeuer kommt, das die Kollegen nicht haben. Also klettert er auf das Hallendach und übersieht bei der Jagd nach dem Titelbild die Plastikabdeckung des Oberlichts. Ein verhängnisvoller, beinahe tödlicher Fehltritt.

Wie viel Zeit zwischen dem Aufprall und der Ansprache des Notarztes vergeht, an die Hirsch sich wieder erinnern kann, weiß niemand. „Merkst du irgendwas?", fragt der Notarzt. Der Reporter spürt keinen Schmerz, aber sehr wohl den Griff des Arztes am Bein. „Ja", antwortet er, und der Arzt lächelte ein wenig, tätschelt die Wange: „Dann kriegen wir den Rest auch wieder hin."

Tatsächlich kehrt Thomas Hirschbiegel nur drei Wochen nach dem schweren Sturz mit Krücken und Korsett in den Dienst zurück. Ein Andenken bleibt bis heute: Schmerzen im Rücken und der Hüfte, teilweise so extrem, dass er noch Jahre später starke Betäubungsmittel nimmt. Opioide, „ich war abhängig, musste sogar einen Entzug machen". Wie ein Junkie sieht der Mann allerdings nicht aus. Thomas Hirschbiegel ist schlank, sportlich, die wenigen Haare kurz. Seit die Platte zu dominant ist, trägt er Glatze, dazu eine dezente Brille. Cordhose, Hemd unterm Pulli, gepflegte Leder-

Schnürschuhe, den Mann kannst du auch kurzerhand ins Rathaus schicken.

Ein Freitagvormittag im März 2024. „Kannst du mich verstehen? Ich liege auf dem Boden", sagt Thomas Hirschbiegel ins Telefon. Keine Sorge, er ist nicht umgefallen, er hat sich einfach hingelegt in der Redaktion, auf den Teppich, das macht er häufiger, nachdem er einen Text geschrieben hat. Die Kolleginnen und Kollegen kennen das, es ruft keine großen Sorgen hervor, Hirschbiegel ist so. Seine Krankheitsgeschichten sind bekannt, jedenfalls die Rücken- und Hüftschmerzen, die Folgen aus dem Unfall, niemals richtig auskuriert, es ging ja immer gleich weiter. Er ist jetzt 65 Jahre alt, eigentlich schon im Vorruhestand, trotzdem in der Redaktion, er kann noch nicht loslassen. Die MOPO lässt ihn auch nicht los, „gerade schreibe ich den Aufmacher für die neue Wochenendausgabe", sagt er, unsicher, ob es nun gut oder schlecht ist, dass die Chefredaktion weiterhin Geschichten von ihm veröffentlicht, da könnten ja auch mal Jüngere nachrücken. Während er sich früher die Nächte um die Ohren schlug, übermannt ihn heute in der Redaktion nach einigen Stunden die Müdigkeit. Dann legt er sich auf den Fußboden.

Thomas Hirschbiegel als Reporter-Dino zu betiteln, ist ein Kompliment. Er ist der letzte aktive MOPO-Redakteur, der alle Besitzerwechsel der MOPO erlebt hat. Wirklich alle. Als Thomas 1977 als freier Mitarbeiter bei der MOPO aufkreuzt, da sitzt die Zeitung noch im alten Pressehaus am Speersort in der Innenstadt. Beste Lage, allerdings auch ein bisschen Mogelpackung, innerhalb des Pressehauses war die MOPO irgendwann aus dem vorderen Teil in den Hinterhof gezogen, da bebt nach Redaktionsschluss der Boden vom Rotationsdruck, ein Sound wie ein gemächlich dahin rollender Güterzug. Für die Redaktion ein Stück Belohnung und die Gewissheit: wir drucken.

Das war in 75 Jahren MOPO nicht immer selbstverständlich. Einmal wird die MOPO offiziell eingestellt, Ende Februar 1980, Ende, aus, vorbei. Alle entlassen. Hirschbiegel ist da Anfang 20, er hat für die MOPO sein Abi sausen lassen – und nun das. Sorgen muss er sich dennoch nicht machen. Denn Hirschbiegel hat sein eigenes Geschäftsmodell, und er betreibt es besser als die Konkurrenz. Thomas Hirschbiegel fotografiert Verkehrsunfälle, Verbrechen, Feuer und was es sonst noch gibt an Polizeieinsätzen. Nahezu täglich erscheinen seine Fotos in der MOPO. Hirschbiegel ist oftmals früher dran, dafür gibt er alles: Er hört Polizeifunk, jede Nacht, in der Küche seiner mütterlichen Wohnung in der Eimsbütteler Bundesstraße, nur dort hat er Empfang. Weil in der Küche kein Bett steht, schläft er in einem Sessel. Das Rauschen und Knattern aus dem UKW-Empfänger gehört zu seinem Leben, er atmet es ein, hört es bald nicht mehr, wacht aber auf, wenn auf „Michel 1" Verstärkung gerufen wird.

Das Interesse für die Polizei ist ihm in die Wiege gelegt. Seine Mutter gehört nach dem Krieg zu den ersten Polizeibeamtinnen in Hamburg. Das Handwerkszeug besorgt ihm Kommissar Zufall: Als 16-Jähriger fährt er Medikamente für die „Pöseldorfer Apotheke" aus. Eine Kundin ist die Prinzessin von Sachsen-Weimar-Eisenach, sie residiert im Altenheim St. Johannis am Mittelweg. Statt Trinkgeld schenkt sie ihm ein Kofferradio. Hirsch interessiert sich nicht für NDR 2, er manipuliert den Empfänger, dreht den Zeiger auf die davor liegenden Frequenzen und findet Michel 1 bis 4, die Funkkanäle der Hamburger Polizei.

Hirsch taucht ein in die Polizeiwelt, jede Nacht, wenn über Funk Unfälle, Feuer, Schießereien oder andere Verbrechen gemeldet werden, springt er aus dem Sessel, fährt los, anfangs mit dem Fahrrad, später mit seinem VW Polo. An den Tatorten lernt er Polizisten kennen, sie sprechen bald voller

GERANGEL AM TATORT

Überfall auf einen Aldi-Markt an der Lübecker Straße in Hohenfelde. „Der Beamte wollte mich auf die andere Straßenseite schicken, das war mir zu weit weg."

Respekt von ihm, dem „schnellsten Reporter der Stadt". Die Konkurrenz gerät unter Druck. Hirsch hat oftmals die besten Fotos. Als die MOPO 1980 eingestellt werden soll, leert sich die Redaktion, die Seiten können nicht mehr gefüllt werden. Hirschbiegel kann helfen, mit Unfallfotos, seitenweise. Die MOPO wird in letzter Sekunde vor der Einstellung aufgekauft, von den Greif-Brüdern aus der Schweiz.
Hirschbiegel baut seine Kontakte in die Hamburger Polizei aus. Er beschäftigt sich mit den Kiezgrößen, die in den 1980er Jahren die Reeperbahn beherrschen, Nutella-Bande gegen die GMBH, Zuhälter-Krieg, Schüsse, Morde, Drogen, Prostitution, daraus dreht man heute TV-Serien für Streaming-Portale. Hirsch ist live dabei, er beschattet die Luden, tauscht sich mit den Polizisten an der Davidwache aus, die ihn warnen: „Die sind gerade sauer auf dich, bleib' mal lieber 'ne Woche weg vom Kiez." Die Streetboys aus St. Pauli, eine Nachwuchs-Gang, begleitet er bei ihren Patrouillen durchs Viertel. Als er schlecht über sie schreibt, bestellen sie ihn in eine Gaststätte am Hamburger Berg, Charly's Nightclub, der Laden, in dem Kiez-Legende Hanne Kleine seine Kariere als Türsteher begann. Es ist ein Hinterhalt, die Bandenmitglieder lauern Hirschbiegel auf. Die Wut auf den MOPO-Reporter ist offenbar groß, vielleicht zu groß. „Ich war kaum drinnen, da griffen mich mehrere von denen an. Das war in einem schmalen Gang, und so behinderten sie sich gegenseitig, so dass keiner richtig traf. Ich konnte nahezu unverletzt rausrennen und entkommen." Beinahe der nächste Gesundheitsschaden nach dem Dachsturz 1981.

Jahre später wird er wieder einbestellt, diesmal vom Innensenator. Die innere Sicherheit in Hamburg ist das Thema, es geht um Personalmangel bei der Polizei, die Gewerkschaften füttern die MOPO mit Infos, die Innenbehörde ist alarmiert. Werner Hackmann, mächtiger SPD-Fürst, will Hirschbiegel einnorden, trifft sich mit ihm im Hotel Reichshof am Hauptbahnhof. Hirschbiegel reagiert achselzuckend, lässt Hackmann auflaufen, macht weiter. Die Organisierte Kriminalität wird sein wichtigstes Thema. Es geht um Korruption und Verflechtungen zwischen Clans, Politik und Polizei. Hirschbiegels Bruder Oliver, ein international erfolgreicher Regisseur und Filmproduzent, dreht viele Jahre später eine Staffel des Berliner Clan-Krimis „4 Blocks", Thomas berichtet solche Geschichten aus dem wahren Leben, aus Hamburg. Nicht immer geht das spurlos an ihm vorbei. Anfang der 2000er Jahre wird Thomas Hirschbiegel wegen Rufmords verurteilt, kassiert eine Geldstrafe. Er hatte über angebliche Bordellbesuche eines Leitenden Beamten der Innenbehörde berichtet. Auch wenn das Gericht den Beamten entlastet, sorgt der Fall für Personalwechsel bei der Polizei. Hirschbiegel recherchiert auch über den Aufstieg der Osmani-Brüder, die seit den 1990er Jahren auf dem Kiez Immobilien, Gaststätten und Striptease-Bars übernehmen, sogar ins Visier des Bundesnachrichtendienstes geraten. Als MOPO-Verleger Hans Barlach ihm gegenüber andeutet, er erwäge auch Geschäfte mit der Familie, wird Hirschbiegel deutlich: „Ich habe ihm gesagt, irgendwann wird es eine Razzia geben, da werden Sie dann mit drin hängen. Wollen Sie damit zu tun haben?" Ob Barlach tatsächlich darüber nachdachte, den Osmanis eine Beteiligung an der MOPO anzubieten, wird für immer ungeklärt bleiben, der Verleger lebt nicht mehr. Sicher ist aber: 2008 macht Barlach Schlagzeilen, als er gemeinsam mit Ex-Chefredakteur Josef Depenbrock ein Haus an der Bernhard-Nocht-Straße kauft – von einer Gesellschaft aus dem Osmani-Imperium.

Die Polizei-Scanner, mit denen Reporter den Funkverkehr verfolgten, sind inzwischen Geschichte, heute läuft die Kommunikation

Spuren weisen darauf hin, daß Youssef Amer (Foto) in einem Wald ermordet und mit seinem Wagen nach St. Pauli gebracht wurde

Mördersyndikat brachte Toten nach St. Pauli

Hamburg – In brutalster Chikago-Manier zieht ein Mörder-Syndikat durch die Bundesrepublik. Die Gangster locken Autohändler mit Verkaufsangeboten von Luxus-Limousinen in eine Falle, ermorden sie und rauben die Opfer aus. Das bisher letzte Opfer wurde ein Hamburger Autohändler.

Am vergangenen Dienstag verabschiedete sich der Ägypter Youssef Amer (36) von seiner deutschen Ehefrau in Volksdorf: „Ich muß noch mal weg, zu einem Geschäftstermin." Frau Amer sah ihren Ehemann nicht mehr lebend wieder.

Der 36jährige Ägypter, In[illegible]r eines eleganten Autosa[illegible] an der Hammerbrookstraße, hatte zuvor noch 50 000 Mark Bargeld von seiner Bank geholt. Zuletzt lebend gesehen wurde der Geschäftsmann von Freunden in der Nacht zum Mittwoch in einem Lokal an der Kirchenallee (St. Georg). Youssef Amer wurde beim Telefonieren beobachtet. Vermutlich machte er mit seinen späteren Mördern einen Treffpunkt aus. Als der Autohändler am nächsten Tag nicht nach Hause kam, erstattete seine Frau Vermißtenanzeige.

In der Nacht zum Sonnabend entdeckte die Polizei den schneeweißen Mercedes 280 SEL des verschwundenen Geschäftmannes in der Simon von Utrecht Straße auf St. Pauli. Drei Stunden lang beobachteten Zivilfahrer das Fahrzeug.

Als sich nichts tat, wurde die Ehefrau verständigt. Mit einem Zweitschlüssel öffnete man auch den Kofferraum – entsetzt prallten alle zurück. Zusammengekrümmt und blutüberströmt lag dort Youssef Amer – er war durch drei Messerstiche ermordet worden.

Bereits fünf Autohändler ermordet

Hamburg – Youssef Amer war bereits das fünfte Opfer des Mörder-Syndikats. Mit Zeitungs-Anzeigen locken die Gangster Autohändler in die Falle, ermorden sie und verschwinden mit dem Geld.

„Mercedes 500 SEC, besonders schönes Stück!" Auf diese Annonce hin reiste der Frankfurter Autohändler Peter Schumacher (41) nach Nürnberg. Er wurde erschossen – 95 000 Mark geraubt. Sein Kollege Manfred Siebers (34) aus Plön wurde nach Goslar belockt. Er hatte 93 000 Mark dabei. Die Gangster töteten Siebers mit zwei Kopfschüssen. In Fürth und Mannheim wurden zwei weitere Autohändler Opfer der Bande.

UNGELÖST

1984 berichtet Hirschbiegel über eine Mordserie an Autohändlern in ganz Deutschland. Der Mord an einem Händler aus Volksdorf ist bis heute nicht aufgeklärt.

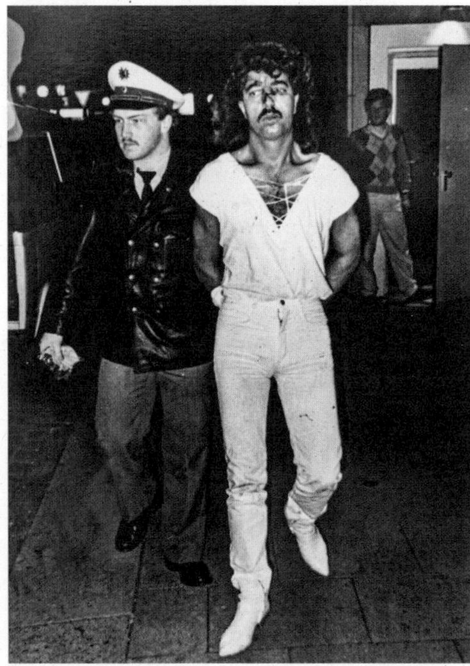

LUDEN IM FOKUS

Hirschbiegel kennt die Großen und Kleinen vom Kiez. Dieser Zuhälter wird 1984 wegen des Mordes an einem Rivalen festgenommen.

TÖDLICHER STREIT

Weil diese Prostituierte von ihrem Stammplatz in St. Georg verdrängt wird, rächt sich ihr Zuhälter an einem Konkurrenten. Der Streit endet tödlich.

der Polizei digital. Thomas Hirschbiegel hängt noch bis zum Ende der analogen Funk-Ära an den Geräten, Anfang der 2010er Jahre erfolgt die Umstellung. Seitdem rauscht es nachts nicht mehr im Hause Hirschbiegel. Mit den nächtlichen Tatort- und Unfallfahrten macht er bereits im Jahre 2000 Schluss. 24 Jahre sind genug. Ab sofort übernehmen junge Reporterinnen und Reporter den Dienst. Der spätere MOPO-Chefredakteur Matthias Onken ist einer von ihnen. Und auch Miriam Krekel, Tochter der 2013 verstorbenen Volksschauspielerin Hildegard Krekel, nimmt für die MOPO den Polizeidienst auf. Sie wechselt später zu BILD, wird in den 2010er Jahren Chefredakteurin der Berliner B.Z.. Im Jubiläumsjahr der MOPO leitet sie die Axel-Springer-Academy. Hirschbiegels Polizeiredaktion – offenbar eine gute Schule.

Thomas Hirschbiegel nimmt sich Zeit für andere Dinge. Testet Restaurants, nimmt Stadtentwicklung und Architektur ins Visier, flöht die Anzeigenblätter aus den Stadtteilen nach kleinen Geschichten aus der Nachbarschaft. Während der Lokalchef auf der Suche nach großen Sensations-Storys ist, kommt Hirschbiegel mit einem Stapel an Ausrissen aus Wochenblättern an: „Wir müssen noch eine Doppelseite aus den Bezirken machen." Der Umbau einer Kreuzung in Lurup, die Sanierung einer lokalen Einkaufsmeile in Farmsen, ein neues Geschäft in Harburg – Hirschbiegel hat einen Blick für das, was bei den Leserinnen und Lesern vor der Tür passiert, was sie interessiert. Während er an einem Tag über mafiöse Strukturen auf dem Kiez recherchiert, schreibt er am Tag darauf kleinere Meldungen aus den Stadtteilen abseits der Hamburger Hotspots.

Thomas Hirschbiegel liegt immer noch auf dem Boden. Knapp vier Jahrzehnte bei der MOPO haben Kraft gekostet. Seit seinem Einstieg als freier Mitarbeiter erlebte er „15 bis 18 Chefredakteure", so genau weiß er es nicht. Sechs Mal wurde die MOPO verkauft, zwei Mal war die Einstellung bereits beschlossene Sache oder stand kurz bevor. Immer wieder neue Geschäftsführer, neue Sparmaßnahmen, neue Synergien, ein Irrsinn.

Hirschbiegel ist ein MOPO-Mensch durch und durch, er erinnert sich an die positiven Dinge. „Unter Gruner + Jahr konnte ich zwei Mal nach Costa Rica fliegen, mit 10 000 Dollar Bargeld in der Tasche, in kleinen Scheinen, um in Mittelamerika auf der Jagd nach dem flüchtigen Ringo Klemm Informanten zu bezahlen", erinnert er sich. „Legendär waren auch die großen Sommerfeste auf dem Hof. In Festzelten, mit dem halben Senat. Das war Stadtgespräch." Gern erzählt er auch über die allererste Zeit. „Da hatten wir noch eine hohe Auflage, oder? Vielleicht rede ich mir das auch schön", sagt er, „ich war jung und stolz, dabei zu sein."

Den Konkurrenten von BILD und ABENDBLATT Geschichten vor die Nase zu setzen, das war immer eine Antriebsfeder. Hirsch erzählt eine Geschichte, von der er nicht mehr weiß, wann sie genau spielt, es ist aber auch egal. Die Geschichte beginnt wieder in der Nacht, am Polizeifunk. „Ich höre den prominenten Namen eines Adligen, er hatte einen Unfall gebaut, mit seinem Alfa Cabrio." Der Adlige und seine Familie gelten zu der Zeit als Partykönige, wenn da um 4.30 Uhr einer im Graben landet, ist sicher Alkohol im Spiel. „Ich hatte den Unfallort nicht mitbekommen. Ich dachte: Bitte, bitte, sagt noch einmal den Ort." Die Polizisten tauschen sich weiter aus, aber den Unfallort nennen sie nicht. Dann nach quälend langer Zeit die Erlösung: „Wir brauchen einen Abschlepper zum Moorwerder Hauptdeich." Hirschbiegel düst los, „mit 120 km/h nach Moorwerder. Im letzten Moment konnte ich fotografieren, wie der weiße Alfa auf den Abschlepper geladen wurde."

Die MOPO macht die Geschichte und das Foto zur Schlagzeile. Als die Abendausgabe aus der Druckerei kommt, klingelt Hirschbiegels Telefon. „Stimmt die Geschichte so?",

Millionen-Feuer am Jungfernstieg

HAMBURGER MORGENPOST

Dienstag, 2. Januar 1990 · 50 Pf · C 1986 A
Nr. 1/1 · Redaktion: (040) 88 303-0 · Anzeigen: (040) 88 303-336

- Hamburgs Schmuckstück teilweise zerstört
- Feuerwehr gab Großalarm
- Jetzt droht der Abriß
- War es Brandstiftung?

Alster-Arkaden in Flammen

Hamburgs schönste und älteste Passage ist Opfer eines flammenden Infernos geworden. Zwei Häuser der Alsterarkaden wurden total zerstört, vier andere schwer beschädigt. Das größte Feuer in der City seit 30 Jahren richtete einen Schaden von rund zehn Millionen Mark an. Berichte Seiten 10-13

FEUERFOTOS

Großfeuer an prominenter Stelle: Die Alsterarkaden brennen (1989). Feuerfotos, erzählt Hirschbiegel, wurden von den Chefs besonders gern gedruckt.

Hamburg: Postraub brutal

Schuß in die Leber – weil er sich gegen Fesseln wehrte

Ungewöhnlich brutal schlugen zwei Posträuber in Hamburg zu: Sie schossen den Beamten Udo M. (43) kurzerhand von hinten in die Leber, als er sich nicht fesseln lassen wollte. Die Männer waren nachts in das Amt an der Borsteler Chaussee eingedrungen, hatten die Putzfrau betäubt und gefesselt, ihren kleinen Hund in einem Postsack verschnürt. Als Udo M. erschien, mußte er den Tresor im Keller öffnen. Die Räuber nahmen 100 000 Mark und Telefonkarten für 4 800 Mark mit. Der Beamte kam ins UKE. Er ist nicht mehr in Lebensgefahr. Seite 8

RAUBÜBERFÄLLE

Täglich Brot für Hirschbiegel: Raubüberfälle. Zwei spektakuläre Beispiele sind der Postraub von 1993, bei dem ein Postbeamter niedergeschossen wurde – sowie der Überfall auf Juwelier Wempe an der Spitalerstraße.

fragt der Anrufer. Es ist Bernhard Rudolph, eine Ikone unter den Polizeireportern der BILD-Zeitung, einer der besten überhaupt, sagen sie heute noch voller Anerkennung. „Ja, das ist so“, sagt Hirsch. „Scheiße“, sagt Rudolph und legt auf.

„Es tut mir schon weh, dass wir heute nicht mehr so konkurrenzfähig sind“, sagt Hirschbiegel. Auf seinem Schreibtisch liegen die gedruckten Ausgaben von MOPO, BILD und ABENDBLATT, „ich lese die Zeitungen jeden Tag. Online lese ich nicht.“ Daneben liegt ein Mobiltelefon, Nokia, irgendein Modell, vielleicht 20 Jahre alt, Funktionen: Telefonieren und SMS schreiben. Vielleicht hat es auch noch eine Weckfunktion, das weiß Hirsch nicht so genau. Er ist kein digitaler Mensch, er ist voll analog, und die Medien-Welt von heute ist nicht mehr seine Welt.

Ende 2023 erschien Hirschbiegels erstes Buch, eine Auswahl seiner spannendsten Fälle, die er selbst vor Ort fotografiert und recherchiert hat. „Ich kenne nur wenige Menschen, die sich so stark neu erfunden haben wie Thomas“, schreibt MOPO-Chefredakteur Maik Koltermann, als er das neue Buch ankündigt. Und weiter: „Früher war er ein journalistischer Bluthund. Heute ist er MOPO-Chefreporter mit dem Schwerpunkt Stadtentwicklung und einem Sinn fürs Feingeistige. Er hat ein Faible für ‚Lost Places‘, also leer stehende Häuser, ist Flohmarktfuchs und Kunstliebhaber. Und eines der bei den Lesern bekanntesten und beliebtesten Gesichter der Redaktion. Und noch immer schwerwiegende Stimme in der Redaktion.“

„Aber Ende des Jahres ist wirklich Schluss“, sagt Hirschbiegel, „es wird jetzt Zeit für die Rente.“ Er hat noch große Pläne. Denn seit der Wende hat Thomas Hirschbiegel eine weitere Leidenschaft neben der MOPO: Er sammelt DDR-Devotionalien – Uniformen, Orden, Abzeichen, Urkunden, Münzen, Besitztümer ehemaliger Funktionäre und Würdenträger.

„Ich kannte damals einen Hauptkommissar der Wache 16. Der ist mit mir nach dem Mauerfall in die Polizeischule nach Neustrelitz gefahren, da haben wir Abzeichen und Mützen getauscht. Diese ganzen DDR-Sachen wollte niemand mehr haben, es war leicht, die zu bekommen. Für mich war klar: Das sind Nachlässe, wichtige Erbstücke der deutschen Geschichte.“ Er schaltete Kleinanzeigen, fuhr jedes freie Wochenende durch die neuen Bundesländer, sammelte und kaufte alles ein, inklusive eines olivgrünen Trabant-Kübelwagens, mit dem er heute bei schönem Wetter noch durch Hamburg fährt.

Die zehntausenden Stücke, die derzeit in Hirschbiegels Wohnung in Eimsbüttel lagern, sollen künftig ausgestellt werden. In einem DDR-Museum, in Hamburg, nicht in Berlin, „die haben so was ähnliches schon“. Da hat Hirschbiegel sogar Springer-Chef Mathias Döpfner eine Abfuhr erteilt, der hätte seine Villa in Potsdam als temporäre Ausstellungsfläche zur Verfügung gestellt. Die Highlights sind eine goldene Uhr des Sowjet-Helden Marschall Schukow, seinerzeit ein Geschenk an einen NVA-General, die Zähne von Lotte Ulbricht sowie Brille und Füllfederhalter ihres Mannes, Walter Ulbricht. „Mit dem Füller“, erzählt Hirschbiegel, „soll er den Befehl zum Mauerbau unterschrieben haben.“ Allerdings, räumt Hirsch ein, „müssen wir das noch mal überprüfen.“

„Das Museum ist jetzt das Thema meines Lebens“, sagt Hirsch, „das muss jetzt kommen.“ Seinem Rücken und der Hüfte geht es mehr als 40 Jahre nach dem Unfall besser. Aber – in seinem Kopf steckt ein Tumor. „Auf der linken Seite. Es ist nicht klar, ob der weiterwächst.“

Thomas Hirschbiegel steht wieder auf. Genug Erholung auf dem Redaktionsfußboden. Er setzt sich wieder an seinen Schreibtisch, schreibt noch eine Geschichte. Für die neue Wochenendausgabe der MOPO. Print, nicht digital. ■

MOTOREN STATT MORDE

Hirschbiegel mit Florian Quandt, Fotograf, unterwegs im alten R4 für die MOPO-Auto-Kolumne „Kolbenfresser".

längste Schaumparty.
Savane
PRESSE
BEST

MOR
GEN
POST
Dieser Mann war ein Stasi-Spitzel!
Gestatten, 00 Hirsch!
HAMBURGER
Morgenpost
Hier!
HAMBURGER
Morgenpost
Hauptsache, die Kohlen stimmen
Schon mit einem Bein im Endspiel
MORGENPOST
Morgenpost
Willi Wacker
HAMBURGER
Morgenpost

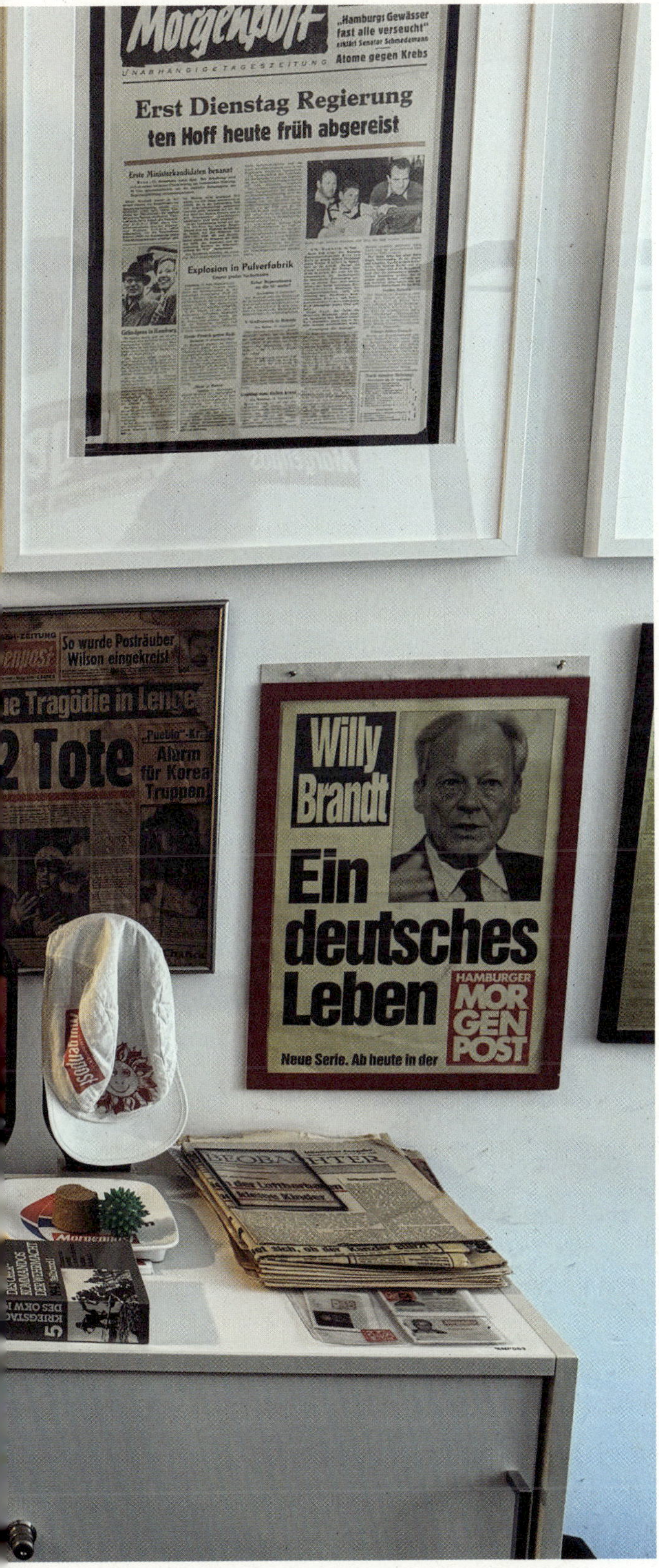

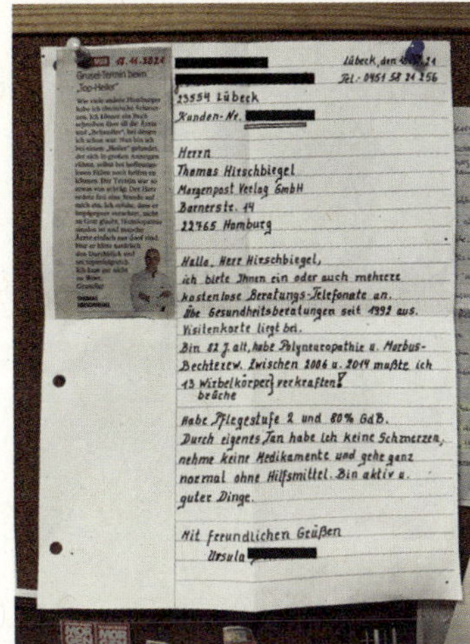

Lübeck, den [illegible]
Tel.: 0451 58 21 256
23554 Lübeck
Kunden-Nr.

Herrn
Thomas Hirschbiegel
Morgenpost Verlag GmbH
Barnerstr. 14
22765 Hamburg

Hallo, Herr Hirschbiegel,
ich biete Ihnen ein oder auch mehrere kostenlose Beratungs-Telefonate an.
Übe Gesundheitsberatungen seit 1992 aus.
Visitenkarte liegt bei.
Bin 82 J. alt, habe Polyneuropathie u. Morbus-Bechterew. Zwischen 2006 u. 2014 mußte ich 13 Wirbelkörper} verkraften!
brüche

Habe Pflegestufe 2 und 80% GdB.
Durch eigenes Tan habe ich keine Schmerzen, nehme keine Medikamente und gehe ganz normal ohne Hilfsmittel. Bin aktiv u. guter Dinge.

Mit freundlichen Grüßen
Ursula

FAN-POST

Kleine Kolumne, große Wirkung: Nachdem Hirschbiegel in der täglichen Rubrik „Moin" über den sinnlosen Besuch bei einem Wunderheiler lästert, meldet sich eine weitere HeilerIn (82) und bietet kostenlose Telefon-Beratung an.

GESCHICHTE FESTHALTEN

Das Mini-MOPO-Museum in Hirschbiegels Büro. Die Erinnerungsstücke schicken Leserinnen und Leser, manche stammen von Flohmärkten oder aus dem hauseigenen Archiv.

WIE DER MOPO-ERFINDER ZUM TODFEIND VON ADOLF HITLER WURDE

Heinrich Braune ist Erfinder und erster Chefredakteur der MOPO. Schon in den frühen Jahren seiner Arbeit als Journalist sorgt Braune für Aufsehen: Noch vor der Machtübernahme der Nazis entlarvt er Hitler mit einer Investigativ-Story als Lügner und Aufschneider. Ein Porträt, recherchiert und geschrieben von MOPO-Chefreporter Olaf Wunder.

Wir schreiben das Jahr 1932. Es sind mächtig unruhige Zeiten. Seit die Weltwirtschaftskrise Deutschland fest im Griff hat und Millionen von Menschen arbeitslos sind, haben ausgerechnet solche Parteien immensen Zulauf, die die Demokratie ablehnen: die KPD, aber noch weit mehr die NSDAP. Deshalb stehen die Chancen gar nicht so schlecht, dass bei der im März anstehenden Wahl zum Reichspräsidenten Adolf Hitler den Amtsinhaber Paul von Hindenburg übertrumpfen könnte. In dieser Situation schreibt ein Hamburger Journalist namens Heinrich Braune einen Artikel, der ein politisches Erdbeben auslöst. Überschrift: „Kamerad Hitler". Der Führer der Nazi-Partei schäumt – und wird Braune das nie vergessen.

Am 16. September vor 75 Jahren erschien zum ersten Mal die Hamburger Morgenpost. Für uns Anlass, uns intensiv mit dem Gründer unserer Zeitung zu beschäftigen: Heinrich Braune, eine Ausnahmeerscheinung im damaligen deutschen Blätterwald. Er hatte schon ein langes journalistisches Leben hinter sich, als er nach dem Krieg auf die Idee kam, die erste deutsche Boulevardzeitung aus der Taufe zu heben. Er erlebte die Kaiserzeit, die Revolution von 1918, er hat Hitler die Stirn geboten und wurde von dessen Häschern verfolgt. All diese Erfahrungen prägten ihn und seine Arbeit.

Geboren wird Heinrich Braune 1904 in Lüneburg, 1922 tritt er der SPD bei, studiert in Hamburg Psychologie, Philosophie und Volkswirtschaft und fängt 1925 als Feuilletonredakteur beim SPD-Blatt „Hamburger Echo" an. Eine Zeit lang ist er als Auslandskorrespondent in England, in Frankreich und auf dem Balkan tätig. Anfang 1932 wird er verantwortlicher Redakteur beim „Echo der Woche", einer wöchentlichen Beilage. Genau zu diesem Zeitpunkt – der Reichspräsidenten-Wahlkampf ist in vollem Gange – machen Braune und sein Redakteur Erich Lüth die Bekanntschaft eines Mannes, der Ponath heißt und erzählt, dass er während des Ersten Weltkriegs in derselben Einheit wie Adolf Hitler gedient hat, nämlich im 16. Bayerischen Reserve-Infanterie-Regiment. Deshalb weiß er auch ziemlich genau darüber Bescheid, was Hitler an der Front erlebt hat – und was nicht.

Ponath ist empört darüber, was in den NSDAP-Zeitungen über Hitlers Kriegserlebnisse berichtet – oder sagen wir besser: zurechtfantasiert – wird. Fortwährend wird Hitler zum Kriegshelden stilisiert. Die Nazi-Propaganda behauptet, Hitler habe auf einem seiner Meldegänge ganz allein vier englische Soldaten entwaffnet und gefangen genommen. Ein anderes Mal habe er einem Vorgesetzten das Leben gerettet, indem er sich schützend vor ihn warf und eine Kugel abfing, die für den Offizier bestimmt war. Hitler, der forsche Draufgänger, der keine Gelegenheit ausgelassen hat, sich an der Front zu bewähren: Das ist die Botschaft, die die Nazi-Propagandisten unters Volks bringen wollen.

Aber Ponath sagt: Hitler sei kein Held, sondern ein Drückeberger gewesen! Er erzählt den „Echo"-Redakteuren detailliert, was sich aus seiner Sicht zugetragen hat. Hitler habe die Brutalität des Stellungskrieges selbst nicht erlebt, sondern bestenfalls durch Hörensagen davon erfahren. Nur wenige Tage, nämlich genau zehn, sei Hitler an vorderster Front im Schützengraben im Einsatz gewesen, dann habe er die allererste Gelegenheit genutzt, die sich ihm bot, und habe sich in die „Etappe" versetzen lassen.

Kamerad Hitler

Vorbemerkung

Adolf Hitler, von exaltierten Anhängern geschmacklos vergöttert, gilt in den Kreisen der deutschen Militaristen auch als das Vorbild eines Frontsoldaten. Als das groteske Manöver des Ministers a. D. Dr. Frick, Hitler auf dem Umwege über die Ernennung zum Oberwachtmeister von Hildburghausen zum deutschen Staatsangehörigen zu stempeln, unter dem homerischen Gelächter der ganzen Welt fehlgeschlagen war, forderten Stahlhelm und vaterländische Verbände die Einbürgerung des staatenlosen Führers der Nationalsozialistischen „Arbeiter"-Partei mit dem Hinweis auf dessen Frontsoldatentum. Eigenartigerweise fehlt es aber fast völlig an Material und Aufzeichnungen über Hitlers heroische Tage. Selbst parteioffiziell gähnt hier eine absonderliche Leere, und erst vor ganz kurzer Zeit erschien das reichlich mager geratene Büchlein eines bedingungslosen Anbeters: „Hitler im Felde." Doch auch dieses Buch bringt so gut wie gar keinen Aufschluß über die aktive Teilnahme Hitlers an wirklichen Kampfhandlungen. Es berichtet wohl darüber, daß Adolf Hitler gelegentlich sein Gewehr verliebt angeblickt haben soll, aber es schweigt sich darüber aus, ob und wann Adolf Hitler mit diesem Gewehr geschossen hat. Auch für die Tatsache, daß Adolf Hitler es niemals weiter als bis zum ewigen Gefreiten gebracht hat, kennt das nationalsozialistische Büchlein nur die eine, etwas komisch anmutende Erklärung, Hitler als Oesterreicher sei den Habsburgern (!) nicht grün gewesen, und das habe seine Beförderung immer wieder vereitelt. Als ob Kaiser Franz Joseph den Kommandeur des 16. Bayrischen Reserve-Regiments jemals danach gefragt hätte, was der Gefreite Hitler über das Haus Habsburg dachte.

Mit Recht allerdings weist das Buch „Hitler im Felde" darauf hin, daß die Zahl der Zeugen Hitlerscher Fronterlebnisse nur noch sehr klein sei. Einer dieser wenigen aber, der drei lange Frontjahre gemeinsam mit Adolf Hitler in den Listen der 1. Kompagnie des 16. Bayrischen Reserve-Regiments geführt worden ist, bis er mit einer schweren Verwundung endgültig kampfunfähig war, erstattet uns jetzt Bericht. Dieser bayrische Frontkämpfer ist zu dieser Berichterstattung doppelt autorisiert, weil er nicht, wie der Schreiber des Buches „Hitler im Felde", bloß ein Meldereiter zwischen Regiments- und Brigadestab war, sondern immer in der vordersten Linie gelegen hat, bis ihm ein feindliches Geschoß die Knochen zerschmetterte.

Die Worte unseres Gewährsmannes gewinnen noch dadurch an Gewicht, daß er als einer der Tapfersten und Erfahrensten seiner Kompagnie angesehen war, sehr früh das E. K. II. und als der Erste des Bataillons das E. K. I. und später auch, neben andern Auszeichnungen, die mit einem Ehrensold verbundene Bayrische Tapferkeits-Medaille erhielt. Lassen wir diesen Mann selber erzählen.

Hitlers „Fronterlebnis"

„Adolf Hitler und ich gehörten gemeinsam der 1. Kompagnie des 16. Bayrischen Reserve-Regiments an. Als Reservist hatte ich mich unmittelbar nach Kriegsausbruch zu stellen. Da aber der Truppenteil, bei dem ich einrücken sollte, bereits völlig überfüllt war, als ich wegen der schlechten Bahnverbindungen mit geringer Verspätung aus dem abgelegenen bayrischen Hochland bei ihm eintraf, mußte ich umkehren und bei einem bayrischen Regiment Unterschlupf suchen. Das gelang mir bei dem nachmalig so berühmt gewordenen sogenannten „List-Regiment", das zum überwältigenden Teil aus jungen Münchener Akademikern neu gebildet wurde, fast ausschließlich begeisterten Kriegsfreiwilligen. Hitler selber war, als er in das deutsche Heer eintrat, militärisch noch nicht ausgebildet. Erst später habe ich erfahren, weshalb nicht. Er dachte gar nicht daran, etwa Gesinnungspazifist zu sein. Fest steht aber,

daß er sich als damaliger österreichischer Staatsangehöriger seiner ordentlichen Dienstpflicht in Oesterreich entzogen hatte.

Er war also bei der bestehenden deutsch-österreichischen Bundesbrüderschaft gezwungen, sich sofort zu stellen, wollte er vermeiden, daß man ihn nach kurzer Zeit als Deserteur aufgriff. Diesem schimpflichen Schicksal entging er, indem er sich bei einem bayrischen Truppenteil meldete.

So wurde Adolf Hitler deutscher „Kriegsfreiwilliger".

*

Viel zu langsam ging es uns, bis unser Reserveregiment nach der mehrwöchigen Ausbildung der Freiwilligen endlich im Lager Lechfeld zusammengestellt wurde.

Dann wurden wir verladen. Das Ziel war Frankreich. Wir brannten, noch ganz unter dem Zwang der Kriegspsychose, nur so darauf, an die Front zu kommen. Alle waren doppelt tatendurstig, weil wir Tag für Tag die Berichte vom großen Vormarsch gelesen hatten, und insgeheim fürchteten, vielleicht zu spät zu kommen, um selber noch in die Entscheidung eines glorreichen aber kurzen Krieges eingreifen zu können.

Ende Oktober 1914 war unser List-Regiment, benannt nach ihrem früh gefallenen Kommandeur, in Lille. Wir bezogen Quartiere in der Nähe des Nordbahnhofs. Inzwischen war das 16. Bayrische Reserve-Regiment der neu gebildeten 6. Bayrischen Reservedivision zugeteilt worden.

Mitten in der Nacht erfolgte dann der Alarm. Wir sollten unsere Feuertaufe in Flandern erhalten. Comines, Warneton, Gheluveldt, Ypern, Wytschaete, das sind die in Blut geschriebenen Namen unseres ersten Vormarsches und unseres ersten Einsatzes in die Kriegshandlungen. Damals marschierte Adolf Hitler in unserer Kompagnie. Und damals haben wir eigentlich immer über den schlenkrigen Oesterreicher gelächelt.

Kamerad Hitler schaute beileibe nicht aus wie ein Kriegsgott.

Er hatte entsetzlich dürre, lange Beine, und das Zeug schlotterte ihm am Leibe. Wer dem Adolf Hitler allerdings heute begegnet, wird ihn nicht wiedererkennen. Er ist ein Großkopfeter geworden und füllt die Weste mit einem schönen, runden Wanst, den wir uns damals alle noch nicht leisten konnten. Statt des heutigen sauber gestutzten englischen Bartes trug er im Felde einen rechten herabhängenden dünnen Hunnenbart.

Da kam, noch Ende Oktober des ersten Kriegsjahres, der große Sturm auf Ypern. Im konzentrischen Angriff sollte die Stadt in vereinten Anstrengungen sächsischer, württembergischer und bayrischer Truppen genommen werden. Aber die Eroberung Yperns schlug fehl. Ströme von Blut sind dabei geflossen. Doch für uns alle wurde das Erlebnis dieser Schlacht statt zu einem heldischen Erlebnis zu einem tragischen. Unser Regiment verlor vor Ypern etwa 2000 Mann an Toten und Verwundeten, verlor seinen Kommandeur, den Obersten List, verlor den Kommandeur des 1. Bataillons, Graf Zech-Neuhofen, der früher Gouverneur von Togo gewesen war, und auch der Adjutant des Grafen Zech, Oberleutnant Piloty, fiel. Was unsern mißglückten Sturm auf Ypern so tragisch verdüsterte, war, daß wir nicht allein im Kampfe mit den Engländern gelegen haben, sondern auch im wütendsten Feuer der eigenen Landsleute. Unsere Ausrüstung war, als wir ins Feld kamen, so mangelhaft gewesen, daß wir anstatt vorschriftsmäßiger Helme Mützen trugen, die den englischen ähnlich waren. Außerdem trugen wir an Stelle von Tornistern einfache Rucksäcke. Die schlimme Folge dieser unzureichenden Ausrüstung war, daß unsere eigenen deutschen Kameraden uns mit den Engländern verwechselten, so daß wir bei dem konzentrischen Vorgehen auf Ypern wie in einer Mausefalle gleichzeitig unter englischem und deutschem Feuer lagen. Allein von der 11. Kompagnie wurden 110 Mann durch deutsche Maschinengewehre umgelegt, alle durch Brustschüsse.

Wenn es ein Fronterlebnis gibt, das furchtbar und bitter ist, dann war es dies.

Hitler hat genug vom Schützengraben

Der zweite Einsatz unseres Regiments erfolgte dann bei Wytschaete, dessen Ruinen erobert werden sollten. Wieder gab es schlimme Verluste. Wieder mußten wir jungen Freiwilligen und Reservisten blutiges Lehrgeld zahlen, bis sich unsere dezimierten Abteilungen bei Comines und Warneton sammelten, um dann auf den Höhen von Messines in Stellung zu gehen.

Nach diesem kurzen, dramatischen Auftakt war es mit dem Bewegungskrieg vorbei.

Mit diesen wenigen Tagen endete aber auch rasch der Aufenthalt Adolf Hitlers in den vorderen Reihen.

Und das kam so. Nach den schlimmen Geschehnissen von Ypern und nach den Verlusten vor Wytschaete mußte das Regiment, das inzwischen einen neuen Kommandeur erhalten hatte, neu formiert werden. Es war Nachschub gekommen, die Kompagnien waren aufgefüllt worden, die Stäbe mußten neu gebildet werden.

Auch die erste Kompagnie sollte einen Meldegänger stellen. Daß dafür in allererster Linie der alte Michel Schlehhuber, ein mehr als 40jähriger Familienvater, der älteste Kriegsfreiwillige der Kompagnie, in Frage kam, schon weil ihm alle Kameraden gönnten, daß er mit heilen Knochen nach München zurückkehrte, war für uns eine Selbstverständlichkeit. Aber da bockte der alte Schlehhuber. Wir rieten ihm gut zu, er wollte nicht. „Nein, Kameraden, ich bleibe bei euch vorne im Graben. Was soll ich hinten beim Stab?"

An Stelle des alten Schlehhuber, den die Kameraden der 1. Kompagnie damit schonen wollten, meldete sich der Kriegsfreiwillige Adolf Hitler zum Regimentsstab.

Das war, als für das 16. Bayrische Reserve-Regiment im Herbst des Jahres 1914 in den ersten lächerlichen Schützengräben, die nichts als wassergefüllte Löcher waren, der endlose, nervenzerreibende Stellungskrieg begann.

Als wir uns damals, bis auf die Haut naß, in die verschlammten Granattrichter ducken mußten, als wir, versinkend im Kot und Dreck, die erste Grabenlinie halten mußten, als wir unsern Darm in die Hose entleeren mußten, weil, wer nicht am Boden klebte, abgeknallt wurde, da war Adolf Hitler schon nicht mehr dabei, sondern saß bereits hinter der Drecklinie beim Regimentsstab. Hätte er miterlebt, was für uns zum grauen Alltag wurde, wäre er noch dabei gewesen, als wir uns bei dem hohen Grundwasserstand der flandrischen Tiefebene nur mühselig Deckung verschaffen konnten (jedes Austreten wäre ein Luxus gewesen, der mit dem Tode zu bezahlen war), Adolf Hitler hätte seinen Freund Goebbels mit Ohrfeigen strafen müssen, als der im Juli 1931 gegen die Wahrheiten des Films „Im Westen nichts Neues" weiße Mäuse schickte.

Der Regimentsstab und Adolf Hitler aber lagen in den bombensicheren Gewölben unter der Kirche von Messines. Die Pioniere hatten den Turm umgelegt, so daß über den Gewölben ein ganzes Gebirge von Schutt und Trümmern entstanden war.

*

Im März 1915 wurde unser Regiment erneut bei Neuve-Chapelle eingesetzt. Die Hannoveraner hatten die Stellungen unter schwersten Verlusten preisgeben müssen. Unsere Division sollte sie zurückerobern.

Im Sturm drangen wir bis an die Ruinen von Neuve-Chapelle vor. Wieder hielt der Tod reiche Ernte, am schlimmsten heimgesucht wurde das 3. Bataillon. Während wir uns am Dorfrand festbissen, da die Engländer den Ort selber nicht aus den Händen lassen wollten, und während die Engländer einen heftigen Gegenstoß machten, wobei sie gewaltsam indische Kolonialtruppen gegen uns vortrieben, folgte Adolf Hitler als Meldegänger des Regimentsstabs den Aktionen nur von weitem.

Fortsetzung nächste Seite.

Hitler bleibt im Regimentsunterstand

Gewiß, man soll die Leistungen der Meldegänger nicht verkleinern. Auch dieser Dienst mußte getan werden. Das hindert jedoch nicht, eindeutig festzustellen, daß, wer vom Regimentsstab, der noch erheblich weiter zurücklag als die an sich schon relativ gesicherten Bataillonsstäbe, beschäftigt wurde, niemals in die Kampfhandlungen der vordersten Linie einzugreifen brauchte.

Man nannte die Gänge dieser Ordonnanzen zwar auch Patrouillen, und Adolf Hitler ist auf diese Art vielleicht mehr „Patrouillen" gegangen als die tollkühnsten Sturmgesellen der ersten Linie. Nur lassen sich seine Gänge von Stab zu Stab nicht vergleichen mit den kühnen Erkundungsvorstößen in den feindlichen Grabenbereich, mit Sturmangriffen und mit dem Nahkampf im zerklüfteten Trichtergelände.

Das alles haben die „Listler" reichlich ausgekostet.

Hitler erfuhr von diesen Realitäten des Frontkampfes erst aus unsern Berichten.

Mochten die Meldegänger des Regimentsstabs auch gelegentlich durch das Störungs- oder Sperrfeuer der feindlichen Artillerie geplagt worden sein, von dem trostlosen Einerlei des Lebens im Wasserloch und im halb ersoffenen Unterstand blieben die Leute beim Stab verschont. Sie aßen gut, sie tranken gut, sie hatten ihr trockenes Nest. Sie haben es auch nicht gerochen, wie die Leichenhügel verwesten, die die Elitetruppen der englischen Rifle- und Kensington-Brigaden nach den Sturmversuchen bei Fromelles unmittelbar vor unserm Grabenrand zurücklassen mußten. Unbeerdigt lagen hier Tausende von englischen Toten drei Meter vor unserer Stellung. Der Angriff der beiden Elitebrigaden war förmlich im Blut erstickt. Aber da die deutsche und die englische Stellung hier teilweise nur 25 Meter voneinander entfernt lagen, mußte man sie liegen lassen, in Wind und Regen und unter einer unbarmherzigen Sonne. Der Verwesungshauch, der grauenvoll lähmend über den Gräben lag, peinigte uns bis zum Wahnsinn, bis uns die Ratten, die in Scharen über die Toten herfielen, von dieser Pestilenz befreiten. Während unsere Nerven in diesen Tagen zuckten, während wir des Nachts auf unsern Patrouillengängen immer wieder stolpernd über Leichen hinfielen und mit den Händen in faulende Eingeweide griffen, saß Adolf Hitler in der sehr viel reineren Luft des Regimentsunterstandes oder marschierte, aufrecht schreitend, mit der Meldetasche zurück zur Brigade.

Weit vom Schuß in Fournes

Und seine Nerven wurden erst recht verschont, als unser Regimentsstab im Schloß von Fromelles Unterkunft fand, um später noch weiter zurückverlegt zu werden nach Fournes.

Bei Fromelles lag die erste Linie unterhalb einer Anhöhe. Vor dem Buckel lag die zweite Linie und dann der Bataillonsstab, den Hitler als Meldegänger ebenfalls gelegentlich aufzusuchen hatte. Hatten wir vorn im Graben den Kampf mit dem Grundwasser auszufechten, während richtiges Trinkwasser zur Kostbarkeit geworden war, so gab es im Regimentsstab elektrisches Licht und eine richtige Wasserleitung. Von jeder Kompagnie aber, die in Ruhestellung zurückverlegt wurde, kommandierte man 20 bis 30 Mann zum Arbeitsdienst ab, um die Unterkünfte des Regimentsstabs durch immer neue Schichten aus Faschinen und Beton noch mehr gegen Treffer zu sichern.

Und als Adolf Hitler, dessen Gesicht wir vorne im Graben schon fast vergessen hatten, für seine Meldegänge hinter Stellungen dann das Eiserne Kreuz bekam, da schüttelten die Kameraden vorne den Kopf. Warum denn der? so fragte man. Als er dann nach Jahren auch noch das Bayrische Verdienstkreuz bekam, wunderte sich schon niemand mehr. Das Verdienstkreuz galt lediglich noch als eine Art landsmannschaftlicher Erinnerungszeichen, das man kaum noch anheftete. Hitler aber schmückte sich mit ihm, wie gegen Ende des Feldzuges mit dem E. K. 1, das dann ebenfalls schon sehr stark im Kurse gesunken war. Aber saß denn die Stabsordonnanz nicht an der Quelle?

Ueber ein volles Jahr lag Hitler weit vom Schuß in Fournes.

Auch andere Kameraden haben gelegentlich in Fournes gelegen, doch nur, wenn sie vorn marode geworden waren. Für Adolf Hitler war Fournes die Front, für uns war es Lazarett, Hinterland, Erholung!

Manchmal gab es vorn im Graben auch hohen Besuch. Dann war es aber in diesen Frontabschnitten besonders ruhig. Dann erschien der Regimentskommandeur, Oberstleutnant Pez, und als seine Ordonnanz Hitler. Zum Schabernack jagten die Kameraden am Maschinengewehr, wenn die hohen Gäste bis auf ein paar Schritt herangekommen waren, auch wohl eine Salve ins Blaue, doch nur, um dem seltenen Besuch einen kleinen Schrecken einzujagen, galt der Oberstleutnant Pez doch als ein Vorsichtiger, so draufgängerisch im übrigen auch seine Leute waren.

Dann erholten sich die Herren wieder in Fournes von ihrem Fronterlebnis. Hitler tat dort seinen Dienst nicht ohne Geschicklichkeit. Er arbeitete bei neuen Meldegängen seine Routen behutsam auf der Generalstabskarte aus, wußte, wie sogar sein eigener Gewährsmann bestätigte, alle Vorteile des Geländes geschickt auszuwerten, um die Gefahren des artilleristischen Störungsfeuers auf ein Mindestmaß zu verringern.

Aber die Gelegenheit, sich als wirklicher Draufgänger in aktiver Kampfhandlung hervorzutun, suchte er nie!

Im Juli 1916 suchten die Australier bei Fromelles erneut mit großer Uebermacht die deutschen Stellungen einzudrücken. Wir haben diese gefährlichen Burschen, die nachts wie die Füchse zu schleichen wissen, ohne Adolf Hitlers persönliche Mitwirkung zurückgeworfen.

Wir hatten dann, als das 16. Bayrische Reserveregiment bei Bapaume in die Sommeschlacht eingesetzt wurde, die Angriffe unserer ersten englischen Tanks auszuhalten. Diese feuerspeienden Teufel des Schlachtfeldes haben später wesentlich zur Entscheidung im Westen beigetragen. Wir wurden diesmal noch mit ihnen fertig, ohne auch nur einen Fußbreit Gelände preiszugeben. Hitler aber war auch diesmal nicht mit vorn im Graben.

Er war immer noch Gefreiter und immer noch hinten beim Stab Meldegänger. Und er blieb auch beim Stab, als wir bei Givenchy neue Stellungen bezogen. Das war in jenem eisigen Winter, als es auf das Jahr 1917 ging. Wer damals vorn verwundet wurde und keine Hilfe bei den Kameraden fand, der erfror hoffnungslos, auch wenn die Wunden verhältnismäßig leicht waren. Doch sorgte der unheimliche Frost wenigstens für eines: für Trockenheit. Wir versanken nicht mehr im Schlamm, wir hatten festen Grund unter den Füßen. Bös waren jedoch die Minen, mit denen der Gegner immer erneut unsere vordere Grabenlinie zu zerfetzen suchte. Und er zerfetzte sie. Die Minen rissen gewaltige Trichter in das Gelände. Nun, Adolf Hitler weiß auch dies nur aus unsern Berichten. Und auch, als unser Regiment die Wacht am La-Bassé-Kanal übernahm, waren wir dem Feinde weit näher als dem eigenen Regimentsstab.

Der Phraseur Hitler ist entlarvt

Nach meiner eigenen Verwundung hat Adolf Hitler eine Gasvergiftung davongetragen. Da er diese Vergiftung Gasgranaten zu verdanken hatte, so wäre ihm diese Vergiftung vielleicht erspart geblieben, wäre er ein abgefeimter Grabenfuchs gewesen. Denn die alten Praktiker des Grabenkrieges hatten einen sicheren Instinkt für Gasgranaten und stülpten sich rechtzeitig die Gasmaske über. Wenn dem ewigen Gefreiten beim Regimentsstab aber eines fehlte, so war das die harte und bittere Erfahrung des Grabens, so war es mit einem Worte das, wovon er in unerträglicher Ruhmredigkeit in seinen Versammlungen so häufig spricht: das unmittelbare Fronterlebnis!

Soviel also steht eindeutig fest: Adolf Hitler ist nur für wenige Tage Frontsoldat im strengsten Sinne des Wortes gewesen, und der Begriff des Frontsoldaten ist in diesem Fall streng und muß es sein. Möglich, daß ihn der Dienst hinter der Front stärker erregte und aufwühlte als der Dienst ganz vorn. Anders ist es jedenfalls nicht zu verstehen, wenn er in seinem Buch „Mein Kampf" einige Jahre später über diese Zeit zu schreiben wagt:

> „In diesen Monaten empfand ich zum ersten Male die ganze Tücke des Verhängnisses, das mich an der Front und in einer Stelle hielt, in der mich der Zufallsgriff jedes Negers zusammenschießen konnte, während ich meinem Vaterland an anderm Orte (er wünschte sich den Posten eines Kriegspropagandachefs in Berlin!!) andere Dienste zu leisten vermocht hätte."

Mit Verlaub, Kamerad Hitler, so weit vorn sind Sie in den längsten Monaten Ihres Frontsoldatentums als langjähriger Meldegänger beim Regimentsstab denn doch nicht gewesen, als daß Sie ein Neger mit einer Flintenkugel hätte niederstrecken können. Das war den wirklichen Frontkameraden vorbehalten geblieben.

Wie oft auch sonst die Phrase mit dem Gefreiten Hitler durchging und wie gering in Wahrheit die Macht exakter Beobachtung über seine Feder ist, das beweist ein anderer Abschnitt aus seinen Kriegserinnerungen, die er in durchaus bescheidener Kürze über sein umfangreiches Buch „Mein Kampf" verteilt. Da schildert er die letzte große Offensive:

> „Noch einmal jauchzen die siegreichen Bataillone, und Kränze unsterblichen Lorbeers hingen sich an die siegumwitterten Fahnen."

Es ist bei dieser letzten Offensive nicht mehr gejauchzt worden. Man tat mit zusammengebissenen Zähnen seine Pflicht. Kein anderer als der General Ludendorff wird das bestätigen. Die Fahnen aber waren seit 1915 nicht mehr an der Front. Sie wären in den Unterständen vermodert, beim Regimentsstab aber waren sie entbehrlich, weil in der Regel das Regiment an anderer Stelle lag als der Stab.

Aus Adolf Hitler spricht der Romantiker, der, am Rande des Grauens stehend, von diesed Grauen selber fast verschont blieb. So war seiner Phantasie Spielraum gelassen. Nichts war dem Frontsoldaten fremder als die schwülstige Sprache, in der Hitler vom großen Krieg spricht.

Er war nicht in der ersten, aber in der letzten Linie

Alle die Tugenden des heldenhaften Soldaten, die Hitler jetzt angeblich in seinen SA.-Truppen mitten im Frieden zu pflegen sucht, hätte er selber in wesentlich höherem Maße draußen in Nordfrankreich betätigen können. Er, der heute erneut die Gefahr eines Krieges heraufbeschwört, hätte fast vier Jahre lang die Gelegenheit gehabt, sich in der ersten Linie auszuzeichnen.

Er ist nur in der letzten gewesen.

Er hätte, wäre er von wirklichem Tatendrang getrieben worden, sich jederzeit vom Stabe fort in den Graben melden können. Dorthin, wo die Front des Weltkrieges ihre blutige Narbe durch Frankreich und Belgien zog. Er hat auch das unterlassen.

Das Bayrische Reserveregiment Nr. 16 ist eines der am härtesten mitgenommenen bayrischen Frontregimenter des Weltkrieges gewesen. Immer wieder wurde es durch große Verluste dezimiert.

Wäre der Ehrgeiz Hitlers größer gewesen als seine Vorsicht, er hätte bei den immer wieder entstandenen Lücken leicht avancieren können und avancieren müssen.

Er ging als Gefreiter aus dem Weltkrieg hervor. Und er versäumte es auch, sich im Kreise der Kameraden die Auszeichnung zu verdienen, die die Frontkämpfer des List-Regiments noch am höchsten einschätzten: die bis zuletzt sehr selten verliehene bayrische Tapferkeitsmedaille.

So können wir uns angesichts der Ruhmredigkeit Adolf Hitlers des schmerzlichen Eindrucks nicht erwehren, als holte er daheim vor den leicht irrezuführenden und zu beschwatzenden Volksmassen Erlebnisse nach, die ihm draußen verwehrt blieben — und als holte er diese Erlebnisse zu einer Zeit nach, in der keine Gefahr für das Leben mehr damit verbunden ist.

Es gibt in München eine Vereinigung ehemaliger Angehöriger des 16. Bayrischen Reserveregiments. Dieser Vereinigung gehören alle Frontkameraden an, die lebend aus der letzten großen Offensive zurückgekehrt sind. Einer der wenigen aber, die dieser Vereinigung bis auf den heutigen Tag ferngeblieben sind, ist Adolf Hitler.

Will er damit bekunden, wie wenig er mit dem ernsten Kriegserlebnis dieses Regiments zu tun hat?

Im Kreise dieser Kameraden kannte man ihn. Es waren immer und sind auch heute noch genug da, die es ihm verwehrt hätten, in so aufgeblähter Sprache vom Fronterlebnis zu reden, wie er es in nationalsozialistischen Versammlungen liebt. So meidet der Mann, der nicht genug von der Kameradschaft des Schützengrabens zu reden weiß, die Kameradschaft gerade derer, die ihm auf die Finger zu sehen in der Lage sind.

Das Bild des Frontsoldaten Adolf Hitler entbehrt somit allen Glanzes. Es ist keineswegs das eines strahlenden Kriegshelden. Es ist vielmehr das Bild eines zwangsläufig „Freiwilligen", der sich schlecht und recht, ohne das wirkliche dämonische Draufgängertum, das ihm hysterische Anhänger andichten und in dessen Schmuck er sich sonnt, durch die Kriegsjahre hindurchgeschlagen hat. Viele haben ihn um seine Position beim Stab beneidet, und die diesen Neid fühlten, waren nicht gerade die Tapfersten. Er hat in seinen „Feldjahren", die nur bedingt „Frontjahre" gewesen sind, viel Glück gehabt, bis auch er den Heimatschuß entgegennehmen konnte, widerwillig halb und halb erschreckt. Kein Held, sondern einer, der mitmachte, weil er mitmachen mußte.

Schach-Echo

Problem Nr. 511. (28. Februar 1932.)

Von M. Otto, Braunschweig. (Original.)

Der A. P. G. „Dilaram" gewidmet.

Matt in drei Zügen.

Kontrollstellung:
Weiß: K g1, D f8, T b8, d3, L c6, f2, S a3, c4, B a5, d5, g3 (11).
Schwarz: K b4, T E7, L a8, d8, S b7, B a7, c7, f3, g2, g4, g5 (11).

Endspielstudie Nr. 512.

Von A. Trvitzky, Leningrad. (Aus 500 Endspielstudien.)

Weiß: K d5, T d2, B b4, g5, L6 (5). Schwarz: K a6, T g6 L d7, B b5. (4).

Weiß am Zuge gewinnt.

Diese feine Studie des bekannten Komponisten ist dem Buche „500 Endspielstudien" von A. Troitzky entnommen. Die Lösung ist reich an Ueberraschungen und Finessen. Der Löser wird seine Freude an diesem kleinen Meisterwerk haben.

Lösungen:

Nr. 504. (Winkler.) S E6—d4! dr. 2. D g6 matt. Hauptspiel ist 1. ..., S d6. 2. D f3 matt. Schorr-Thema. Leider nebenlösig durch 1. K g6! droht undeckbares Matt mit 2. D f3. Die Aufgabe wird wie folgt korrigiert: schw. S a5 und schw. B h5 werden gestrichen; schw. T c8 und w. B h7 hinzugefügt. **Nr. 505.** (Kamstra.) 1. D a8—c8! Zugzwang. 1. —, K E5, 2. B f4+, K×f6, 3. g6 matt. 1. —, E×f6 (E×d8, E7—E6, E7—E5), 2. T d4+ (T f5+, D×d8, S f7); K E5 (g×f5, beliebig, S×f7); 3. f4 (D×f5, S c4, D×c6) matt. 1. —, a5, 2. T b5+, e×b5, 3. D c5 matt. 1. —, L E6, 2. f4, c5, 3. D×e5 matt. Der schwarze Bauer E7 produziert vier Varianten (Pickaninny-Thema) und gleichzeitig vier Selbstblockaden. In der Variante 1. —, K E5 usw. blockt der Themabauer auch ein Königsfeld. Anstatt daß der Bauer zum König kommt, wie in den vier Themaspielen, geht hier der König zum Bauer. Ein interessantes Gegenstück zu den vier Selbstblockaden. **Nr. 506.** (Ragainis.) L g6—E4! dr. 2. D f5 matt. Sechsfaches Läuferopfer mit fünfmaliger schwarzer Selbstblockade zeigt uns diese ausgezeichnete Aufgabe, die noch besonders durch ihre ökonomische Konstruktion glänzt.

Für alle Schachinteressenten.

Unser Meister- und Gruppenturnier ist beendet und zeigte für die Meisterklasse folgendes Ergebnis: 1. Hansen 7½ Punkte. 2. Dümatz 6½; 3. Reiß 6; 4. Bohne 5½; 5. Andrejew 5; 6. Buhmann 4½ (36); 7. Wiese 4½ (35); 8. Kalkhoff 2½; 9. Horstmann 2 (15); 10. Pfeiffer 2 (10½). Die vier ersten kommen mit den vier Spielern, die sich an dem Turnier um die Bezirkseinzelmeisterschaft beteiligt haben, zum Abspiel um die Platzfolge. Die beiden letzten müssen mit den beiden ersten der 2. Gruppe, Schwarzer und Purrle, um den Verbleib in der Meisterklasse kämpfen. Das Endresultat der 3. Gruppe ist: 1. Wippich 5½; 2. Mellinghaus 5; 3. Möller 4 (30); 4. Kahl 4 (25½); 5. Rausch 3 (19); 6. Jührend 3 (10½); 7. Jackiofsky 1½. Die beiden ersten der 3. Gruppe steigen in die 2. Gruppe auf, während die beiden letzten dieser Gruppe absteigen. — Bei der Auslosung für die diesjährigen Abteilungswettkämpfe erhielten folgende Nummern:

A-Gruppe.	B-Gruppe.	C-Gruppe.
1. Barmbeck I.	1. Hamm II.	1. Wandsbek-West II.
2. Altona I.	2. Horn	2. Langenhorn II.
3. St. Pauli I.	3. Wandsbek-Ost I.	3. Barmbeck II.
4. Winterhude I.	4. Eimsbüttel II.	4. Wandsbek-Ost II.
5. Eimsbüttel I.	5. Altona II.	5. Altona III.
6. Rothenburgsort.	6. Winterhude II.	6. St. Pauli II.
7. Langenhorn I.		
8. Wandsbek-West I.		
9. Hamm I.		

Die Paarung im März ist folgende: A-Gruppe: Wandsbek-West I.—St. Pauli I., Langenhorn I.—Winterhude I., Rothenburgsort—Eimsbüttel I., Hamm I.—Altona I. Barmbeck I. ist spielfrei. — B-Gruppe: Winterhude II.—Hamm II., Altona II.—Horn, Eimsbüttel II.—Wandsbek-Ost I. — C-Gruppe: St. Pauli II.—Wandsbek-West II. Altona III.—Langenhorn II., Wandsbek—Ost II.—Barmbeck II. Die Spiele finden immer in den zuerst genannten Abteilungen statt. — Aus den Abteilungen ist zu melden, daß überall der Spielbetrieb recht erfreulich ist. Der Spieleifer der Mitglieder läßt nichts zu wünschen übrig. In einem Simultanspiel in Eimsbüttel erzielte der Genosse Cohn gegen 15 zum Teil sehr starke Spieler das Resultat 5 : 4 bei 6 Remisen. Desgleichen spielte der Genosse Fricke von Winterhude gegen 22 Gegner der Abteilung Wandsbek-Ost simultan mit dem Resultat 12 : 8 bei 2 Remisen. — Die Abteilung Wandsbek-Ost spielt jetzt im Lokal „Alter Zoll", Zollstraße 1.

*

Alle Lösungen und Einsendungen sind zu richten an:
Ludwig Hollmann, Hamburg 21, Herderstraße 25, 1. Etage.

Arbeiterschachspieler, schließt Euch den bundestreuen Vereinen an. Schach ins Volk! Frei Schach!

Diese Schachecke wird geleitet vom **Arbeiter-Schachverein Hamburg von 1911.**

Ab da habe er als Meldegänger zwischen Regiments- und Bataillonsstab ein ziemlich lockeres und vor allem sicheres Leben gehabt, mehrere Kilometer von der Front entfernt, im bombensicheren Gewölbe des Regimentsunterstands. Ponath erzählt, dass es rund 30 Soldaten mit Mannschaftsdienstgrad im Regiment gegeben habe, die die Bayerische Tapferkeitsmedaille in Silber oder Gold erhalten hätten. „Wäre wahr, was die Nazi-Zeitungen schreiben, dann hätte auch Hitler diese Auszeichnung bekommen." Ponath berichtet, wie überrascht alle waren, als Adolf Hitler gegen Ende des Krieges mit dem Eisernen Kreuz dekoriert wurde. „Warum denn der? So fragte man. Die Kameraden schüttelten mit dem Kopf."

Als Ponath nach Stunden endlich zu Ende ist mit seinen Kriegserinnerungen, gucken sich die Redakteure Heinrich Braune und Erich Lüth gegenseitig an und wissen genau, was der jeweils andere gerade denkt: dass diese Geschichte so schnell wie möglich in die Zeitung gehört! Nicht nur im „Hamburger Echo" soll die Story „Kamerad Hitler" erscheinen, sondern in weiteren 17 sozialdemokratischen Tageszeitungen. Das wird ein Knüller. Und vielleicht wahlentscheidend.

Erich Lüth reist daraufhin durchs Reich, besucht weitere Kriegskameraden Hitlers, lässt sich bestätigen, was Ponath erzählt. Lüth und Braune besorgen sich auch Luftaufnahmen deutscher Aufklärer, die bezeugen, wo die Front war und wo Hitler im Stab saß. Wenig später kleben an sämtlichen Anschlagssäulen der Stadt 1,20 Meter hohe knallgelbe Plakate mit der Ankündigung, dass in der nächsten Ausgabe vom „Echo der Woche" Enthüllungen über Hitler zu erwarten sind. „Jede Nacht riss die SA die Plakate herunter, am nächsten Morgen klebten neue da", so Heinrich Braune.

Heute wissen wir: Die Wahl zum Reichspräsidenten hat Hitler zwar verloren – Paul von Hindenburg, diesmal unterstützt auch von der SPD, gewinnt klar. Allerdings hat der Artikel von Braune und Lüth dabei wohl nicht den Ausschlag gegeben. Denn der wird, kaum dass er erschienen ist, auch schon wieder per einstweiliger Verfügung aus dem Verkehr gezogen, was deutschlandweit für mächtig Aufsehen sorgt.

In seinen Memoiren räumt Erich Lüth – nach dem Zweiten Weltkrieg Leiter der Senatspressestelle – ein, dass es ein Fehler gewesen sei, die Plakate zu kleben. Auf diese Weise sei Hitler zu früh gewarnt worden. Die NSDAP-Gauleitung habe ihn umgehend telegrafisch informiert, so dass die Parteiführung noch rechtzeitig ihre Anwälte damit beauftragen konnte, das Erscheinen des Artikels zu verhindern.

In der „Echo"-Morgenausgabe des 27. Februar 1932 ist der Bericht noch enthalten, in der Abendausgabe sind die beiden fraglichen Seiten zwar noch vorhanden, aber unleserlich gemacht – so hat es in der Zwischenzeit ein Richter angeordnet.

Ein monatelanger Rechtsstreit schließt sich an. Hitlers Anwälten gelingt es, eine Vielzahl von eidesstattlichen Versicherungen ehemaliger Kriegskameraden beizubringen, die übereinstimmend dessen Heldenmut bezeugen – es handelt sich im Wesentlichen um Aussagen von NSDAP-Parteigenossen. So gewinnt der Nazi-Führer das Gerichtsverfahren.

Heute wissen wir, dass die Berichterstattung des „Echos“ einwandfrei gewesen ist. Hitler ist tatsächlich kein Held gewesen, sondern ein ganz durchschnittlicher Soldat, der seinen Kopf einzog, wo er konnte, und einfach versuchte zu überleben. Heldenmut dagegen beweist Heinrich Braune: Dafür, dass er es wagt, sich mit Hitler anzulegen, zahlt der Journalist einen hohen Preis. Zunächst bekommt er Morddrohungen, und nach Hitlers Machtübernahme verliert er auch noch seinen Job – denn die Nazis verbieten im März 1933 das „Hamburger Echo“. Wenig später gehört Braune zu den ersten Hamburger Sozialdemokraten, die eingekerkert und gefoltert werden. Die Festnahme erfolgt am 16. Juni 1933. Gemeinsam mit fast der kompletten Hamburger SPD-Führung nimmt Braune an diesem Tag an einer geheimen Sitzung teil, die (weil sie im Gebäude des „Echos“ stattfindet) als „Echo-Versammlung“ in die Geschichte eingegangen ist. Die Partei will erörtern, wie es im Nationalsozialismus mit der politischen Arbeit weitergehen könnte. Doch die Zusammenkunft wird verraten. Die Gelegenheit, auf einen Schlag die komplette erste Garde der Hamburger SPD einbuchten zu können, lassen sich die Nazis nicht entgehen. Gegen 22.30 Uhr dringen Polizisten, Hilfspolizisten und Angehörige des berüchtigten „Kommandos zur besonderen Verwendung“ (KzbV) in das „Echo“-Redaktionsgebäude Fehlandtstraße 11-19 ein, nehmen 30 Personen fest, bringen sie ins Stadthaus und misshandeln sie. Die Nazis veranstalten einen Spießrutenlauf: Die Schläger stehen Spalier und prügeln wieder und wieder auf die Festgenommenen ein.
Braune wird nach wenigen Tagen entlassen, im November 1933 aber erneut festgenommen und unter dem Vorwurf des Landesverrats ins KZ Fuhlsbüttel eingesperrt. Das bedeutet: tägliche Folter. Einmal zieht ihm ein Wachmann den Bund mit den Zellenschlüsseln quer durchs Gesicht. „Ach Gott, die sind jetzt hin“, habe er über seine Backenzähne gedacht. „Ich habe mir überlegt: Spuckst du sie aus, haut er dir noch mehr in die Visage. Schluckst du sie runter, bekommst du Ärger mit'm Magen. Also versuchst du, sie so lange wie möglich im Mund zu behalten.“ Noch schlimmer ergeht es Braunes Zellennachbar Fritz Solmitz, einem politischen Redakteur des „Lübecker Volksboten“: Der jüdische Intellektuelle überlebt das Martyrium nicht. Sein Tod wird von den Aufsehern als Selbstmord hingestellt.
Braune hält durch, zerbricht nicht an der Folter. Nach seiner Haftentlassung wird er mit Berufsverbot belegt. Er geht nach Berlin, heuert bei der Werbeabteilung der Filmproduktionsfirma „Terra-Film GmbH“ als Texter an. Die Firma kommt zu zweifelhaftem Ruhm, als sie 1940 den Propagandafilm „Jud Süß“ produziert. Nach dem Krieg, als sich Regisseur Veit Harlan für sein Machwerk vor Gericht verantworten muss, wird Braune vorgeworfen, die Werbetexte geschrieben zu haben. Er beteuert jedoch, er habe damit nichts zu tun gehabt.

Im Krieg leistet Braune Wehrdienst an der Ostfront. Als er 1948 aus sowjetischer Kriegsgefangenschaft nach Hamburg zurückkehrt, hat er eine Vision: Er will wieder als Journalist arbeiten, aber anders als früher. Er will ein Blatt machen, das so mutig gestaltet ist wie die englischen Boulevardblätter und das rein gar nichts zu tun hat mit dem großväterlichen und äußerst biederen „Hamburger Echo“, dessen Leitartikel auf Seite 1 beginnen und auf dem Boden von Seite 2 längst noch nicht zu Ende sind.

Am 16. September 1949 startet Braune das Experiment Hamburger Morgenpost – und zwar ohne jedes Kapital. In der Anfangszeit geht er in benachbarten Redaktionen des Pressehauses betteln: „Pumpt ihr uns bis morgen früh eure Schreibmaschinen?“ Das Geld vom Verkauf der aktuellen Ausgabe braucht er, um das Papier für die Zeitung des darauffolgenden Tages zu bezahlen.

Was für eine Zeitung die MOPO sein soll, das weiß Braune genau: „Eine unabhängige Zeitung mit leidenschaftlichem politischem Engagement, ohne Scheuklappen, aber immer mit dem Finger da drückend, wo es schmerzt. Zugleich eine schnelle Zeitung, in der man noch den heißen Atem der Ereignisse spürt, eine Zeitung, die jeden Leser morgens als einen guten Freund begrüßt und als ein guter und zuverlässiger Freund geschätzt wird.“ Der „Erregungswert“ (O-Ton Braune) wird für MOPO-Redakteure zum Kriterium bei der Nachrichtenauswahl. Nicht wie sonst üblich dröge Politik nach vorne, sondern stets das Erregendste, das Sensationellste. Heute ist dieses Prinzip ganz selbstverständlich, damals ist es total neu.

Braunes Konzept geht auf: Die MOPO wird ein riesiger Erfolg. Zu ihren besten Zeiten verkauft sie sich täglich 460000 Mal. Heinrich Braune wird zum Nestor der Hamburger Zeitungsgeschichte und seine Zeitung zu einer Hamburger Institution. Bis 1968 bleibt er Chefredakteur und fungiert noch bis 1986 als Herausgeber – da ist er schon 82 Jahre alt.

Als er am 14. November 1990 stirbt, kommen Beileidsbekundungen aus dem ganzen Land. Dass Alt-Kanzler Helmut Schmidt und Ex-Wirtschafts- und Finanzminister Karl Schiller an der Trauerfeier teilnehmen, zeigt deutlich, was für ein hohes Ansehen er genossen hat.

Helmut Schmidt nennt Braune einen „genialen Blattmacher“. Paul Otto Vogel, der langjährige Leiter der Staatlichen Pressestelle, sagt, Braune sei „zum Vorbild einer ganzen Generation von Journalisten geworden“. Und Bürgermeister Henning Voscherau nennt ihn einen „Mahner, einen Felsen in der Brandung“. Manche seiner Mitarbeiter kennen allerdings auch noch andere Seiten Braunes. Viele Redakteure hatten sehr zu leiden unter „Heinrich, dem nie Zufriedenen“, wie sie ihn nannten. „Klappte was nicht“, so hat die langjährige MOPO-Fotografin Erika Krauß erzählt, „warf er einem Kollegen auch gerne mal die Schreibmaschine hinterher.“ ■

---

*Dieses Porträt erschien ebenfalls im MOPO-Magazin „Unser Hamburg“, Band 20.

Nikon

„DÖPFNER HAT MICH ALS TERRIER BEZEICHNET“

Olaf Wunder schreibt in 28 Jahren fast 10 000 Geschichten für die MOPO. Der Chefreporter ist fleißig, hartnäckig, penibel, schont weder sich noch andere. Bis er während des Dienstes in der Redaktion einen Schlaganfall erleidet und monatelang ausfällt. Zeit zum Umdenken.

Es ist Sonntag, der 23. Oktober 2022, gegen 13 Uhr. Olaf Wunder guckt auf seine Bildschirme, er hat drei davon auf seinem Schreibtisch, das bringt der Job so mit sich. Der 57-Jährige ist seit vielen Jahren Chefreporter der MOPO, doch im Zuge der Umstrukturierungen kümmert er sich um die Produktion der täglichen Print-Ausgabe. Das ist typisch MOPO: Wenn man irgendetwas kann, dann muss man das auch machen, selbst, wenn man eigentlich etwas anderes machen möchte. Das sogenannte Blattmachen ist nicht gerade Wunders Lieblingsaufgabe, trotzdem erledigt er den Job mit vollem Einsatz. Olaf Wunder ist kein Typ, der sich das Leben leicht macht. Er arbeitet äußerst akribisch, liest jeden Text ganz genau, ärgert sich über jeden Fehler, fragt hartnäckig nach, wenn eine Geschichte anders aufgeschrieben ist als besprochen. Doch an diesem Sonntag fragt er plötzlich gar nichts mehr. Vor ihm sieht er nicht mehr drei, sondern neun Monitore, sein Sichtfeld verschwimmt immer mehr. Auf dem Herren-WC wäscht er sich das Gesicht, guckt in den Spiegel: „Ich konnte mich kaum erkennen." Zurück zum Schreibtisch, die Zeitung muss produziert werden. Doch die Symptome werden schlimmer. Wunder ruft selbst die 112. Rettungswagen, Klinik. Schlaganfall. In seinem Herzen finden die Ärzte ein Loch, der Auslöser für die gefährliche Hirnblutung. Operation. Im Januar 2023 kehrt er zurück in die Redaktion. Das fühlt sich viel zu früh an, ist es bestimmt auch, aber die MOPO lässt Olaf Wunder nicht los.

Der Chefreporter ist in der Redaktion für seine Hartnäckigkeit und seinen Eifer bekannt. „Döpfner nannte mich mal einen Terrier", erzählt Wunder, das Kompliment gefällt ihm, er erzählt es mit einem Grinsen. Wunder schreibt und schreibt und schreibt, und das seit 1996 für die MOPO. Als er zum 70. Jahrestag der Zeitung für die Jubiläumsausgabe nach seiner Lieblingsgeschichte gefragt wird, durchforstet er das elektronische Archiv nach den eigenen Veröffentlichungen. Die Datenbank spuckt 7678 Treffer aus, so viel schreiben andere ihr ganzes Leben nicht. Wunder benötigt 23 Jahre dafür. Mittlerweile sind fünf weitere Jahre vergangen, wahrscheinlich steuert der Mann auf die 10 000er-Marke zu, es kann ihn ja immer noch niemand aufhalten, nicht einmal ein Schlaganfall. Das ist umso bemerkenswerter, weil Olaf Wunder keine Content-Maschine ist, keiner, der aus Geschichten anderer Medien per Copy & Paste plus einigen geschickten Umformulierungen eigene Beiträge macht, so, wie es in der digitalen Welt längst üblich ist. Er liebt aufwendige Recherchen, wühlt sich akribisch durch Handarchive und alte Foto-Kartons aus dem MOPO-Keller, nutzt nicht nur Google Maps, sondern fährt reportermäßig raus, um sich eine Gegebenheit vor Ort anzusehen, einen Eindruck von der Sache zu bekommen, über die er schreibt.

Wunder, der aus Remscheid (Nordrhein-Westfalen) stammt, liebt Geschichte. Schon als Jugendlicher verfasst er Arbeiten, die er beim „Geschichtswettbewerb um den Preis des Bundespräsidenten" der Kurt A. Körber-Stiftung einreicht. Vier Mal wird er ausgezeichnet, so oft wie niemand sonst. Unter den preisgekrönten Arbeiten ist seine 1981 gefertigte Dokumentation über das KZ Kemna, ein völlig in Vergessenheit geratenes frühes Nazi-Konzentrationslager. 140 Seiten liefert der Schüler ab, der die zehnte Klasse der Städtischen Realschule Remscheid-Lennep besucht. Es gibt in Deutschland ganz sicher nicht viele Zehntklässler, die so etwas auf die Beine stellen.

Die Heimatzeitung, der Remscheider General-Anzeiger, berichtet über den Preisträger. Olaf Wunder verkauft der Zeitung die Geschichte – als Serie. Er findet Gefallen am Schreiben, der General-Anzeiger schickt den Jungen als freien Mitarbeiter los. Ein Klassiker: Der junge Olaf – unterwegs mit Rad oder Bus – wird

zu Versammlungen von Kaninchenzüchtervereinen und Karnevalssitzungen geschickt, Themen, die andere nicht machen wollen. Er ist sich nicht zu schade, er ist ehrgeizig. Nach seiner Mittleren Reife will er das Abi machen und studieren, doch aus seinem Elternhaus kann er kaum finanzielle Unterstützung erwarten. Also haut er in die Tasten: 20 Pfenning pro Zeile zahlt die Zeitung, Olaf Wunder kommt auf 1000 Mark im Monat, damit finanziert er sein Studium. Wunder schmunzelt: „Wahrscheinlich schreibe ich deshalb heute so lange Texte."
Tatsächlich, seine Texte sind lang, immer wieder verhandelt er mit seinen Vorgesetzten über mehr Platz für seine Geschichten in der gedruckten Zeitung. Manche Chefs reagieren genervt, dabei stößt das, was Wunder anbietet, auf großes Interesse bei den Leserinnen und Lesern. Ende der 1990er Jahre probiert Wunder Formate aus, die für eine Tageszeitung unüblich sind. Aufwendig inszenierte Alltagstests: Von einem Maskenbildner lässt er sich in einen Schwerverletzten verwandeln, legt sich anschließend an der Alster neben ein umgestürztes Fahrrad. Sein Kollege Volker Schimkus sitzt mit Fotoapparat in der Hecke und dokumentiert, wie Passanten reagieren. In einer anderen Folge deponieren die beiden Geldscheine an verschiedenen Stellen in der Stadt, von der Umkleidekabine bis zur Kirchenbank. An die Scheine sind von Kinderhänden geschriebene Zettel geheftet, darauf Name und Adresse. Gespannt warten Wunder und Schimkus, wer sich die Mühe macht, das gefundene Geld zurückzuschicken.

Die Serie hat einen Namen: „Mister X". Dazu ein Logo, der Schattenriss eines Schlapphutträgers. Im Jahr 2000 werden Wunder und Schimkus für „Mister X" ausgezeichnet – sie erhalten den Deutschen Lokaljournalistenpreis der Konrad-Adenauer-Stiftung.

Olaf Wunder ist stolz auf den Preis, es motiviert ihn, er zündet die nächste Stufe. „Mister X" kümmert sich nicht mehr um banale Alltagsgeschichten, stattdessen jagt der Enthüllungsreporter jetzt „Betrüger, Hochstapler, Heiratsschwindler und Scharlatane". Manchmal sogar in Zusammenarbeit mit der Polizei. „Mister X" enttarnt einen Millionen-Betrüger, der sich Spenden für ein nicht vorhandenes Kinderhilfswerk einsteckt. Der Vorsitzende flüchtet vor seiner Festnahme in den Libanon und taucht nie wieder auf. „Mister X" überführt Kredithaie, die Gebühren kassieren, das zugesagte Darlehen aber nicht auszahlen. Er lotst die Polizei zu einer Kaffeefahrt, bei der leichtgläubigen Senioren wertlose Wunderheiler-Decken für 1800 Euro verkauft werden. Und er lockt einen Pädophilen in die Falle: Der Mann drängt ein 12-jähriges Mädchen in einem Chatroom zu Nacktfotos. Das Mädchen existiert nicht, es ist ein Köder – ausgelegt von Olaf Wunder.

Reporter mit einem solch ausgeprägten Jagdinstinkt machen auch Fehler. Es gibt diese Situationen im Journalismus, alles scheint eindeutig, alle Indizien deuten auf „schuldig". Zweifel? Nicht der Rede wert! Und dann ist es eben doch anders. So wie im Fall eines Deutsch-Sudanesen, dessen Wohnung in Hamburg-Horn im Dezember 2001 von der Polizei durchsucht wird. Terrorverdacht! Die Erinnerungen an die 9/11-Anschläge sind noch frisch, die Bedrohung durch Al Kaida schürt das Klima der Angst. Entsprechend groß ist der mediale Aufschlag, als Sprengstoff-Experten der Polizei in Schutzanzügen vorsichtig kleine Fläschchen aus der Wohnung des Studenten tragen. Für die Medien, auch die MOPO, ist klar: Der Mann ist ein Terrorist! Es stellt sich heraus: Die Fläschchen enthalten Parfüm. Die Staatsanwaltschaft ermittelt dennoch ein halbes Jahr gegen den Maschinenbau-Studenten, erst dann stellt sie das Verfahren ein. Wunder entschuldigt sich bei dem Mann, berichtet über seine Unschuld, die Gewissensbisse aber bleiben. Wunder: „Das war ein schlimmer Fehler."

SEITENWECHSEL

Olaf Wunder in anderen Rollen: Der MOPO-Chefreporter als Obdachloser unter der Kennedybrücke (oben) und als Drag-Queen im „Pulverfass". Das Foto auf der ersten Doppelseite des Kapitels zeigt Wunder mit seinem Kollegen Volker Schimkus, ebenfalls Chefreporter. Schimkus ist seit 2019 Rentner.

Weitaus weniger brisant, dafür aber unterhaltsam ist die Serie, die die MOPO 2009 startet. In „Mein Tag als…" schlüpfen MOPO-Reporter in die Rolle von anderen Menschen. Wunder liebt diese Seitenwechsel-Storys: Er arbeitet jeweils einen Tag als Müllmann, Fahrkarten-Kontrolleur und Darsteller bei den Karl-May-Festspielen. Höhepunkt: Olaf Wunder lässt sich von drei Maskenbildnern in ein Marlene-Dietrich-Double verwandeln und steigt anschließend auf die Bühne des voll besetzten Travestie-Theaters „Pulverfass" auf der Reeperbahn: „Ich bin von Kopf bis Fuß auf Liebe eingestellt…" Die Serie endet, das Thema Perspektivwechsel bleibt: Jahre später übernachtet Wunder mit seinem Kollegen Schimkus im tiefsten Winter in der hoffnungslos überfüllten Hamburger Obdachlosen-Unterkunft „Pik As". Es wird eine Horror-Nacht, doch Wunder beklagt sich nicht. Er will zeigen, wie es den Menschen geht, die auf so eine Einrichtung angewiesen sind.

Wunders größte Leidenschaft gilt historischen Themen. Er setzt sich intensiv mit den Verbrechen der Nazis auseinander, das zeigt ja schon seine preisgekrönte Arbeit aus der zehnten Klasse. Er ist fasziniert vom Lebenswerk des MOPO-Gründers Heinrich Braune. Wunder will wissen, warum die Nazis hinter ihm her sind, den Journalisten inhaftieren. Er entdeckt einen Enthüllungsreport, den Heinrich Braune über Hitler geschrieben hat. Die Geschichte zu diesem Report steht auf den vorherigen Seiten dieses Buches. Der Text ist auch erschienen im MOPO-Magazin „Mein Hamburg". Das History-Magazin ist eine Herzenssache von Olaf Wunder. Seit seinem Schlaganfall investiert er mehr Zeit in die Stadt-Historie als in Enthüllungsgeschichten – „da schließt sich der Kreis, damit habe ich beim Remscheider General-Anzeiger ja auch angefangen", sagt Wunder.

Die historischen Themen, über die Wunder schreibt, erfordern Zeit und Geduld. Wunder nimmt sich Zeit, teilweise verbringt er Wochen mit den Recherchen. Und manchmal geht er noch viel weiter – wenn ihn die Ereignisse berühren und persönlich mitnehmen. So wie bei einer Reise nach Auschwitz im Jahre 2008, dort entdeckt er in der Gedenkstätte einen Koffer mit der Aufschrift „L.Bermann, 26.12.1886, Hamburg". Wunder: „Ich habe mir den Koffer lange angeschaut, ihn fotografiert und dann den Entschluss gefasst, die Geschichte des Menschen zu recherchieren, der diesen Koffer getragen hat auf seiner Reise in den Tod."

Es ist eine Geschichte, die sein Leben verändert. Denn am Ende der Recherchen steht nicht nur die Lebensgeschichte über den Hamburger Geschäftsmann Ludwig Louis Bermann, der 1944 in Auschwitz von den Nazis ermordet wird und dessen Koffer dort zu sehen ist. Auf der Suche nach den Angehörigen von Bermann trifft er dessen Schwiegertochter Saima Bermann, die in Hamburg-Harvestehude lebt. Sie ist die letzte Überlebende der Familie. Olaf Wunder und Saima Bermann freunden sich an. „Die letzten acht, neun Jahre ihres Lebens begleitete ich sie, war zuletzt fast jeden Tag bei ihr", erzählt Olaf Wunder. Und: „Sie war so etwas wie meine zweite Mutter." Als es ihr schlechter geht, setzt sie Olaf Wunder als Betreuer ein. Saima Bermann stirbt im Jahr 2017. Die letzte Erinnerung an Familie Bermann ist ein altes Ölgemälde. Olaf Wunder verwahrt es wie einen Schatz in seiner Wohnung. ■

SEX-RATGEBER AM MOPO-TELEFON? NICHT MIT FRAU SUSANNE!

Sie ist das Ohr zur Welt. Okay, das ist übertrieben, sie ist das Ohr zu den Leserinnen und Lesern der MOPO. Mehr als drei Jahrzehnte liest Susanne Kahle zehntausende Briefe, leistet Lebenshilfe, gibt Ratschläge. Als der Verleger von ihr verlangt, am Telefon auch Auskunft zu pikanten Themen zu geben, stellt sie sich quer: „Für so etwas ist die Leitung hier nicht freigeschaltet." KLACK.

Das Pressehaus am Speersort, im Spätherbst 1967. Zwei Männer spielen Karten, trinken und rauchen. Ihre Blicke fallen sofort auf die attraktive Frau in der Eingangstür, einer sagt: „Komm rein, Mädchen. Was gibt es denn?" Susanne ist keine, die sich gleich die Butter vom Brot nehmen lässt, auch die Blicke der beiden Kerle schrecken sie nicht. „Eigentlich wollte ich mich hier bewerben", sagt sie, ein wenig skeptisch, ob das alles so seine Richtigkeit hat. Denn wie eine richtige Zeitungsredaktion sieht es hier nicht aus, Zigarettenqualm und Bierdunst verleihen dem Raum eher Kneipen- als Arbeitsambiente. Susanne arbeitet auch in einem Verlag, dem Verlag für Kulturforschung, da sieht es aber ganz anders aus. „Kulturforschung, das klingt sehr hochtrabend", wie Susanne sagt, es ist aber auch ein bisschen irreführend. Zu den dort erscheinenden Büchern gehört das „Bilderlexikon der Erotik", insgesamt acht Bände, 3500 Seiten, erstmals 1930 erschienen, ein „Standardwerk der erotischen Literatur", heißt es in alten Händlerkatalogen. Die Verkaufserfolge halten sich Ende der 1960er Jahre in Grenzen, der Verlag geht ein, Susanne muss zum Arbeitsamt, von dort wird sie zur MOPO geschickt. Sie weiß nicht genau, was sie erwartet. „Was kannst du denn?", fragt einer der beiden biertrinkenden Typen. Es ist Peter Forster, zuständiger Redakteur für Kultur. „Was ihr wollt", antwortet sie. Erster Teil der Einstellungsprüfung bestanden, Susanne darf weiter zum Chefredakteur, Heinrich Braune. Der fackelt nicht lange, „ratzfatz", erinnert sich Susanne, liegt der Vertrag auf dem Tisch. Lediglich als es ums Geld geht, knirscht es. „Was willst du verdienen", fragt Braune. Susanne antwortet keck: „Mehr als vorher." „Das machen wir gar nicht", antwortet Braune, „du kannst dich hocharbeiten." Na gut, Susanne unterschreibt. Es ist der Beginn einer bemerkenswerten MOPO-Geschichte. Susanne bleibt 38 Jahre bei der MOPO, geht 2005 in Rente. Besser bekannt ist sie als Susanne Kahle, jahrzehntelang Ansprechpartnerin für die Leserinnen und Leser, in ihrer Kolumne „Fragen Sie Susanne", kümmert sie sich um Alltagssorgen der Hamburgerinnen und Hamburger.

Heute würde man das Community-Management nennen, damals funktioniert alles anders. Rein analog. Wir befinden uns in den 1970er Jahren, knapp drei Jahrzehnte, bevor das Internet die privaten Haushalte erobert. Die Tageszeitung ist zu diesem Zeitpunkt mehr als nur eine Informationsquelle für das tägliche Geschehen. Sie liefert Gesprächsstoff für Familie, Freunde und Nachbarn. Sie bietet Unterhaltung: Comic-Strips, Kreuzworträtsel, Kurzgeschichten, Fortsetzungsromane – all das macht die MOPO damals aus. Und sie verspricht Lebenshilfe. Der direkte Draht zur Leser-Redaktion ist für viele Menschen eine echte Hilfestellung. „Die Leute haben mich alles gefragt", erinnert sich Susanne, „oft ging es gar nicht um MOPO-Themen, sondern um Lebenshilfe." Die Anfragen haben es mitunter in sich. Ein Knacki sorgt sich um seine Hunde: „Kannst du dich um sie kümmern?" Susanne informiert den Tierschutz. Ein Rentner wohnt im Erdgeschoss und weiß nicht, wie er Schnee schippen soll. Susanne klärt die Sache mit dem zuständigen Amt. „Meine Frau hat mich mit dem Pferd im Stall erwischt, was soll ich tun?" HALT. „Da habe ich aufgelegt." KLACK.

Aufgelegt? Genau. Susanne beantwortet nicht nur Briefe, sie sitzt auch am Telefon. Die Menschen lieben ihre Ratgeber-Sprechstunde „Fragen Sie Frau

SIE WEISS, WAS DIE MENSCHEN BEWEGT

Susanne Kahle an ihrem Arbeitsplatz in der MOPO-Zentrale Griegstraße. Das Foto stammt aus dem Jahr 2000. Statt mit der Post kommen zu dieser Zeit immer mehr Zuschriften per E-Mail.

Susanne“, die ist ein voller Erfolg. „Das war meist in den Abendstunden“, erzählt sie, „da riefen auch viele Männer an, die anzüglich wurden. Die sagten dann Dinge wie: ‚Oh, Frau Susanne, wissen Sie, was ich gerade mache? Können Sie sich das vorstellen?‘“ Susannes Antwort auf derlei Anzüglichkeiten: „Danke, das möchte ich mir lieber nicht vorstellen. Für solche Themen ist die Leitung nicht freigeschaltet. Tschüs.“ KLACK.

Das Thema Erotik am Telefon fasziniert aber nicht nur einige MOPO-Leser, auch der Verleger bekommt Wind von den anzüglichen Anrufen und denkt flugs darüber nach, ein Geschäftsmodell daraus zu machen. Echte MOPO-Experten ahnen schon, welcher Verleger hier gemeint ist: Eduard Greif aus der Schweiz, was der alles auf dem Kerbholz hat, steht in einem anderen Kapitel. Wer Susanne Kahle kennt, der weiß: nicht mit ihr. „Mache ich nicht“, erklärt sie dem Greif unmissverständlich, „ich habe keine Sexualkunde studiert – und außerdem bin ich viel zu bekannt.“ Ja, tatsächlich, Susanne Kahle hat ihren Nachnamen ja nicht von der Losbude auf dem Dom, sondern von Gerd Kahle, korrekt, DER Gerd Kahle, langjähriger Chefredakteur der MOPO; auch so eine eindrucksvolle Figur, einer, der die Geschichte der MOPO prägt. „Wir haben uns natürlich bei der MOPO kennengerlernt, er war damals noch Redakteur in der Wirtschaft“, sagt Susanne. Beide sind zu dem Zeitpunkt noch anderweitig verheiratet, es ist ja keine Frage, dass das natürlich ein pikantes Flurfunk-Thema in der Redaktion ist. Oh, Susanne, wie konnte das passieren? „Ich war neu in der Redaktion, Gerd war schon da – und alle haben mich gewarnt: ‚Wenn du nicht bei drei auf dem Baum bist...‘ So schlimm war es dann nicht, aber trotzdem, Gerd war sehr hinter mir her, emsig und eifrig, das glaubt man gar nicht!“ Sie fühlt sich geschmeichelt, noch heute. Hat sie profitiert davon, Gattin des Chefredakteurs zu sein? „Mir hat mal ein Kollege aus dem Sport, mit dem ich gar nicht viel zu tun hatte, zum Nikolaus ein Lebkuchenhaus geschenkt. Da habe ich gedacht: Das macht der nur, weil ich Gerds Frau bin. Das mochte ich gar nicht.“ Ihr Mann verlässt die MOPO 1983 nach einem Streit mit Verleger Greif. Viele Jahre später bittet der damalige MOPO-Chef Mathias Döpfner um einen Kontakt zu Gerd Kahle, da ist er längst in Rente, Döpfner braucht dennoch seinen Support. „Die haben sich dann im Weinkeller getroffen, der Döpfner wollte ein paar Interna wissen.“

Interna, die kennt auch Susanne Kahle alle. Nicht nur die Leserinnen und Leser vertrauen ihr Geheimnisse an, auch in der Redaktion schütten Menschen ihr Herz bei Susanne aus. Sie hört zu, sie gibt Ratschläge – und wenn es mehr Trost braucht, gibt es etwas von ihrer Erdbeer-Bowle, ausgeschenkt im Kulturkeller, wo Susanne ihren Schreibtisch hat. Ein Anlaufpunkt, vor allem für Redakteurinnen, die sich hier nach – und oftmals auch vor – Feierabend treffen, Bowle, Wein und Prosecco trinken, während die Kerle beim Griechen sitzen, Bier und Ouzo tanken. Bis heute pflegt sie Freundschaften zu alten Kolleginnen und Kollegen. Mit MOPO-Urgestein Gerd-Peter Hohaus telefoniert sie stundenlang. Ex-Vize-Chef Uwe Dulias, den Wolfgang Clement einst von BILD zum MOPO-Sport lockte, ist ihr Nachbar, sie sehen sich in Niendorf.

Zeitsprung, zurück in die 1970er. Wir waren stehen geblieben bei den Anliegen der Leserinnen und Leser. Täglich erreicht die Redaktion eine Kiste voller Briefe, im Schnitt müssen es so um die 50 gewesen sein, glaubt Susanne. Sie zählt die Briefe nicht, sie liest sie, ganz egal, wie viele es sind. Wenn – vorsichtig gerechnet – 250 Briefe in der Woche eingehen, dann sind es im Monat schon mehr als 1000. Macht im Jahr mehr als 10 000 Zuschriften. Hand aufs Herz, liebe Susanne, wirklich: Hast du die alle gelesen? „Ja, alle Briefe, die bei mir ankamen, habe ich auch gelesen. Ich habe nicht einen genommen und zerrissen." Nun soll sich mal jemand aus der heutigen Redaktionswelt beschweren, er müsste User-Kommentare unter seinen Geschichten lesen und beantworten. Die Frau Susanne, die liest zu ihrer Zeit alle Briefe, zu allen Geschichten, zu allen Belangen, zu allen Themen, da sind die paar Kommentare bei Facebook doch ein Witz. „Ich hatte natürlich ein Gefühl dafür, es gab Briefe, die musste ich nicht zu Ende lesen. Da wusste ich, was kam. Es gab Leute, die haben regelmäßig geschrieben. Es gab Leute, die haben mir Bilder gemalt, das war auch rührend." Und es gab Gertrud aus Heimfeld, eine Rentnerin, „die hatte das größte MOPO-Archiv der Stadt, größer als unser Archiv. Sie sammelte alles, was mit der MOPO zu tun hatte". Gertrud schreibt ihre Briefe auf Plattdeutsch, außerdem schickt sie Witze ein. Oh, das fehlte noch, Susanne Kahle ist auch für die Witze zuständig, die kommen jahrzehntelang von den Leserinnen und Lesern, nicht immer sind sie witzig, so einfach ist die Auswahl nicht. Aber Susanne macht das, jeden Tag sucht sie Witze heraus. Weiß, wie alt welcher Witz ist, das ist jetzt wirklich kein Witz. „Das war eine schöne Zeit. Lebendig. Aber das ist vorbei. Alles hat seine Zeit."

Gibt es ein Geheimnis, das sie verrät? Für die MOPO, zum 75. Geburtstag? „Lieschen Müller und Edith Schulze", sagt Susanne, „das waren Pseudonyme." Pseudonyme – für was? Susanne gesteht: „Manchmal, wenn ich mich über Dinge in der Politik geärgert habe oder über die Justiz, wenn sie wieder jemanden haben laufen lassen. Dann habe ich auch SELBST Leserbriefe geschrieben." Die veröffentlichten Briefe von Frau Müller und Frau Schulze archiviert sie genauso korrekt wie alle anderen.

Im Dezember 2005 geht Susanne mit 63 Jahren in Rente. Gemeinsam mit ihrem neuen Partner, einem Banker, den sie 2007 kennen und lieben lernt, genießt sie das Leben – im Winter in Florida, im Sommer in Hamburg-Niendorf – und zwischendurch in Kalifornien, dort lebt ihr Sohn. Besonders stolz erzählt sie von ihrem Enkel Nick: Der ist Baseball-Profi in den USA. ■

Buttje Rosenfeld

DER REPORTER, DER AUS DER BUNDESLIGA KOMMT

Die MOPO-Sport-Redaktion ist UNTRENNBAR mit seinem Namen verbunden: Rolf-Peter Rosenfeld, kurz Buttje, mit Rolf-Peter spricht ihn niemand an. Buttje ist keine Investigativ-Waffe, er ist kein Terrier, keiner, der mit boulevardesken Formulierungen um sich schmeißt. Anders als die meisten anderen Sport-Journalisten beherrscht er das Spiel. Bevor Buttje zur MOPO kommt, ist er Fußball-Profi, spielt für den VfL Osnabrück und den FC St. Pauli, „elf Bundesligaspiele, kein Tor“; den Satz kennt jeder, der Buttje kennt, außerdem absolviert er 179 Zweitligaspiele. Eine Verletzung stoppt ihn, 1984 wird er Sportinvalide. Der Sportredakteur Michael Schickel, später Sportchef der MOPO, vermittelt ihn, Buttjes Umschulung zum Journalisten wird von der Berufsgenossenschaft bezahlt. Ein guter Deal für die MOPO. Buttje landet im Lokalressort, die Chefs schicken ihn raus auf den Kiez. Auftrag: Umfrage unter Passanten. Frage: „Wann waren Sie zum letzten Mal im Puff?“ Buttje: „So was mache ich nicht.“ Sein Chef: „Solche Leute wie Sie können wir hier nicht gebrauchen.“ Es ist die einzige Zeit, in der Buttje sich nicht wohl fühlt bei der MOPO. Er wechselt in die Politik, von dort in den Sport. Endlich zu Hause. Er knackt HSV-Trainerlegende Ernst Happel, der damals kein Wort mit der MOPO spricht, jongliert vor seinen Augen mit dem Ball, das gefällt dem großen Happel, er gibt ihm ein langes Interview. Buttje freundet sich mit Uwe Seeler an und tut sich schwer, HSV-Spielmacher Thomas von Heesen die Note FÜNF zu verpassen, weil der ein schlechtes Spiel gemacht hat. „Ich war keiner, der die großen Skandale ausgeschlachtet und noch mit dem Knüppel draufgehauen hat.“ Auch solche Leute braucht man in einer Redaktion, 37 Jahre lang bleibt Buttje dabei, 2021 geht er in Rente. „Ich stand bei der MOPO für die menschlichen Geschichten“, sagt Buttje, „Günter Netzer, Paul Breitner, Wolfgang Overath – Helden meiner Kindheit. Als Reporter habe ich sie kennengelernt und mit ihnen gefachsimpelt. Für mich war das alles wie ein schöner Traum.“

Osnabrück
Möserstraße 10

Das etwas andere
Restaurant

DER ILLEGALE BETRIEBSRAT

Wir befinden uns in den 1980er Jahren, die ganze MOPO ist von Vorgesetzten aus dem Hause Gruner + Jahr besetzt. Die ganze MOPO? Nein. Ein unbeugsamer Mitarbeiter hört nicht auf, Widerstand zu leisten. Holger Artus treibt insgesamt mehr als 30 Jahre lang Verlagsleiter, Geschäftsführer und Chefredakteure zur Weißglut. Seine Mission: Die Interessen der Belegschaft durchsetzen. Mit allen Mitteln – und mit Knowhow aus dem Osten.

Holger Artus hechtet die Treppen hoch, das Grindelhochhaus hat 14 Etagen, Artus lässt keine aus, das ist nicht seine Art. „Haushaltsverteilung", nennt er die Arbeit. Was sich dahinter verbirgt: Er verteilt Infobroschüren für eine bevorstehende Gedenkveranstaltung in der Nachbarschaft. Es geht um die Deportation von jüdischen Anwohnern ins KZ Theresienstadt, 80 Jahre zuvor, im Jahr 1943. Artus organisiert dazu eine Infoveranstaltung, zu der er die Nachbarschaft einladen will. Er hat bereits knapp 30 Häuser in der Umgebung durch, jetzt ist er im Hochhaus am Grindelberg 44 unterwegs. In seiner linken Brusthälfte spürt er starke Schmerzen, es pocht, es zieht, es wird immer unerträglicher. HERZINFARKT. Artus verteilt die Einladungen noch zu Ende, unter starken Schmerzen, das macht eigentlich kein normaler Mensch, er schon, die Sache ist ihm wichtig. Vergeblich, die Veranstaltungen finden nicht statt. Artus landet im Krankenhaus. Herz-OP, zwei Stents werden eingesetzt, er wird es niemals vergessen, und es ist ihm eine Lehre. „Wenn die Dinger eingesetzt werden, denkst du, das bringt dich um. Aber in dem Moment, wo sie drin sind, sich öffnen und das Gefäß erweitern, bist du wieder bei vollem Atem. Da wusste ich erst, wie schlecht es um mich stand."

Der Klassenkampf hat Spuren hinterlassen. Wer Holger Artus kennt und erlebt hat, wie er mit einem Verlagsvertreter aneinander rasseln kann, der weiß um die Gefahr. Bluthochdruck, Adrenalinalarm im Körper, der Mann ist emotional leicht zu erhitzen, jedenfalls, wenn es um Ungerechtigkeiten geht. Unrecht, Ausbeutung – das beschäftigt ihn schon früh in seinem Leben.

1971 marschiert der damals 17-jährige Holger wild entschlossen in die Brennerstraße nach St. Georg. Im tageslichtfreien Souterrain des heruntergekommenen Hauses mit der Nummer 82 residiert das Büro des „MSB Spartakus". Richtig gelesen, Marxistischer Studentenbund, genau, stramm sozialistisch, anti-kapitalistisch, das sind die Leute, denen brave Bürger zurufen: „Geht doch rüber!" Artus will nicht rüber, er will sich politisch engagieren, gegen das Establishment und gegen das Kapital. Bertolt Brechts „Dreigroschenoper" inspiriert ihn, er ist entsetzt über die apokalyptischen Ausmaße des Vietnam-Kriegs, die einseitige Berichterstattung in den westdeutschen Medien und die abgestumpfte Haltung seiner Eltern („Die Vietcong, das sind Kommunisten!"). Die Spartakisten nehmen den jungen Artus auf, er arbeitet sich hoch, später übernimmt er eine eigene „Sektion", 40 Mitglieder. Artus organisiert Infostände, verteilt Flugblätter, hält Referate zu lokalen und weltpolitischen Themen, verkauft vor Schulen eine mühsam auf Matrizendrucker hergestellte Zeitschrift mit immerhin 20 Seiten. Wer so alt ist und sich an Wachsmatrizen erinnert, weiß, was das für eine Arbeit ist. Nach der Fachholschulreife geht er den nächsten Schritt im Kampf für eine sozialistische Zukunft: 1974 wird Holger Artus Mitglied der DKP, engagiert sich im Kampf gegen Sanierungsmaßnahmen in St. Georg, besetzt ein Haus in der Langen Reihe, wird Teil der Anti-AKW-Bewegung – Brokdorf, na klar, eines der größten Themen damals.

1981 geht Holger Artus dann doch rüber. Perestroika und Glasnost sind noch kein Thema, stattdessen Pershing-II, atomare Aufrüstung, es herrscht Eiszeit zwischen BRD und DDR. Artus glaubt an den real existierenden Sozialismus, er studiert ein Jahr lang am Franz-Mehring-Institut in Biesdorf, Ost-Berlin, die offizielle DDR-Schule für westdeutsche Funktionäre von DKP und der Sozialistischen Deutschen Arbeiterjugend SDAJ. Tiefer in den Fängen der SED geht eigentlich nicht. Es ist ein Kampf mit den Schriften von Marx und Engels, Artus kämpft sich durch, Zeile für Zeile, inhaliert den Sozialismus, doch es liegen Welten zwischen Marx' Vision und dem DDR-Alltag. Artus lästert über leere Regale in den staatlichen „HO"-Läden und die miserable Qualität der sozialistischen Schokolade. Er ist schockiert, als er eine Wochenendfahrt nach Stralsund unternimmt, dort sieht es Anfang der 1980er Jahre aus, als wäre „der 3. Weltkrieg gerade vorbei gewesen", das habe sein „Vertrauen in das Wohnungsbauprogramm der SED tief erschüttert". Am Ende behält er den Glauben an den Sozialismus, Artus kehrt zurück nach Hamburg, im Gepäck Notizen über die „Rolle des moralischen Faktors im Klassenkampf", bis heute bewahrt er die auf Karopapier festgehaltenen Gedanken auf. „Ich schlage sogar manchmal bei ihnen nach, um meine damaligen Fragen zu lesen und den Erkenntnisweg nachvollziehen zu können", schreibt er in seinem Blog. Doch die Zeit in Ost-Berlin macht ihn auch nachdenklich.

Mit Ende 20 steigt Holger Artus ins wahre Berufsleben ein, wenig sozialistisch, er fängt als Buchhalter beim SPIEGEL an, wechselt 1985 zur MOPO. Es reicht ihm nicht, Honorare zu buchen, auch wenn er seinen Job liebt („bis heute!"), und es beginnt eine wilde Zeit, turbulent, immer geprägt von Auseinandersetzungen mit Verlagsmenschen und Chefredakteuren, niemals kommt Artus zur Ruhe. Von 1986 bis 2017 ist er im Betriebsrat, das sind 31 Jahre. EINUNDDREISSIG Jahre. Halt, eine kurze Unterbrechung gab es. 1990, „während der Zeit meines Elternurlaubs, wurde ich nicht gewählt", so Holger, „was ich aber moralisch überlebt habe."

Überleben, ein gutes Stichwort. So, wie er 2023 den Herzinfarkt überlebt, so ist er auch in den Jahrzehnten zuvor nicht totzukriegen. Dabei bietet er seinen Kontrahenten reichlich Angriffsfläche. Artus überscheitet Grenzen und Kompetenzen, er legt sich mit allen an, zumindest wenn es darum geht, die Rechte der Belegschaft zu verteidigen. Da sind Dinge bei, die sich viele Menschen nicht trauen würden. Ein paar Beispiele.

1992 nimmt Artus während der Arbeitszeit an einem Seminar der Gewerkschaft IG Medien teil, angeblich hat er sich nicht abgemeldet. Der Verlag versucht, ihm außerordentlich zu kündigen, es geht vor Gericht. Vergeblich. Artus bleibt.

1994 stellt sich Holger Artus frei. Richtig gelesen, er stellt sich frei von seiner Arbeit in der Anzeigenabteilung und erklärt sich zum hauptamtlichen Betriebsrat. Dabei geht es ihm anfangs gar nicht um die Interessensvertretung der MOPO-Leute, vielmehr hat er noch einen anderen Posten an der Backe. Artus ist Vorsitzender der IG Medien, und das „wollte ich nicht nach Feierabend machen". Noch mal nachgefragt: Das kann man doch nicht einfach machen, oder? Artus grinst, er gibt es auch noch zu, da hat er den Verlag richtig verarscht. Freistellungen von Betriebsräten sind mit einer gewissen Belegschaftsgröße verbunden – und die hat die MOPO gar nicht. Es gibt wahrscheinlich nur zwei Menschen, die sich illegal selbst freistellen und damit durchkommen – Holger Artus und Chuck Norris. Nahezu alle neuen Verlagschefs und Geschäftsführer, die zur MOPO kommen, es sind um die 40 in der Zeit, versuchen, den rebellischen Betriebsrat vor die Tür zu setzen. Aber Artus bleibt.

1997. Holger stellt eine Website des Betriebsrats ins Internet. Simple Begründung: „Ein Intranet gibt es nicht." Die internen Infos sind fortan für alle, die sich bereits mit dem Netz beschäftigen, frei einsehbar. Gruner + Jahr will ihm außerordentlich kündigen, doch Artus wird vom Datenschutzbeauftragten gewarnt, nimmt die Seite wieder raus. Aus der Kündigung wird eine Abmahnung. Artus bleibt.

1998. Wieder eine Abmahnung, diesmal bezeichnet er Gruner + Jahr – nochmals zur Erinnerung: seinen Brötchengeber – als „Erbsenzähler", öffentlich, in einer Gewerkschaftspostille, da wollen die sowieso nicht genannt und schon gar nicht verunglimpft werden. Egal. Artus bleibt.

Unter Chefredakteur Mathias Döpfner kommt es zu einer Art Tribunal. Die sechsköpfige Chefredaktion, die Ressortleiter und die Geschäftsführung reden auf ihn ein und wollen ihn zwingen, endlich klein beizugeben. Artus bleibt.

„Alle zwei Jahre haben sie versucht, mich zu quälen, mich rauszuschmeißen. Am Ende hatten die anderen mehr schlaflose Nächte als ich. 2006 haben sie aufgegeben." Artus bleibt.

2014 doch noch ein Versuch. Der Kölner Verlag DuMont Schauberg, seit 2009 Besitzer der MOPO, will die Anzeigenabteilung schließen, die Jobs sollen ausgelagert werden, außerdem auf der Streichliste: Stellen in der Politik, im Ratgeber- und Reiseressort, im Layout und im Sekretariat der Chefredaktion – und Holger Artus. Der wütet gegen „die größte Kündigungswelle seit 1979" und wittert zudem den „Versuch, sich des Betriebsrates zu entledigen". Der Betriebsrat verhindert die Kündigungen, es kommt zu einem Sozialplan. Und Artus? Korrekt. Der bleibt.

Artus bleibt – und schreibt. Rund 500 „Betriebsratsinfos" erscheinen während seiner Amtszeit, er führt einen Jahresrückblick ein – und er pflegt liebevoll seinen MOPO-Blog. Bis zu seiner Rente und teilweise auch darüber hinaus dokumentiert und enthüllt er akribisch Erfolge, Sparpläne, Personalwechsel, herausragende Ereignisse, Geburtstage, Trauerfälle, Auseinandersetzungen mit dem Verlag, Entlassungen, Enttäuschungen, Auflagenentwicklungen. Die Betriebsratsinfos, sagt Artus, „dokumentieren die Gegenwehr, sie erzählen die Unternehmensgeschichte – aus Sicht der Arbeitnehmerinnen und Arbeitnehmer." Die Sammlung ist beeindruckend, und sie ist eine der wichtigsten Quellen dieses Buches. Ohne Artus akribisch geführten Blog und die konsequente Sammlung seiner Betriebsratsinfos wären viele Milestones der MOPO-Geschichte in Vergessenheit geraten. Das müssen sogar die zugeben, denen Artus ein Dorn im Auge ist.

Artus bleibt – und obwohl er mit Gewerkschaftsfahne, Megafon und Flugzetteln überhaupt nicht fortschrittlich aussieht, setzt er sich überraschend früh für die Digitalisierung der MOPO ein. Das ist eine gute Gelegenheit, mal zu erzählen, dass die MOPO eine der ersten Zeitungen mit einem eigenen Internet-Auftritt ist. Glaubt man heute gar nicht. Nur SPIEGEL online ist schneller, die Domain gibt es bereits seit 1994.

Zur Live-Schaltung des ersten Internet-Auftritts am 28. September 1995 schreibt Artus: „Wir sind dafür, dass es eine Online-Redaktion gibt, die sich aus der Redaktion zusammensetzt." Eine eigene Redaktion für eine Online-Zeitung? Im Jahr 1995? Auch die Artus-Fans in der Redaktion glauben nicht an so etwas. Aber Artus macht weiter, informiert fortan regelmäßig über die Seitenaufrufe auf mopo.de, „wofür wir belächelt wurden", auch von den Ressorts, die den Online-Auftritt damals mehrheitlich als lästig und überflüssig empfinden. Für eine Online-Geschichte macht sich doch keiner die Mühe, extra in die Tasten zu hauen, wer braucht denn so was? Niemand! Und dann kommt da ausgerechnet Holger Artus, der von der SED vor leeren Supermarkt-Regalen ausgebildete Klassenkämpfer, und entpuppt sich als Vordenker für den digitalen Journalismus sowie die Digitalisierung des Verlagsgeschäfts? Im Oktober 1995 fordert Artus, Vertrieb, Anzeigenabteilung und Marketing auf mopo.de sichtbar zu machen: „Die MOPO könnte ihr Image als moderne Zeitung gegenüber den Anzeigenkunden unterstreichen. Der Druckunterlagenversand muss nicht mehr über Kuriere organisiert werden, sondern könnte auf dem komfortablen Weg übermittelt werden. Unsere Marketing-Unterlagen könnten auf den Kunden zugeschnitten an dessen Bildschirm angeboten werden. Jedes beliebige Projekt könnte man virtuell auf dem Bildschirm abbilden." Doch die Kon-

Holger Artus, 31 Jahre

Honorarabteilung

1. Brauchen wir einen starken Betriebsrat, der sich an den Interessen der Kolleginnen und Kollegen orientiert.
2. Ist ein Betriebsrat wichtig, um den Bestand an sozialen Rechten zu sichern. Wesentlich ist dabei immer das Engagement der Belegschaft. In diesem Zusammenhang, in dieser Bedeutung sehe ich auch meine Mitgliedschaft in der I G Druck und Papier.
3. Müssen in unserem Hause in erster Linie die Arbeitsplätze gesichert werden.Es bedarf auch neuer. D.h. einerseits Verhinderung der weiteren "ausdünung" und zum anderen Arbeitszeitverkürzung.
4. Die sozialen Probleme z.Z. sind im Verlag. Hier findet eine Auseinandersetzung statt, in deren Ergebnis die Arbeitsplätze verschwinden sollen.D.h. der Verlag muß ebenfalls durch den Betriebsrat vertreten werden.

Kai Förster, 44 Jahre

Redaktion

Arbeitnehmer haben n
Pflichten, sondern a
Das diese zum Trage
fordert einen stark
Deshalb kandidiere

ARTUS' ERSTE WAHL

1986 tritt Holger Artus bei der Wahl zum MOPO-Betriebsrat an – und wird gewählt. Es ist der Beginn einer langen Betriebsrat-Karriere. Hier erinnert er im Jahre 2017 auf Facebook an die Wahlen, bei denen auch Sigrid Meißner auf der Liste steht. Sie ist zuvor als Sprecherin der Behörde für Soziales tätig, arbeitet rund 20 Jahre für die MOPO, u.a. als Rathaus-Korrespondentin.

Nirgendwo
strahlt der Himmel
so schön grau
wie in Hamburg.
BetrVG

IM BÜRO DES BETRIEBSRATS

Holger Artus in seinem Büro in der Griegstraße. Als junger Mitarbeiter erlebt er den Umzug der Redaktion aus dem Kaufmannshaus nach Bahrenfeld mit, dort arbeitet er mehr als 30 Jahre lang.

zernchefs nehmen den Digital-Kommunisten nicht ernst. Artus: „Die G + J-Chefs im Vorstand belächelten unsere Aktivitäten. Ignoranz war für sie noch zu viel an Aufmerksamkeit gegenüber dem MOPO-Betriebsrat." Hätte man diese Weitsicht damals bloß erkannt! Jahrelang wird bei der MOPO die Digitalisierung verschlafen, verschoben und ausgesetzt. Kein Scherz: Bis in die 2000er Jahre hinein haben die Redakteure gar kein Internet am Arbeitsplatz. Lediglich in der Fotoredaktion gibt es einen Computer mit Internet, das erinnert der heutige Chefredakteur Maik Koltermann noch ganz genau, er ist zu der Zeit Volontär und verantwortlich für die MOPOP-Seite, lädt über den Computer Plattencover runter, ab auf Diskette damit, dann ins Layout – mühsam! Da wundert es nicht, dass es erst in den 2010er Jahren richtig los geht mit mopo.de, aber da dreht sich alles nur um Krawall und Clickbaiting, wirklich um jeden Preis, das bringt kurzfristig Erfolg, langfristig aber nur Ärger. Aber das ist eine andere Geschichte.

Zurück zu Holger Artus.

Er stürzt sich in die Betriebsrats- und Gewerkschaftsarbeit, wird Vorsitzender der IG Medien in Hamburg. Macht sich einen Namen bei anderen Vertretungen, er arbeitet mit an internationalen Modellen, einem Euro-Betriebsrat für Gruner + Jahr. Lernt den Umgang mit den Entscheidern, versetzt sich in ihre Perspektive. Viele Manager sind von Artus genervt, viele respektieren ihn aber auch, mit einigen bleibt er nach deren Ausscheiden freundschaftlich und respektvoll verbunden. Aus dem rebellischen Spartakisten ist ein gewiefter Taktiker geworden. Laut und leidenschaftlich, wenn er die Belegschaft verteidigt, mit Hartnäckigkeit, Geschick und Geduld, wenn es um Verhandlungen geht. Seine extremen politischen Standpunkte rücken in den Hintergrund, „ich bin ja nicht mit der roten Fahne durch die Redaktion gelaufen". Stattdessen fängt er an, sich die Businessmodelle der Verlage anzusehen. Statt Marx und Engels liest Artus jetzt Bilanzen und Geschäftsberichte, immer mit einem eindeutigen Fokus: Was hole ich da für die Belegschaft raus? „Ich habe bestimmt zehn Konzerngruppen im Blick gehabt, habe die Bilanzen gelesen – und immer geguckt: Wo sind die Schwächen?" Artus fuchst sich immer tiefer ein, er schmiedet Bündnisse, hat seine Leute, bekommt Informationen, mehr als es den Managern lieb sein kann. „Wenn es um die Verkündung von Personalabbau ging, waren wir immer gut vorbereitet und hatten alternative Pläne parat." Das wirkt. Der MOPO-Betriebsrat stoppt mehrere Kahlschläge, zuletzt 2017, als 14 Leute gehen sollen, am Ende ist es lediglich eine Kollegin, die gehen muss.

Holger Artus heute. Tätowiert bis unter die Kinnlade, im wahrsten Sinne des Wortes, das ist schon ein ungewöhnliches und schmerzhaftes Hobby für einen Rentner. Rentner? Naja, ein Blick in seinen Facebook-Account verrät: Der Mann ist quasi Vollzeit unterwegs. Nach seinem Herzinfarkt setzt er kurz aus, so kurz es eben geht nach einer Herz-OP, immerhin absolviert er noch die Reha, auch wenn er eigentlich schon längst wieder im Einsatz sein müsste. Es gibt viel zu tun. Er engagiert sich ehrenamtlich gegen das Vergessen, putzt Stolpersteine, recherchiert und erzählt die Geschichten der Holocaust-Opfer, auf Facebook und auf Flugblättern, die er in der Nachbarschaft verteilt. Seine Einsatzorte: Eimsbüttel, Rotherbaum, St. Georg, seine alte Hood, die Ecke liegt ihm immer noch am Herzen. Vieles erinnert wieder an die Bilder aus den 1970er Jahren, damals, als er noch mit längeren Haaren am Infostand des MSB Spartakus steht, Flugzettel verteilt. Damals für den Sozialismus. Heute, um Erinnerungen wach zu halten an diejenigen, die im Dritten Reich von den

Nazis deportiert und ermordet wurden. Die mal unsere Nachbarn waren, bevor sie systematisch verschleppt und getötet wurden. Kein populäres Thema, aber unbequeme Dinge ansprechen, das kennt Artus ja. Manche seiner Facebook-Beiträge zu dem Thema haben gerade mal ein Dutzend Likes, auf den Fotos seiner Gedenkveranstaltungen sind mitunter nur eine Handvoll Teilnehmende zu sehen. Davon lässt Holger Artus sich nicht aufhalten. Da ist sie wieder, diese Hartnäckigkeit. Er macht weiter. Mit seinen beiden Stents am Herzen ist er längst wieder in den Treppenhäusern der Stadt unterwegs. Flugzettel verteilen, Geschichten erzählen. ■

H. Schmidt

Mopo - Bericht

„SIE FOTOGRAFIERTE, BIS IHR DIE KAMERA AUS DER HAND FIEL“

Erika Krauß geht als Deutschlands älteste Fotografin in die Geschichte der Bundesrepublik ein. Sechs Jahrzehnte arbeitet sie für die MOPO. Sie fotografiert die wichtigsten Politiker der Welt, Superstars, und darf als Einzige den begehrtesten Mann der 1950er Jahre in seinem Hotelzimmer ablichten.

Lokalredaktion der MOPO, Griegstraße, Bahrenfeld. Anfang der 2000er Jahre. Zwei leitende Redakteure diskutieren.
„Irgendjemand muss es ihr mal sagen."
„Wie soll ich ihr das sagen? Das geht doch nicht."
„‚Erika, du kannst nicht mehr Auto fahren, es geht wirklich nicht. Es ist zu gefährlich', das ist doch nicht so schwer."
„Ja, sag du es ihr doch, wenn es so einfach ist."
„Nein, dann soll es der Chefredakteur machen."
„Der will damit nichts zu tun haben, der sagt, wir sollen es machen."

Es geht um Erika Krauß. Sie ist Mitte 80, das hält sie aber nicht davon ab, jeden Tag mit dem Auto in die Redaktion zu fahren. Mit ihren dünnen Beinen stöckelt sie anschließend die Treppen hoch, ihre Nikon-Kamera um den Hals, eine Faltbroschüre des Senats in der Hand, angestrengt zeigt sie auf die Termine, pickt einen davon raus. „Brauchst du das?", fragt Erika den Lokalchef, zuständig für die Rathaus-Geschichten und die Hamburger Politik. „Nein, das machen wir nicht, da musst du nicht hin", sagt der Chef. Erika guckt ihn fassungslos an, so, als hätte er gerade die Präsentation des frisch entdeckten Bernsteinzimmers abgesagt. „Ich fahre trotzdem, nachher willst du das doch wieder haben", zischt Erika und tippelt davon. Nein, will ich ganz sicher nicht, denkt der Chef, aber Widerspruch ist zwecklos, Erika macht sowieso, was sie will.
Klar, jede Fahrt, die sie nicht macht, ist gut für die Unfallstatistik der Freien und Hansestadt Hamburg, speziell die Bezirke Altona und Mitte sind betroffen, hier führt Erikas Weg von der MOPO-Redaktion in der Griegstraße ins Rathaus längs. Gut sieben Kilometer, Erikas schwarzer Golf sieht nicht gut aus, draußen Schrammen und Beulen, innen Telefonbücher. Telefonbücher? Ja, auf dem Fahrersitz. Erika ist klein, sie war schon immer klein, mit nunmehr Mitte 80 hat zusätzlich der Schrumpfungsprozess eingesetzt, also packt sie sich die Bücher auf den Fahrersitz und setzt sich drauf. Einmal hilft auch das nicht weiter, sie kracht in einen Laster, der eigentlich unübersehbar auf dem rechten Fahrstreifen steht. „Der steht sonst nicht da", antwortet Erika den Polizisten auf die Frage nach der Unfallursache.
Erika Krauß, Fotografin, Kult-Fotografin, älteste Fotografin Deutschlands oder der Welt, wer weiß das schon. MOPO-Urgestein, eigener Parkplatz auf dem Hinterhof des Rathauses, legendär ist ihr Outfit. Schwarzer Hut, schwarzer Minirock, schwarzes Oberteil, weiße Halskrause, goldene Gürtelschnalle, Ketten. Sie fotografiert alle Hamburger Bürgermeister der Nachkriegszeit von Max Brauer bis Olaf Scholz, und alle Bürgermeister kennen die Grande Dame der MOPO. Aber nicht nur die Bürgermeister.

UNVERGESSENE BEGEGNUNGEN MIT ERIKA KRAUSS

Im Jahr 2007 empfängt Bürgermeister Ole von Beust den Dalai Lama im Rathaus. Als der berühmte Gast Erika erblickt, unterbricht er die offizielle Zeremonie, geht zu ihr, verneigt sich und küsst ihre Hand.
Alt-Kanzler Helmut Schmidt gratuliert ihr 1997 zu ihrem 80. Geburtstag. Er schreibt: „Früher hatten wir mal einen Hummel, der mit'n Wassereimern. Aber heute hab'n wir Erika Krauß mit all ihre Tüdelbänder um'n Hals. Sie soll'n hochleben, Sie Original, Sie!"
1995 trägt sich Dustin Hoffman bei einem Hamburg-Besuch ins Goldene Buch der Stadt ein. Anschließend macht er selbst ein Erinnerungsfoto – von Bürgermeister Henning Voscherau und Erika. Sie erzählt: „Der Hoffman hatte immer eine kleine Kamera dabei."

TANZ AUF DEM TISCH

Das ist Erika Krauß, wie sie leibt und lebt: Immer adrett gekleidet, immer die Haltung bewahrend – und doch kann sie kein Hindernis davon abhalten, das beste Foto zu machen. Dieses Bild von Erika entstand in den frühen 1980er Jahren. Wem der Schnappschuss gelungen ist, ist nicht im Archiv verzeichnet.

Mitte der 1990er Jahre reist Erika nach Japan, um ihre dort lebende Tochter Christin zu besuchen. Sie besichtigt das Rathaus von Tokio, dort wartet der Bürgermeister der größten Stadt der Welt auf sie und nimmt Erika in die Arme: „Er konnte sich noch genau an mich erinnern, denn er war früher einmal japanischer Konsul in Hamburg."
Den Stuntman Arnim Dahl jagt sie bei einem Fototermin ein zweites Mal in die Takelage eines Seglers. „Er hatte beim ersten Mal für ihren Geschmack nicht fotogen genug Kopf und Hintern riskiert", erzählt der frühere MOPO-Chefredakteur Wolf Heckmann († 2006) gern, um die Durchsetzungsfähigkeit der Fotografin zu verdeutlichen.
1967 kommt Schah Reza nach Hamburg. Tags zuvor wird Benno Ohnesorg bei einer Anti-Schah-Demo in Berlin erschossen. Es kommt auch in Hamburg zu Protesten. Erika steht in erster Reihe und bekommt die Eier und Wurfgeschosse ab, die eigentlich den Schah treffen sollen. Sie bleibt standhaft und liefert die Fotos ab.
Alfred Hitchcock kommt nach Hamburg, macht Werbung für seinen Film „Psycho". Beim Foto-Termin hält sich der Meister für Erika ein Messer an den Hals. Das Bild geht um die Welt. Erika schwärmt von Hitchcock: „Reizend! Was für ein Spaßvogel!"
Als sie den ehemaligen Box-Weltmeister Max Schmeling am Flughafen Fuhlsbüttel vorm Abflug in die USA fotografiert, ruft er ihr zu: „Erika, steig ein und flieg mit!" Er meint es ernst, doch Erika hat keine Papiere dabei und muss in Hamburg bleiben.
Gustaf Gründgens, „Mephisto"-Star und legendärer Schauspielhaus-Intendant in den 1950er Jahren, besänftigt Erika, als sie wieder einmal hektisch bei einem Termin auftaucht: „Langsam, Erika, in der Eile steckt der Teufel."
Porfirio Rubirosa gilt in den 1950er Jahren als der größte Playboy der Welt. Der sagenumwobene Rennfahrer, Liebhaber von Zsa Zsa Gabor, Marilyn Monroe, Jayne Mansfield und Joan Crawford, lädt Erika für ein Foto auf sein Zimmer ins Hotel Atlantic ein. Sie ist die Einzige, die ein Foto von ihm bekommt.
Weltstar Romy Schneider pustet ihr Bierschaum auf die Kameralinse. Sie fotografiert Marlene Dietrich („Die hat mich schlecht gelaunt im Atlantic empfangen"), Prinzessin Sirikit von Thailand, Bill Clinton, Helmut Kohl, Michail Gorbatschow, Wladimir Putin, Königin Silvia von Schweden, Queen Elizabeth II., Prince Charles und Lady Diana, Jassir Arafat, Nicolae Ceausescu, Leonid Breschnew, Olof Palme, Nikita Chruschtschow, Charles de Gaulle, Heinz Erhardt und so viele andere.

Erika fotografiert nicht nur wichtige Stars und große Namen der Politik. Sie fährt zu jeder Bürgerschaftssitzung ins Rathaus, dokumentiert Debatten, Diskussionen, Abstimmungen, Skandale und Nichtigkeiten, niemals beklagt sie sich. Sie ist so etwas wie die Inkarnation der Wächterfunktion der Presse, nicht fokussiert auf Schlagzeilen, auch wenn sonst gerade niemand guckt, ist Erika da. Sie ist immer da. 1999 wird sie dafür ausgezeichnet. Sie erhält den Alexander-Zinn-Preis des Senats – für ihre Verdienste um die Stadt. Der damalige Bürgermeister Ortwin Runde hält die Festrede: „Sie ist die bekannteste Hamburger Fotografin. In Hamburg passiert nichts Wichtiges ohne Erika. Ob Staatsbesuche, ob Rathauspolitik, ob Premieren oder Vernissagen – alles spiegelt sich in der Linse ihrer Kamera."
Und in der MOPO! Was für eine Lovestory! Wir schreiben das Jahr 1950, die MOPO wird gerade ein Jahr alt. Erika ist in Hamburg auf der Suche nach einem Job als Fotografin. Eine reine Männerdomäne ist das zu der Zeit! Fotografinnen? Bei einer Zeitung? Kannst du vergessen. Im Krieg, okay, ja, da waren die Männer an der Front. Erika lernte zu der Zeit Kameramann; ja, sorry, das hieß damals so, den Beruf Kamerafrau

SCHLECHT GELAUNT

Marlene Dietrich gibt 1960 in Hamburg ein umjubeltes Konzert in der Staatsoper. Erika Krauß fotografiert sie während ihres Aufenthalts in der Stadt, berichtet: „Sie hat mich im Atlantic empfangen, war schlecht gelaunt."

GUT DRAUF

Alfred Hitchcock (1899–1980) bei einem Besuch im Jahr 1960 in Hamburg. Für Erika hält er sich ein Messer an den Hals

SELTENES DOKUMENT

Der unvergessene Heinz Erhardt (1909–1979) in Hamburg. Der Page nimmt ihm den Pelzmantel ab. Eine Aufnahme, auf der der Schauspieler nicht in seiner Rolle als Komiker, sondern ganz natürlich zu sehen ist.

MOMENTAUFNAHME

Was für ein Schnappschuss! Zwei Legenden der Musikgeschichte: Marius Müller-Westernhagen und Beatles-Drummer Ringo Starr mit Zigarette und Pelzmantel.

ROMY SCHÄUMT

Extra für Erika: Romy Schneider „Sissi“, (1938–1982) pustet fürs Foto den Schaum vom Bier.

KÜCHENTRATSCH

Nathalie Delon, Ex-Frau von Alain Delon, und Irma Langer, die Kaltmamsell der MOPO, im Pressehaus am Speersort. Die Schauspielerin besuchte Hamburg im Jahr 1969.

gab es nicht. Also, sie lernte Kameramann, arbeitete dann bei Tobis in Berlin. Tobis, exakt, das ist der Filmverleih mit dem schwachsinnigen Trailer, in dem ein Hahn ein Ei legt, aus dem das i von Tobis schlüpft. An der Seite von Andor von Barsy, einem der besten Filmemacher der Zeit, drehte sie 1942 „Das Bad auf der Tenne". Der Film sorgte für Ärger, Reichspropagandaminister Goebbels war erzürnt, er hatte offenbar mit einem kitschigen Heile-Welt-Epos gerechnet, mit barocken Kulissen und braven Bauern, doch laut „Lexikon des internationalen Films" mutierte der Streifen zu einer „derben erotischen Komödie". Wir wissen heute nicht, ob die überzogene Freizügigkeit bewusst eingesetzt wurde, um dem Propagandaminister vor den Kopf zu stoßen. Sicher aber ist: Wenn Erika in der Redaktion die Entscheidungen eines leitenden Redakteurs oder Ressortleiters missfielen, dann griff sie in die Goebbels-Kiste. Ihr Spruch, den jeder kannte: „Ich habe den Goebbels überlebt, da werde ich auch den Wieding* überleben!"

Nach dem Krieg war die Filmindustrie am Boden, nichts mehr zu machen in Berlin, Erika fand Unterschlupf in der Künstlerkolonie in Worpswede, lernte dort Fotografin, danach heuerte sie in Düsseldorf beim MITTAG an, doch sie wollte nach Hamburg. Und da steht sie nun vor dem Pressehaus am Speersort, wie gesagt, wir schreiben das Jahr 1950. DIE ZEIT sitzt hier bereits, auch der SPIEGEL und der STERN werden hier heimisch, ein Hotspot der neuen demokratischen Nachkriegsgesellschaft, der neuen Medienwelt nach dem Nazi-Horror. Die Legende, Erika sei nacheinander von Rudolf Augstein, Gerd Bucerius und Henri Nannen weggeschickt worden, hält einer Faktenprüfung nur bedingt stand. Aber das ist auch egal, Tatsache ist, Erika hat es zu der Zeit als Frau verdammt schwer und kassiert reihenweise Absagen, bis sie in die MOPO-Redaktion marschiert. Was dort passiert, schildert Erika selbst in einer Veröffentlichung des Betriebsrats anlässlich ihres 50. Dienstjubiläums im Jahre 1999.

> *„Ich bin da hin, und alles war still, sonst ist immer dieser Lärm in Redaktionen, diese Hektik. Aber alle Schreibtische waren verwaist, und nur im letzten Zimmer saß ein einsamer Chef vom Dienst und arbeitete. Die anderen feierten gerade den ersten MOPO-Geburtstag und waren nicht in der Redaktion. Ich sagte: ‚Ich suche eine Stelle.' Der Chef vom Dienst schaute mich an und fragte: ‚Willst du heute mit mir die Zeitung machen?'" Sie wollte... Am nächsten Tag traf sie mit Chefredakteur Heinrich Braune zusammen, der schüttelte nur den Kopf und sagte: „Ich suche jemand ganz Besonderen. Ich suche jemanden mit einem Meisterbrief für Fotografie und der Ausrüstung für eine Dunkelkammer." Den Meisterbrief konnte Erika Krauß triumphierend aus dem Ärmel ziehen, und die Geräte hatte sie auch. „Der Meisterbrief war damals wichtig, denn von dem hing die Genehmigung für eine Dunkelkammer ab", sagte sie. Braune legte den Arm um sie und sagte: „Dann komm." Eine Stunde später ging sie los und machte Fotos für die MOPO. „Der Braune",*

* Erika brachte den Spruch in Zusammenhang mit etlichen anderen Namen, aber in diesem Buch muss Frank Wieding als Beispiel herhalten. Auch so ein MOPO-Urgestein, einer, der bei der MOPO nahezu alles gemacht hat (außer Sport), einer, der der MOPO mit Unterbrechungen bis heute die Treue hält und ganz sicher zu denen gehört, die dem Blatt politische Kompetenz und Gespür für soziale Themen verleihen. Anfang der 2000er war er stellvertretender Lokalchef, und weil er – genau wie Erika – einen ganz eigenen Kopf hatte (und das ist jetzt wirklich als Kompliment gemeint), rasselte er gern mit ihr zusammen, deshalb kassierte er den Spruch zumindest zu der Zeit besonders häufig.

sagt Erika Krauß, „hat mir gesagt: Ich habe kein Geld. Ich bezahle dir nur die Fotos. Geht das in Ordnung? Ich habe genickt. Er hat gesagt: für jedes Foto 20 Mark, und ich bin sofort losgegangen und habe Bilder gemacht. So war das damals. Ich war glücklich."

Erika bleibt der MOPO treu, ihr gesamtes Leben. Sie wird nicht reich, in keiner Ära gibt es bei der MOPO viel zu verdienen. Am 6. Februar 1917 im schlesischen Karski geboren, zwei Weltkriege erlebt, die schwere Zeit des Wiederaufbaus, die goldenen 50er, die stürmisch-studentischen 60er, den Kalten Krieg in den 70er und 80er Jahren, den Fall des Eisernen Vorhangs, die Wiedervereinigung, den 9/11-Terror und die folgenden Kriege, die Globalisierung, Digitalisierung – Erika erlebt das alles, fotografiert das alles, es müssen zigtausende Fotos sein, die sie in sechs Jahrzehnten schießt. Ein Museum der deutschen Geschichte ließe sich damit füllen. Aber es ist eben auch eine Facette in der Geschichte der MOPO, dass der Wert dieser Bilder nicht immer erkannt wurde. Als in den 2000er Jahren die Archivare eingespart wurden, mutierten Fotos zu Einwegprodukten. Analoge Exemplare gingen verloren oder wurden achtlos entsorgt. Einige zehntausend Fotos liegen noch heute im Keller der MOPO-Redaktion, in verstaubten Pappschachteln, die teilweise handgeschriebenen Schlagwort-Beschriftungen der Kartons sind verblasst, das Material ist Jahrzehnte alt. Nach Bildern von Erika Krauß zu suchen, ist ein Glücksspiel. Sie liegen nach Themen sortiert, zusammen mit allen anderen Bildern von anderen Fotografen. Die digitalen Exemplare sind nur so gut archiviert, wie sie von den Fotografen beschriftet wurden. Nicht immer passiert das im hektischen Tagesgeschäft so, wie es sein sollte.

Erika privat. Zwei Ehen, sechs Kinder, zwei davon sterben vor ihr. Bis zu ihrem eigenen Tod lebt sie in St. Georg, eigentlich keine Gegend für einen alten Menschen, Erika setzt sich kritisch mit der Verelendung des Stadtteils auseinander. „Wie sich die Gegend um den Hauptbahnhof verändert – einfach schrecklich!", schimpft sie in einem Gespräch mit dem Hamburger Abendblatt, das sie 1999 mit einem ausführlichen Porträt würdigt. Damals ist Erika bereits 82 Jahre alt, niemand erwartet, dass sie noch viele weitere Jahre für die MOPO unterwegs ist. Ein Wahnsinn, ja, sie wollte es so, aber muss das so sein? In ihrem letzten Jahrzehnt als Fotografin bekommt sie kaum noch Superstars vor die Linse. Sie fährt weiterhin ins Rathaus, Bürgermeister Ole von Beust wartet sogar mit dem Beginn von Terminen, wenn sie noch nicht da ist. Ihre Fotos spielt sie anschließend an einem Computer in der Redaktion ein. Es liegt in der Natur der Sache – längst ist nicht mehr jedes Bild brauchbar. Erikas Geist bleibt immer stark, ihr Wille ist nicht zu brechen, doch der Körper ist mitgenommen von der harten Arbeit. Ihren Arbeitstag in den Anfangsjahren der MOPO beschreibt sie so: „Von 14 bis 3 Uhr nachts war ich für die MOPO unterwegs. Raus zum Termin. Ganz schnell in die Redaktion zurück. In der Dunkelkammer die Bilder abziehen. Und sofort wieder raus zum nächsten Einsatz. Das war wirklich Stress."

Zurück in der MOPO-Lokalredaktion der Neuzeit. Erika muss ihren Führerschein abgeben, andere Fotografen nehmen sie mit zu Terminen, sie macht immer noch weiter. Niemals beschwert sie sich oder kokettiert mit ihrer Karriere, mit all den Persönlichkeiten, die sie getroffen hatte. Erst Ende der 2000er Jahre werden ihre Auftritte in der Redaktion seltener. Am 26. Juni 2013 stirbt Erika im Alter von 96 Jahren im Bundeswehrkrankenhaus in Wandsbek. Der frühere Bürgermeister Henning Voscherau stimmt in seinem Nachruf nachdenkliche Worte an: „Erika wollte (und musste vielleicht auch) weitermachen, bis ihr die Kamera aus der Hand

FREUNDE

**Erika mit Loki und Helmut Schmidt.
Mit dem Altkanzler und seiner Gattin verbindet
die Fotografin eine echte Freundschaft.**

FEST IM GRIFF

**Erika mit dem früheren Bürgermeister
Klaus von Dohnanyi. Auch sie haben ein
vertrauensvolles Verhältnis.**

KÜSSCHEN NACH RÜCKTRITT

2010: Bürgermeister Ole von Beust erklärt seinen Rücktritt und verabschiedet sich bei Erika mit einem Küsschen.

HÖCHSTER RESPEKT

Der Dalai Lama 2007 zu Gast im Rathaus. Als er Erika sieht, schert er aus dem Protokoll aus und verneigt er sich vor ihr.

WIE EIN KUNSTWERK

Als wäre sie Teil der Ausstellung: Erika im Jahre 2005 bei einer Vernissage. Damals ist sie 88 Jahre alt.

fiel. Kein Außenstehender wird ermessen können, wie viel Kraft es sie gekostet hat, mit 80 Jahren und schließlich sogar noch über 90 Jahren einfach weiterzuarbeiten. Sie blieb und sie fotografierte, wie die anderen kamen und gingen." Voscherau stirbt drei Jahre nach Erika an den Folgen eines Hirntumors. Er wird nur 75 Jahre alt.

Wie kann ein Mensch über ein knappes Jahrhundert so viel Kraft aufbringen wie Erika Krauß? Eine, die Erika viele Jahre als Freundin begleitet hat, ist Dr. Sabine Sommerkamp-Homann. Sie organisiert nach Erikas Tod anlässlich des 100. Geburtstags am 6. Februar 2017 eine Ausstellung, hält dort eine Festrede. „Erika kam bis auf die letzte Zeit mit ihrem Golf zu uns, den sie aber immer vor dem Eingangstor parkte. Wenn ich sie hinausbegleitete, sah ich jedes Mal, wie beladen ihr Wagen war, vollgepackt, und es berührte mich, einmal zu sehen, dass obenauf, auf der Rückbank, die Bibel lag. In Glaubensfragen war sie nicht sehr gesprächig, wir diskutierten über das eine oder andere Thema, wortlos schenkte sie mir einen Schutzengel. Erika war tief religiös, sie sprach nicht, sie handelte danach. Vielleicht schöpfte sie aus ihrem Glauben einen Teil der enormen Kraft, der Unbeirrbarkeit und ihres Willens, der ihr eigen war."

Vielleicht war es der Glaube. Vielleicht die Freude an ihrem Beruf. Erika teilte ihre Geheimnisse nicht. Anders als Schokolade. An jedem Tag, den sie in der Redaktion verbrachte, verteilte sie Milka-Pralinen. „Komm, nimm' noch eine." ■

ERIKAS AUSZEICHNUNGEN

1990
„Goldene Filmrolle" der Internationalen Kunstmesse ART Hamburg.

1999
Alexander-Zinn-Preis der Freien und Hansestadt Hamburg – damit ehrt der Senat Erikas Verdienste um das „öffentliche Wohl Hamburgs".

2004
Goldene Ehrennadel des Deutschen Journalisten-Verbandes DJV.

2016
Die vielleicht schönste Auszeichnung: In der Neuen Mitte Altona wird drei Jahre nach ihrem Tod eine Straße nach Erika benannt – die „Erika-Krauß-Twiete".

AUCH EINE TOLLE EHRUNG

Erika als Figur im weltberühmten Miniaturwunderland in der Speicherstadt.

HIS TO RIE

1949 – 2024

SIEBEN EPOCHEN
UND 75 JAHRE
ZEITUNGS- UND
STADTGESCHICHTE
IM ZEITRAFFER

Morgenpost
HAMBURGER
Morgenpost
HAMBURGER
Morgenpost
Kleinholdermann: „Ich wette meine Gage“
Hein ten Hoff: „Wir werden ja sehen!“
HAMBURGER
Morgenpost

1949 – 1980

Die SPD-Ära

Der Senat vergibt die dritte und letzte Lizenz für eine Hamburger Tageszeitung an die Auer-Druck GmbH, ein Unternehmen der Hamburger SPD. Bei Auer-Druck erscheint auch die SPD-Parteizeitung HAMBURGER ECHO. Antreiber, Visionär, Chefredakteur und Herausgeber ist Heinrich Braune.

Chefredakteure
Heinrich Braune, Wolf Heckmann, Bodo Grosch, Conrad Ahlers, Gerd Kahle, Dieter Hünerkoch, Helmut G. Schmidt

Heimat der Redaktion
Pressehaus am Speersort

Hamburger Morgenpost

„Hamburgs Gewässer fast alle verseucht"

Atome gegen Krebs

Erst Dienstag Regierung
ten Hoff heute früh abgereist

Explosion in Pulverfabrik

16. September 1949
Jahrgang 1, Nr. 1

1949
Hamburg in der kargen Nachkriegszeit, wir schreiben das Jahr 1949. Der Wiederaufbau geht voran, doch noch immer fehlt es an Lebensmitteln, Medizin, Material und vor allem an Wohnraum. Hunderttausende leben in Notunterkünften. Bürgermeister Max Brauer regiert die Stadt mit harter Hand und kreativen Maßnahmen: Er tauscht Kultur gegen Kohle, schickt Hamburger Schauspieler in den Ruhrpott, erhält dafür Waggons voller Kohle. Trotz der teils elendigen Umstände ist 1949 ein Jahr des Aufbruchs. In Eimsbüttel wachsen die markanten Grindelhochhäuser. In Klein Flottbek wird erstmals nach dem Krieg das Spring-Derby ausgetragen. Die Kaffeerösterei Tchibo und der Otto-Versand werden gegründet. Im Juli stellt das SPD-eigene Unternehmen Auer-Druck GmbH einen Antrag für eine neue Zeitungslizenz: Das neue Blatt soll „Die Post" heißen. Am 15. September wird der Antrag genehmigt, am 16. September erscheint die erste Ausgabe als „Hamburger Morgenpost". Preis: zehn Pfennig. Auflage: 9000 Exemplare. Ein Meilenstein der Stadtgeschichte.

Heinrich Braune (re.)

1950
Heinrich Braune wird MOPO-Chefredakteur. Unter dem erfahrenen Journalisten klettert die Auflage auf rund 95 000 Exemplare. Trotzdem gibt's finanzielle Probleme: Der Senat mahnt die 600 Mark Lizenzgebühr an, am Ende zahlt die MOPO nur 100 Mark. In der „Washington Bar" auf St. Pauli begeistert ein toller Typ mit Seemannsliedern die Pistengänger. Sein Name: Freddy Quinn.

1951
In Hamburger Radio-Geschäften wird erstmals ein Fernseher angeboten: Das Philips-Gerät kostet unerschwingliche 2100 Mark.

1952
Louis Armstrong, King of Jazz, tritt vor 12 000 Zuschauern in der Ernst-Merck-Halle auf. Schauspieler und Sänger Hans Albers weiht die Schiffsbegrüßungsanlage Willkomm Höft in Wedel ein.

1953
Der Bau der Ost-West-Straße beginnt, die Neue Lombardsbrücke (heute Kennedybrücke) wird eingeweiht. Bei den Bürgerschaftswahlen erhält der

„Hamburg-Block“ (CDU, FDP, DP, BHE) 62 der 120 Sitze. Die CDU stellt mit Kurt Sieveking den Ersten Bürgermeister.

1954
Hamburgs Autos bekommen das Kennzeichen „HH“. HSV-Star Jupp Posipal feiert mit Deutschland das „Wunder von Bern“ – die Fußball-Weltmeisterschaft.

1955
Gustaf Gründgens übernimmt als Intendant das Deutsche Schauspielhaus, holt Stars wie Will Quadflieg, Elisabeth Flickenschildt und Joana Maria Gorvin auf die Bühne. Mohammad Reza Pahlavi, der letzte iranische Schah, kommt mit Kaiserin Soraya nach Hamburg. Sie trägt Nerzmantel und einen himbeerfarbenen Hut.

Hamburger Morgenpost
„Schwarze Karten“ beschlagnahmt
Eilige Abreise aus Port Said
Suez-Kanal ist lahmgelegt: Nur noch 5 Lotsen im Dienst!
Kein Notopfer mehr ab 1. Oktober?
Laterne, Laterne...
Schiffe stauen sich
Steuerstreit zu Ende

1956
Bürgermeister Kurt Sieveking legt an der Paul-Roosen-Straße in Altona den Grundstein für einen Wohnblock. Insgesamt 11 000 Wohnungen für 40 000 Menschen sollen zwischen Nobistor, Altonaer Bahnhof, Holstenstraße und Palmaille entstehen. Das Quartier erhält den Namen „Neu-Altona“.

Sensations-Siege der Leichtathleten
Hamburger Morgenpost
Endergebnis der Wahlen zum 3. Bundestag
CDU siegte im Bund, aber Hamburg wählte die SPD
Adenauer und ... Ollenhauer bei der Wahl

1957
Der TV-Journalist Werner Baecker moderiert aus einem Autohaus in der Dammtorstraße die erste Ausgabe der NDR-Unterhaltungssendung „Aktuelle Schaubude“ – bis 2009 folgen 2189 weitere Sendungen. Grippe-Epidemie: 30 000 Kinder sind krank, Schulen schließen. Max Brauer wird erneut Bürgermeister.

Blaulicht-Alarm gegen Hamburger Bankräuber
Hamburger Morgenpost
Das Grauen am Drachenfels
Brudermord in der Felswand!
Keine Zeit für Liebe
Eine Mutter bittet für ihren Sohn
Pistolen für Kassierer

1958
Bei Blohm+Voss läuft die „Gorch Fock“ vom Stapel. Rock’n’Roll-Star Bill Haley kommt mit den Comets nach Hamburg. Die Fans randalieren, drei Hundertschaften der Polizei räumen die Ernst-Merck-Halle mit Knüppeln und Tränengas. Elvis Presley, der King of Rock’n’Roll, sagt daraufhin ein geplantes Konzert in Hamburg ab.

Um 17.21 Uhr in USA gelandet
Eisiges Schweigen, als Chruschtschow eintraf!
HEUTE 10 JAHRE
Hamburger Morgenpost
Soltau: Spürhund fand die 5 Taxi-Banditen
Glückwunsch zum 10. Geburtstag
G.G. nach Moskau!
Gast der USA

1959
Star-Sopranistin Maria Callas residiert mit ihrem Pudel Toy im Hotel Atlantic und gibt in der Musikhalle ihr erstes Konzert auf deutschem Boden. In Reihe eins sitzen Bürgermeister Max Brauer und Filmstar Zarah Leander.

Hans Albers† Er wollte in Hamburg sterben
Steinbach jagt Owens Weltrekord
Phantastische Leistungen in Berlin und Leipzig
Hamburger Morgenpost
Zu jung zum Lieben
Sowjetfrachter rettet 17 Deutsche nach Kollision
Beisetzung in Ohlsdorf

1960
Neue Dienstanweisung: Lehrer dürfen unverbesserliche Rüpel mit dem Rohrstock schlagen. Thailands Königin Sirikit und König Bhumibol besuchen Hamburg. Verkehrschaos beim Besuch von Sophia Loren. Die Beatles treten erstmals im verruchten Nachtclub „Indra“ in der Großen Freiheit auf. Max Brauer übergibt sein Amt an Paul Nevermann. Im Juli stirbt Hans Albers im Alter von 68 Jahren.

24 Stunden vor der Wahl

Adenauer läßt Erhard fallen

Willy Brandt „Meine Regierung steht!"

Hamburger Morgenpost

33 95 11

Zone plant an der Grenze: Massen-Deportation!

1961
Helmut Schmidt wird Innensenator. Am Berliner Tor kracht eine S-Bahn auf einen Bauzug – 28 Menschen sterben, rund 100 werden teils schwer verletzt. In Berlin beginnt der Bau der Mauer. Im September finden die 4. Bundestagswahlen statt.

Tips für Hamburger Einbrecher

Gangsterbraut saß in der Polizeizentrale

Hamburger Morgenpost

Dreimal Silber Viermal Bronze Kein Gold in Belgrad

Unheimlicher Gast

Deutscher Raketen-Forscher entführt?

1962
Flutkatastrophe: Die Deiche brechen an 60 Orten, 315 Menschen sterben auf Hamburger Gebiet. Razzia beim SPIEGEL: Wegen der Berichterstattung über das Nato Manöver „Fallex 62", die Bundeskanzler Konrad Adenauer als „Landesverrat" bezeichnet, besetzt die Polizei die Redaktion, verhaftet u.a. den späteren MOPO-Chefredakteur Conrad Ahlers und SPIEGEL-Gründer Rudolf Augstein. Die MOPO solidarisiert sich, stellt der SPIEGEL-Redaktion ihre Räumlichkeiten zur Verfügung. Die Beatles sind wieder in Hamburg, spielen im neu eröffneten „Star Club".

Angst vor dem Feuerteufel

Wieder Großbrand in Harburg!

Fußball-Ausscheidung: 0:3 Niederlage für unsere Amateure

Regionalliga: Altona schlägt Spitzenreiter

Hamburger Morgenpost

Bombe in der Kirche

Der 6. Brand in vierzehn Tagen

1963
Der Senat verhängt ein Rauchverbot in den Straßenbahnen. Gustaf Gründgens wird in Manila tot aufgefunden. Freddy Quinn landet mit „Junge, komm bald wieder" seinen ersten Hit.

1964
Das erfolgreichste Jahr der MOPO: Im Schnitt werden jeden Tag mehr als 363 000 Exemplare verkauft. Im Februar schicken Physiker erstmals Teilchen durch das Elektronen-Synchrotron DESY in Bahrenfeld.

1965
Der Verkaufspreis der MOPO steigt von 10 auf 15 Pfennig. Herbert Weichmann ist neuer Erster Bürgermeister. Die Rolling Stones spielen in Hamburg, es kommt zu Krawallen vor der Ernst-Merck-Halle.

1966
Der Journalist Günter Wallraff heuert als freier Mitarbeiter bei der MOPO an. Inge Meysel und Heidi Kabel werden als beliebteste deutsche TV-Stars ausgezeichnet.

1967
Mit Willi Wacker führt die MOPO einen neuen Comic-Helden ein. Dem Verlag geht es zunehmend schlechter: Die hauseigene Auer-Druckerei investiert Millionen in Druckmaschinen, verliert danach den SPIEGEL als Kunden. Der Verkaufspreis der MOPO klettert von 15 auf 20 Pfennig. Im Juni 1967 kommt es anlässlich des Schah-Besuchs – wie zuvor schon in Westberlin – auch in Hamburg zu Protesten und gewalttätigen Ausschreitungen.

Mit Fernseh-Zeitung

Morgenpost

Nach brutalem Überfall auf Hamburger Familie:

Rocker-Chef auf der Flucht gefaßt

Tito ruft seine Partisanen

Auf Goldsuche nach Mexico

INTER

1968
Der Bau des Elbtunnels beginnt. Der Tele-Michel wird eingeweiht. Zoff mit Theater-Stars: Egon Monk wirft nach 74 Tagen als Intendant des Schauspielhauses das Handtuch. Heinrich Braune scheidet als Chefredakteur der MOPO aus. Im Februar spricht Rudi Dutschke bei einer Studenten-Demo auf der Moorweide.

Wolf Heckmann (re., mit Curd Jürgens)

1969
Wolf Heckmann ist neuer MOPO-Chefredakteur, Heinrich Braune bleibt als Herausgeber. Otto Waalkes und Udo Lindenberg treten im legendären Onkel Pö am Lehmweg auf.

1970
An der Hamburger Straße entsteht für 140 Mio. Mark das größte Einkaufszentrum Europas. Erster Musical-Hype in Hamburg: Mehr als 200 000 Besucher sehen am Besenbinderhof „Hair“.

1971
Königin Juliana der Niederlande verliert in Hamburg einen Brillanten, ein Polizist findet ihn. Polizisten erschießen die RAF-Terroristin Petra Schelm in der Stresemannstraße. In der Barnerstraße in Altona eröffnet die Fabrik. Peter Schulz wird Erster Bürgermeister.

Großalarm in Hamburg - 3000 in Lebensgefahr

Morgenpost

Bomben explodierten im Springer-Haus

1972
Am 15. Februar, einem kalten Wintermorgen, prallen im Hafen zwei Schiffe zusammen: Die Hafenfähre „Eppendorf“ rammt die Barkasse „Cäsar II“ – dort sind 45 Arbeiter an Bord. Das Schiff versinkt in der Elbe. 17 Menschen ertrinken im eisigen Wasser. Sportchef Bodo Grosch ist neuer MOPO-Chefredakteur. Der Verkaufspreis steigt von 20 auf 30 Pfennig. Anschlag auf das Axel-Springer-Haus: 18 Menschen werden zum Teil schwer verletzt. Die Polizei verhaftet RAF-Terroristin Gudrun Ensslin mit zwei geladenen Waffen beim Sockenkauf in einer Boutique am Jungfernstieg. Der HSV spielt zum Abschied von Uwe Seeler gegen eine Weltauswahl, u.a. mit Bobby Moore und Eusebio.

Morgenpost

4:2 für HSV!

Exklusiv-Interview mit Helmut Schmidt

6 Milliarden gegen drohende Arbeitslosigkeit!

Kargus hielt drei Elfer!

Europa droht neuer Terror

Ratten in der Pfanne

Total-Ausverkauf Alle Pelze

City-Pelze

Rüssel-Räuber

1973
Erste Hausbesetzung in der Ekhofstraße in Hohenfelde. MOPO-Redakteur Andreas Conradi eckt mit einem Kommentar gegen die Räumung bei der SPD an, wird daraufhin gefeuert. Max Brauer stirbt mit 85 Jahren. Das CCH und die Alsterschwimmhalle eröffnen. Neuer Innensenator: Hans-Ulrich Klose. HSV gewinnt Pokal-Achtelfinale gegen Gladbach, Kargus hält drei Elfmeter.

Minister fordern: Hebt Tempo 100 auf

Morgenpost

Hamburger Richter: „Alte Leute dürfen einmal stehlen!“

Gnade für alle Schalker Skandalsünder

Hamburgerin verhungerte im Rollstuhl

500 Millionen gegen Krebs

1974
Mehr als eine halbe Million Menschen pilgern nach Fertigstellung über die Köhlbrandbrücke. Helmut Schmidt wird Bundeskanzler. John Neumeier inszeniert an der Staatsoper „Romeo und Julia“. Hans-Ulrich Klose löst Peter Schulz als Bürgermeister ab.

1975
Die MOPO stellt auf Fotosatz um – 100 Setzer verlieren ihren Arbeitsplatz. Wieder eine Preiserhöhung: von 30 auf 35 Pfennig. Helmut Schmidt eröffnet den Elbtunnel. 15 Jahre Haft für Frauenmörder Fritz Honka. Peter-Michael Kolbe feiert den Weltmeister-Titel im Einer-Ruderer.

Conrad Ahlers (li.) mit Rudolf Augstein

1976
Chefredakteurs-Wechsel bei der MOPO: Conrad Ahlers löst Bodo Grosch ab. Mit Dagmar Berghoff bekommt die Tagesschau ihre erste Frau als Sprecherin. Bei Blohm+Voss

im Hamburger Hafen explodiert der Container-Frachter „Anders Maersk“ – 27 Tote.

Morgenpost
Bankraub in HAMBURG
Helmut Schmidt zu den Schleyer-Entführern:
Schluß mit dem Irrsinn
18 Geiseln im Keller gefangen!
Gangster entkamen mit 140 000 DM
Post: Abschied vom Schnörgelei
Lady '77: Beine wie ein Reh...
Unser TV-Tip
SCHAU REIN
Pelze-Herbst
Sonderangebot
Otter 2950,-

1977
MOPO-Redakteur Dieter Hünerkoch erhält den Wächterpreis für die Aufdeckung eines Müllskandals. Die Fabrik in Altona und die Apostelkirche in Eimsbüttel brennen aus. HSV gewinnt unter Kuno Klötzer den Europapokal der Pokalsieger. Rudi Gutendorf übernimmt in der darauffolgenden Saison das Traineramt – mit mäßigem Erfolg. Der HSV verliert 0:2 gegen den FC St. Pauli, Gutendorf fliegt wenige Wochen später raus.
Die SPD verkauft das Pressehaus am Speersort für 28 Mio. an die Allianz.

Auf der Autobahn Hamburg-Flensburg:
Morgenpost
6 Tote, 47 Schwerverletzte
Flammenhölle im Nebel
● Nur sieben Meter Sicht
● 60 Fahrzeuge sind Schrott
Großbrand in Hamburgs City: Millionenschaden!
Sex-Unterricht ist Pflicht
Über 600 HiFi-Plattenspieler warten auf Sie
Rätsel um Strauß-Freund
1000 TÖPFE Niedrigpreise
50%

1978
Kreml-Chef Leonid Breschnew besucht Helmut Schmidt in seinem Haus in Langenhorn. Die SPD gewinnt mit Hans-Ulrich Klose an der Spitze die Bürgerschaftswahl.
Die 15-jährige Geigerin Anne-Sophie Mutter gibt ein vielumjubeltes Konzert mit dem NDR Sinfonieorchester.

Das Winter-Chaos
Morgenpost
19 Tote
Uwe Seeler im Schnee gefangen
DDR: Lebenslang für Hamburgerin
Radikaler Pelz-Total-Ausverkauf
Teilweise sogar 40–60%

Gerd Kahle (li.), Dieter Hünerkoch

1979
Chefredakteur Conrad Ahlers verlässt die MOPO, Dieter Hünerkoch und Gerd Kahle übernehmen kommissarisch. Die MOPO steckt in ihrer schwersten Krise: Die SPD findet keinen Käufer für die defizitäre Zeitung, Verhandlungen mit DuMont Schauberg und dem Bauer-Verlag scheitern. Im Curiohaus kommen Hunderte zu einer Podiumsdiskussion: „Rettet die MOPO“, darunter Ortwin Runde, Günter Wallraff und Manfred Bissinger.
Kurz vor Weihnachten wird allen 144 Beschäftigten in Redaktion und Verlag gekündigt.

1980 – 1986

Eduard Greif (re.)

Die Greif-Ära
Die SPD verkauft erst 60 Prozent, ein Jahr später die restlichen 40 Prozent der MOPO an die Gebrüder Greif aus der Schweiz.
Die Zeit unter Christian und Eduard Greif ist geprägt von Finanzchaos und der „Hurenkasse“. Aus der Bargeldkasse wird sich fleißig bedient, als nichts mehr drin ist, pumpen sich die Verleger Geld von ihrer eigenen Redaktion. Eine Leserbrief-Redakteurin leiht den Brüdern 100 000 Mark – in bar.

Chefredakteure
Helmut G. Schmidt, Gerd Kahle, Felix Schmidt, Nils von der Heyde

Heimat der Redaktion
Kaufmannshaus an der Bleichenbrücke

Carrell so gut wie nie! Junge komm bald wieder!
Morgenpost
Carter: Breschnew ein Lügner
Weltkrise! Platzt Olympia?
Sohn beging Selbstmord – Eltern klagen Kirche an
Schnee-Chaos! Autobahnen im Norden dicht
Sinnlich in die 80er Jahre

1980
Die MOPO steht vor der Einstellung, die letzte Ausgabe soll am 28. Februar erscheinen. In letzter Minute übernehmen die Schweizer Brüder Eduard und Christian Greif die Zeitung. Die Redaktion zieht vom Pressehaus am Speersort ins Kaufmannshaus an der Bleichenbrücke. Peter Striebeck wird neuer Intendant des Thalia-Theaters. Franz Beckenbauer wechselt zum HSV.

Mini-WM: Verloren – aber alle loben unsere Elf
Morgenpost
HSV: Ristic ließ die Profis laufen, Klein sprach mit Zebec
DDR-Flüchtling (18) will in Hamburg leben:
Mit bloßen Händen in die Freiheit gebuddelt
Liza Minelli verlor ihr Kind
Proteste! Denn der Autofahrer wird zur Melk-Kuh der Nation

Gerd Kahle

1981
Gerd Kahle wird neuer MOPO-Chefredakteur. Hans-Ulrich Klose tritt als Regierungschef zurück, Klaus von Dohnanyi übernimmt. Auf dem Dom sterben sieben Menschen, 16 weitere werden verletzt, als Gondeln des Looping-Fahrgeschäfts „Skylab“ gegen einen Kranausleger krachen.

Show-Sensation 1982
ABBA-Stars starten Musical um Liebe
Morgenpost
Nina (8) Entführt!
Hartwig bleibt beim HSV – erst mal
Nach Millionenforderung schweigen die Kidnapper
Ein Atomkrieg bringt unermeßliche Leiden!
Jahrgang '82

1982
Gottlieb Wendehals landet mit der „Polonäse Blankenese“ einen Party-Hit. Bei den Bürgerschaftswahlen siegen Klaus von Dohnanyi und die SPD erst nach Neuwahl. Der HSV feiert unter Trainer Ernst Happel die deutsche Meisterschaft. RAF-Terrorist Christian Klar wird im Sachsenwald bei Hamburg verhaftet. Die SAGA meldet im Frühjahr die Besetzung mehrerer Häuser in der Hafenstraße.

1983
Gerd Kahle tritt als Chefredakteur der MOPO zurück, Stellvertreter Walter Weber übernimmt kommissarisch. Die Bürgerschaft ernennt Helmut Schmidt zum Ehrenbürger. Der HSV siegt durch ein Tor von Felix Magath gegen Juventus und gewinnt den Europapokal der Landesmeister. Barkassen-Unglück im Hafen – 19 Tote. Schauspieler Heinz Rühmann tritt anlässlich des 70. Geburtstages von Filmproduzent Gyula Trebitsch im Circus Roncalli als Clown auf.

Morgenpost
Platzt Trio?
HSV 1:3! Schlimme Blamage, Schatz wieder verletzt!
Sperrmüll: Anruf genügt
Ganz Hamburg sucht den weißen Wal
Genscher: Gurt rettete sein Leben
Der BH wird 80

1984
Felix Schmidt wird neuer Chefredakteur der MOPO. Er war zuvor beim Stern, musste nach der Veröffentlichung der gefälschten Hitler-Tagebücher zurücktreten. MOPO-Lokalreporter Gerd-Peter Hohaus deckt den Bernbeck-Skandal auf: „Chefarzt operiert uns zu Krüppeln“. Die Redaktion zieht aus der Innenstadt um in die alte Wollgarn-Fabrik an der Bahrenfelder Griegstraße. Willem, ein weißer Beluga-Wal, tummelt sich eine Woche lang im Hafen.

1985
Nils von der Heyde wird neuer MOPO-Chefredakteur. Ein Verkauf der MOPO von Greif an Burda scheitert. Auf dem Heiligengeistfeld hält die Polizei Anti-AKW-Demonstranten im „Hamburger Kessel“ 15 Stunden widerrechtlich gefangen. Vor dem S-Bahnhof Landwehr erschlagen rechtsradikale Skinheads den 26-jährigen Türken Ramazan Avci. Er hinterlässt seine schwangere Frau.

1986 – 1999

Gerd Schulte-Hillen (re., mit Edmund Stoiber)

Die Gruner + Jahr-Ära

Auf Betreiben von Gruner + Jahr-Chef Gerd Schulte-Hillen kauft der Großverlag die MOPO, zahlt dafür fünf Millionen Mark. Rund 50 Millionen Mark investiert G + J im ersten Jahr in die MOPO. Das wichtigste Merkmal dieser Zeit: Die MOPO bekommt ihr populäres U-Bahn-Format. Kleine Zeitung, großer Erfolg? Schulte-Hillen inszeniert einen Großangriff auf BILD – und versenkt Millionen.

Chefredakteure und Chefredakteurin

Jürgen Juckel, Wolfgang Clement, Ernst Fischer, Wolf Heckmann, Manfred von Thien, Willi Schmitt, Dr. Mathias Döpfner, Jan Haarmeyer und Hansjörn Muder (kommissarisch), Marion Horn

Heimat der Redaktion

Alte Nähgarn-Fabrik an der Griegstraße, Bahrenfeld

Die neue Zeitung in unserer Stadt!

MORGEN POST

NUR 10 PFENNIG! DREI TAGE LANG – ZUM KENNENLERNEN

HAMBURG

1986

St. Pauli-Killer Werner „Mucki" Pinzner erschießt im Polizeipräsidium Staatsanwalt Wolfgang Bistry, seine Frau Jutta und sich selbst. Gruner + Jahr kauft die MOPO, gibt der Zeitung ein neues Format. Neuer Chefredakteur ist Jürgen Juckel. Preis der neuen MOPO: 50 Pfennig.
Die Auflage liegt bei 139 000 Exemplaren, der Gruner + Jahr-Vorstandsvorsitzende Gerd Schulte-Hillen gibt 250 000 Exemplare als Auflagenziel aus. Der NDR sendet versehentlich die Neujahrsansprache von Bundeskanzler Helmut Kohl aus dem Vorjahr. Die MOPO führt eine tägliche Pop-Seite ein, Clemens Grün kommt dafür als Redakteur. Später wird die Seite in MOPOP umbenannt.

Wolfgang Clement

1987

Mathias Rust landet mit seiner Cessna 172 auf dem Roten Platz in Moskau. Sigrid Meißner wird Betriebsratsvorsitzende der MOPO, der spätere NRW-Ministerpräsident Wolfgang Clement Chefredakteur. Es kommt zu einer Massenkündigung, Clement bringt eigene Leute mit. Die Schreibmaschine in der Redaktion wird abgeschafft, die Belegschaft bekommt Computer. Sport-Redakteur Buttje Rosenfeld weigert sich, schreibt weiter auf Schreibmaschine. Christian Nienhaus übernimmt die Geschäftsführung. Der HSV siegt im Pokalfinale und holt seinen letzten Titel.

Olympisches Chaos in Seoul

Schlägerei um Steffi

HAMBURGER MORGEN POST

Voscherau landet im Reisfeld

mit Kim, seiner Dolmetscherin

Die Nation ist entzweit: Gnade für Terroristen?

Harry's Fliesenmarkt

VILLEROY & BOCH-Ausstellung

1988

Michael Jackson füllt das Volksparkstadion, Prince nur das Millerntor. Bei der MOPO kommt es zum Machtkampf zwischen Geschäftsführer und Chefredakteur, Christian Nienhaus und Wolfgang Clement brüllen sich vor versammelter Mannschaft an. Clement geht, Ernst Fischer kommt von der Abendzeitung aus München als neuer Chefredakteur. Die Auflage liegt bei 158 000 Exemplaren. Klaus von Dohnanyi bekommt die Hafenstraße nicht in den Griff, tritt zurück, Henning Voscherau übernimmt.

HAMBURGER MORGEN POST
Die Sensation ist perfekt
DDR-Bürger dürfen ab sofort direkt in die Bundesrepublik und nach West-Berlin ausreisen
Die MAUER ist weg!
Drei Tote auf der Fähre „Hamburg"
Stur auf Kurs ins Unglück
Im Bundestag sangen sie die Nationalhymne
Riesenansturm wird heute in Berlin erwartet

Wolf Heckmann

1989
Wolf Heckmann kehrt in die Chefredaktion zurück. Heidi Kabel feiert ihren 75., der Hafen seinen 800. Geburtstag, Ida Ehre stirbt im Alter von 89 Jahren. NDR-Kult-Moderator Carlo von Tiedemann gesteht Drogen-Konsum. Im Schanzenviertel besetzen linke Aktivisten die Rote Flora, in der bis dahin der Haushaltswaren-Laden „1000 Töpfe" residierte.

1990
Die MOPO geht nach der Wende auf Expansionskurs: Die Zeitung eröffnet Redaktionsbüros in Rostock und Schwerin, erscheint künftig auch als Morgenpost in Dresden, Chemnitz und Leipzig. Der Preis für die Hamburger Morgenpost steigt auf 70 Pfennig. Peter Hofmann und Anna Maria Kaufmann spielen die Hauptrollen im Musical „Phantom der Oper" von Andrew Lloyd Webber. Bei der Premiere kommt es vor der Neuen Flora an der Stresemannstraße zu Krawallen.

Paul McCartney und die Drogen
HAMBURGER MORGEN POST
Ohrstecker führte zum Taxi-Mörder
2:1 FC St. Pauli ist wieder Spitze
1:0 – Der HSV jubelt

1991
Theater-Chef Corny Littmann eröffnet auf dem Kiez das „Tivoli". Henning Voscherau und die SPD gewinnen die Bürgerschaftswahlen, holen 48 Prozent. Der FC St. Pauli verliert in der Relegation gegen die Stuttgarter Kickers und steigt in die zweite Liga ab.

HAMBURGER MORGEN POST
Willy Brandt
„Es sollte nicht sein"
Werder 3:1! „Herrliche Tore und ein Eklat"
Ein Abschiedsgruß und Tränen bei der SI-Tagung in Berlin
Hamburg: Angst um die Jobs am Bananenkai
Millionen-Erpresser bombt weiter
Hannover und Bremen: Explosionen im Kaufhaus – Es begann in Hamburg

1992
Karstadt-Erpresser Dagobert entkommt bei einer Geldübergabe an der Bahnstrecke Hamburg-Berlin auf Höhe Aumühle. Benno Möhlmann wird neuer HSV-Trainer, G+J-Vorstand Martin Stahel neuer Geschäftsführer der MOPO. Nach einem tödlichen Brandanschlag durch Rechtsradikale in Mölln initiiert die MOPO eine Aktion gegen Neonazis: „Fremde brauchen Freunde – Stoppt den Hass". Die MOPO-Auflage liegt bei 165 000 Exemplaren. In Folge 37 des „Großstadtreviers" stellt sich ein Neuer vor: Streifenpolizist Dirk Matthies, gespielt von Jan Fedder. Auf Streife an seiner Seite: Mareike Carrière als Ellen Wegener.

HAMBURGER MORGEN POST
Hamburg: Heroin für 'ne halbe Million Mark
Der Dealer ist erst 11
Europa-Cup aktuell 4:3! Bayerns Sieg in der 90. Minute
Lufthansa-Bruchlandung
Im Tower saßen die Schutzengel
Fluglotsen sahen das Unglück kommen und alarmierten blitzschnell die Feuerwehr
Marilyn: Das Kleid ist weg!
Der neue Trend: Trick-Shopping

1993
Dr. Mario Frank wird neuer Geschäftsführer, Matthias Nienhaus wird Verlagsleiter. Bei den Wahlen im September zieht erstmals die STATT-Partei in die Bürgerschaft ein. Die Obdachlosenzeitung Hinz und Kunzt erscheint erstmals. Airport: Terminal 4 geht in Betrieb. Der für die RG Hamburg startende Jan Ullrich gewinnt die Straßen-WM in Oslo. Ein geistig verwirrter Fan rammt Tennis-Star Monica Seles im Viertelfinale am Rothenbaum ein Messer in den Rücken.

HAMBURGER MORGEN POST

HEUTE

▸ REPORTAGE
Die Kinder von Sarajevo

▸ PREMIERE
Riesen-Jubel für „Käthchen"

▸ MASTERS
HSV greift nach dem Hallen-Titel

▸ HAMBURG
Senat will Stahl-Werke verkaufen

Die Sturmflut

Um 16.15 Uhr meldet der Hafen: „Land unter"
Viele Häuser von der Außenwelt abgeschnitten
Orkan „Lore" – Fünf Tote und Millionenschäden

Bonn will sparen, Studenten zahlen

Manfred von Thien

1994
Manfred von Thien wird neuer Chefredakteur. Jan Haarmeyer rückt als Stellvertreter in die Chefredaktion auf. Es kommt zu Spannungen zwischen von Thien und Verlagsleiter Matthias Nienhaus. Der Verkaufspreis der MOPO steigt auf 80 Pfennig. Innensenator Werner Hackmann stolpert über den Polizeiskandal: Polizisten hatten Asylbewerber misshandelt, u.a. Scheinhinrichtungen durchgeführt.

1995
Die MOPO geht online, startet als erste Boulevard-Zeitung einen Internet-Auftritt. Wieder wechselt der Geschäftsführer: Dr. Bodo Almert kommt aus Köln. Uwe Seeler wird von den Medien und seinen Freunden dazu gedrängt, den Präsidenten-Posten beim HSV zu übernehmen. Sprengung des asbestverseuchten Iduna-Hochhauses am Millerntor. Der FC St. Pauli steigt wieder in die Bundesliga auf. MOPO-Auflage am Jahresende: 151 000.

HAMBURGER MORGEN POST

Hamburg

16 Sonderseiten

Zigaretten-Millionär

Reemtsma 33 Tage entführt

Für 30 Mio frei

Größte deutsche Entführung | Kidnapper-Stimme: ☎ 01166 | Kontakt lief über die MOPO

Mathias Döpfner (Mitte)

1996
Dr. Mathias Döpfner wird neuer Chefredakteur der MOPO. Er erweitert die Chefredaktion auf sechs Mitglieder, bringt neue Ressortleiter mit, einige alte müssen gehen.

1998 – MOPO boykottiert die Berichterstattung über das intime Verhör, dem Bill Clinton sich nach der Lewinsky-Affäre unterziehen muss.

Der Hamburger Millionär Jan Philipp Reemtsma wird nach einem fast fünfwöchigen Entführungsdrama freigelassen. Die Kommunikation mit den Entführern lief über Kleinanzeigen in der MOPO. Tchibo kauft Eduscho. Die 22-jährige Hamburgerin Sandra Völker gewinnt in Atlanta olympisches Silber und zweimal Bronze. Neues Ladenschlussgesetz in Hamburg: Läden dürfen bis 20 Uhr öffnen – 90 Minuten länger als bisher. Der Senat verleiht Gerd-Peter Hohaus den Alexander-Zinn-Preis für seine Medizinberichterstattung. MOPO-Auflage: 145 000.

1997
Relaunch und Werbekampagne „Die MOPO bringt's". Ohne Erfolg. Die Auflage sinkt auf 142 000. Geschäftsführer Dr. Bodo Almert muss gehen, Mathias Döpfner bleibt. Der Bau der vierten Elbtunnelröhre beginnt. Henning Voscherau stellt die Pläne für die HafenCity vor. Nach der Bürgerschaftswahl tritt er zurück. Ortwin Runde übernimmt.

Marion Horn

1998
Dr. Bernd Buchholz übernimmt die Geschäftsführung bei der MOPO. Döpfner wechselt zur WELT. Marion Horn kommt als erste Chefredakteurin zur MOPO. Uwe Seeler tritt als HSV-Chef zurück.

1999 – 2006

Hans Barlach (li.), Frank Otto

Die Barlach-Ära
Gruner + Jahr verkauft die MOPO an Frank Otto und Hans Barlach. Sie gründen die Morgenpost Verlag GmbH. Als Kaufpreis wird in der Öffentlichkeit eine „einstellige Millionensumme" gehandelt. 2004 kommt es zu einer strategischen Neuausrichtung: Barlach übernimmt sämtliche Anteile von Otto. Chefredakteur Josef Depenbrock stockt seine Anteile auf zehn Prozent auf.

Chefredakteure
Wieland Sandmann (Redaktionsdirektor), Josef Depenbrock

Heimat der Redaktion
Alte Nähgarn-Fabrik an der Griegstraße, Bahrenfeld

1999
In Lurup verschwindet die zehnjährige Hilal Ercan, sie wird bis heute vermisst. Marius Müller-Westernhagen spielt vor 100 000 Menschen auf der Bahrenfelder Trabrennbahn. Der Schauspieler Horst Frank stirbt mit 69 Jahren und wird in Ohlsdorf beerdigt. Die MOPO feiert ihren 50. Geburtstag – und wird nur wenige Wochen später verkauft: Versandhaus-Erbe Frank Otto und Galerist Hans Barlach übernehmen die Zeitung. Wieland Sandmann wird Redaktionsdirektor, Marion Horn geht. Auflage: 130 000. In Bullenhausen (Seevetal) versucht Inge Meysel, den Deichbau vor ihrem Bungalow zu verhindern – sie verlangt freie Sicht auf die Elbe.

HAMBURGER MORGEN POST
MAKE A DATE 306 x Flirtspaß
Sprayer
2 Jahre in Haft!
1:4: St. Pauli katastrophal in Duisburg
30
Australien verzaubert die Welt
Schönste Eröffnung aller Zeiten
Heute & morgen schon 27 x Gold
MOPO-Gewinnspiel: 30 000 DM

2000
Deutschlands erste Babyklappe eröffnet in Hamburg. In der Diskothek J's im Bunker am Heiligengeistfeld zündet ein Attentäter eine Handgranate. Dieter Bohlen, Til Schweiger und Heinz Hoenig feiern vor Ort, bleiben unverletzt. Josef Depenbrock wird Chefredakteur und Geschäftsführer der MOPO. Der Senat verkauft die Rote Flora an

2000 – MOPO verteilt Sonderausgabe mit Titelseite zum Hochhalten fürs letzte Heimspiel des abstiegsbedrohten FC St. Pauli

den Unternehmer Klausmartin Kretschmer. Die Magnetschwebebahn Transrapid zwischen Hamburg und Berlin wird nicht gebaut.

myMOPO

Sexperimente: Hamburger werden immer offener

2001
MyMOPO, eine Ausgabe für junge Leser, wird getestet. Bei den Bürgerschaftswahlen gelingt den Rechtspopulisten der Schill-Partei mit 19,4 Prozent ein Sensationserfolg. Ole von Beust bildet eine Koalition aus CDU, Schill-Partei und FDP. Ronald Schill wird Zweiter Bürgermeister und Innensenator. In der Speicherstadt eröffnen die Zwillingsbrüder Frederik und Gerrit Braun das heute weltberühmte Miniatur Wunderland. Die MOPO enthüllt: 9/11-Terrorpilot Mohammed Atta lebte in Hamburg.

HAMBURGER MORGEN POST

Die Wahl 2002

38,4 SPD | 38,6 CDU/CSU | 8,6 Grüne | 7,3 FDP | 4,0 PDS

Fischer rettet Schröder

GAL jubelt über Traum-Ergebnis Debakel für Schill-Partei

0:2 – Jetzt wirds eng für Jara

Hamburgs beste Köchin

➤ Union stärkste Fraktion ➤ SPD verliert deutlich ➤ Grüne klare Gewinner ➤ FDP: Wahlziel verpasst ➤ PDS fliegt raus

2002
Währungsumstellung. Die MOPO kostet jetzt 45 Cent. Der US-Mediendesigner Mario Garcia wird für einen Relaunch nach Hamburg eingeflogen. Als er das Ergebnis vorstellt, äußert er sich abfällig über die Foto-Qualität – damit könne man nicht viel anfangen. Ronald Schill führt blaue Uniformen für die Polizei ein. Die vierte Elbtunnelröhre und die Colorline-Arena im Volkspark eröffnen.

HAMBURGER MORGEN POST

Zwei 10-Jährige überfallen Oma

Hamburgs beste Franzbrötchen

Iam vero absum*

* Ich bin dann mal weg

Mit einer Erklärung auf Latein tritt der Papst aus heiterem Himmel zurück. Die Hintergründe: Seiten 2-5

2003
MOPO-Zoff zwischen Frank Otto und Hans Barlach. Otto will an einen Gesellschafter

der Kieler Nachrichten verkaufen, Barlach ist dagegen, übernimmt Ottos Anteile. Bei Hagenbeck stirbt Walross Antje, Maskottchen des NDR. Nachdem Ronald Schill versucht, Ole von Beust zu erpressen, platzt die Regierungskoalition. Es kommt zu Neuwahlen. Millionen-Betrüger Jürgen Harksen wird zu sechs Jahren und neun Monaten Haft verurteilt. Schwedens Königin Silvia besucht die Stadt. Hamburg scheitert mit seiner Olympiabewerbung für 2012 im nationalen Vorentscheid an Leipzig.

HAMBURGER MORGEN POST

Eichinger über »Der Untergang«

Huren verlosen Gratis-Sex

2½ Jahre Knast für Schubser

Kabinett vertagt Elbvertiefung

Trittin bremst Hamburg aus

Behörden-Irrsinn

3:0 Leverkusen entzaubert Zidane & Co.

free-trip!

1:0 in Tel Aviv

Rost brüllt Heynckes weg

2004

Eine halbe Million Menschen begrüßen das Kreuzfahrtschiff „Queen Mary 2" beim ersten Hamburg-Besuch. Inge Meysel stirbt mit 94 Jahren. Schweres Schiffsunglück im Hafen: Am 28. Juni kollidiert der Säuretanker „ENA 2" mit einem Containerschiff und kentert. Die Bergung dauert Tage. 900 Einsatzkräfte sind beteiligt.

2005

Der erste A380 landet bei Airbus in Finkenwerder. Bei einer mysteriösen Krötenexplosion verenden in einem Tümpel in Altona ungefähr 1000 Tiere.

2006 – 2009

David Montgomery

Die Montgomery-Ära

Für 24,3 Millionen Euro verkaufen die beiden Gesellschafter Barlach und Depenbrock die MOPO an die BV Deutsche Zeitungsholding GmbH. Die Investorengruppe besteht aus dem US-Medienfonds VSS und der Mecom, einem Unternehmen des britischen Finanzinvestors David Montgomery. Zur BV Deutsche Zeitungsholding gehören künftig die Titel Berliner Kurier, Berliner Zeitung und Hamburger Morgenpost. 2007 stockt Montgomery seine Besitzanteile auf, zahlt dafür 163 Millionen an VSS.

Chefredakteur
Matthias Onken

Heimat der Redaktion
Alte Nähgarn-Fabrik an der Griegstraße, Bahrenfeld

Matthias Onken

2006

Die MOPO wird im Januar von der BV Deutsche Zeitungsholding gekauft. Josef Depenbrock und Hans Barlach bekommen laut Betriebsrat angeblich 24 Millionen Euro. Matthias Onken wird Chefredakteur. Die überregionalen Inhalte und der Politikteil der MOPO werden von einer Zentralredaktion in Berlin produziert. Im November erscheint erstmals die MOPO am Sonntag. Michael Jackson taucht völlig unvermittelt in einem Einfamilienhaus in Niendorf auf, wo er einen Freund besucht – es kommt zu Belagerungszuständen, die Polizei sperrt weiträumig ab. Hunderttausende feiern die Fußball-Weltmeisterschaft in der Stadt. Die 17-jährigen Tokio-Hotel-Zwillinge Bill und Tom Kaulitz beziehen ein Loft in einer alten Fabrik in Bahrenfeld. Hunderte Fans pilgern auf das Gelände.

HAMBURGER MORGEN POST

Rätsel-Extra gratis

Polizei sucht Osmani

Michel auf Euro-Münzen!

Saufverbot für Hamburg

Öffentliches Trinken soll bestraft werden
Kein Alkoholverkauf mehr ab 20 Uhr
Kiez soll so endlich sicherer werden

Arthrosamin

Lotto rockt den Stadtpark

3:1 St. Pauli schlägt Offenbach

2007

Erdbeben bei Hamburgs SPD: 11 500 Mitglieder

sollen entscheiden, ob Mathias Petersen oder Dorothee Stapelfeldt gegen CDU-Bürgermeister Ole von Beust antreten. Bei der Urwahl verschwinden knapp 1000 Stimmzettel, der Landesvorstand tritt zurück, die Wahl wird annuliert. Der britische Medieninvestor David Montgomery, schon vorher an der MOPO beteiligt, kauft knapp 80 Prozent der MOPO-Anteile. Die Bürgerschaft beschließt den Bau der Elbphilharmonie. Geplante Fertigstellung: 2010.

HAMBURGER MORGEN POST

DER NEUE STAR ALEX SILVA
„Erst kommt der HSV, dann meine Frau“

Schock-Urteil! Jetzt fragen sich Hamburgs Tipper:
Macht mein Lotto-Laden bald dicht?

AIR BERLIN-BOEING
172 Urlauber meutern in Todesangst

SPD KOCHT
So legte „Münte“ Ypsilanti herein

2008
Matthias Onken verlässt die MOPO in Richtung BILD, Frank Niggemeier wird Chefredakteur. Die Redaktion wehrt sich gegen Sparpläne der Berliner Zentrale. Ende des Jahres zeichnet sich ab: Die MOPO steht erneut vor einem Verkauf. Die Redaktion der BILD-Zeitung unter Führung von Chefredakteur Kai Diekmann verlässt Hamburg, zieht nach Berlin – rund 800 Mitarbeitende und ihre Angehörigen ziehen von der Elbe an die Spree. CDU und Grüne gehen nach der Bürgerschaftswahl das erste schwarz-grüne Bündnis ein. Ole von Beust bleibt Bürgermeister.

2009 – 2020

Die DuMont-Ära
Am 1. April übernimmt M. DuMont Schauberg (MDS) aus Köln die deutschen Zeitungstitel von Montgomerys Mecom-Gruppe. Kaufpreis: 152 Millionen Euro. Der Kölner Verlag will noch einmal durchstarten. Die MOPO fühlt sich wie ein ungeliebtes Stiefkind. Proteste der Belegschaft verhindern am Ende die Zerschlagung der Marke.

Chefredakteur
Frank Niggemeier

Heimat der Redaktion
Griegstraße, 2018 Umzug in die Barnerstraße, Ottensen

HAMBURGER MORGEN POST

Banker zockt eigene Tante ab
110 000 Euro erschlichen – für Porsche und protzige Hochzeit mit 300 Gästen

Hamburgs Polizisten bibbern
Hilfe, uns frieren die Ohren ab!
Mützen-Posse bei Minusgraden

RAKETEN AUS DEM LIBANON
Israel droht ein Krieg an zwei Fronten

VERIRRT UND VERLETZT
Wildschwan aus der Elbe gerettet

Frank Niggemeier (mit Bettina Tietjen)

2009
Die Mediengruppe DuMont Schaumberg (MDS) übernimmt die MOPO. Ein millionenschweres Sparprogramm läuft an. Der Geschäftsführer wechselt: Der neue heißt Oliver Rohloff. Die Schweinegrippe bricht aus. Der HSV holt Bruno Labbadia als Trainer, entlässt Sportchef Dietmar Beiersdorfer. Beim Dinner-Zirkus in Hagenbeck wird Dompteur Christian Walliser von drei Tigern angefallen und lebensgefährlich verletzt.

2010
Christoph Ahlhaus löst Ole von Beust als Bürgermeister ab. Loki Schmidt stirbt im Alter von 91 Jahren in ihrem Haus in Langenhorn. Auch Heidi Kabel verstirbt – mit 95 Jahren. Hamburg führt eine neue Schulform ein: Die Stadtteilschule ersetzt Haupt-, Real- und Gesamtschule. Uwe Seeler wird bei einem Unfall vorm Elbtunnel verletzt.

2011
Olaf Scholz wird Erster Bürgermeister, die SPD regiert wieder mit absoluter Mehrheit. Auf dem Gertrudenkirchhof schlagen Aktivisten der Occupy-Bewegung ihr Camp auf – die Gruppe bleibt mehr als zwei Jahre lang dort. Bei einem schweren Verkehrsunfall am Eppendorfer Baum sterben vier Menschen, darunter der Schauspieler Dietmar Mues und der bekannte Sozialforscher Günter Amendt.

Alsterdorf Vergewaltiger auf der Flucht
HAMBURGER MORGEN POST
WIE GAGA IST DAS DENN?
Lady Gaga auf Zwangs-Diät
Intrigen um Helmut Kohl
www.mopo.de
Der Himmels-Stürmer

2012
Die elfjährige Chantal stirbt in der Obhut ihrer drogensüchtigen Pflegeeltern an einer Überdosis der Heroin-Ersatzdroge Methadon. Wotan Wilke Möhring ist erstmals als Hamburger Tatort-Kommissar im Einsatz. Rafael van der Vaart feiert sein Comeback beim HSV.

2013
Die Esso-Hochhäuser am Spielbudenplatz werden geräumt – Einsturzgefahr. Axel Springer verkauft das Hamburger Abendblatt an die Funke Mediengruppe. Rafael und Sylvie van der Vaart trennen sich, Rafael ist fortan mit Sabia Boulahrouz, Sylvies bester Freundin und Ex seines ehemaligen HSV-Mitspielers Khalid Boulahrouz, liiert.

HAMBURGER MORGEN POST EXTRA
PROMINENTE LESER GRATULIEREN
Happy Birthday, MOPO!
65 Jahre

HAMBURGER MORGEN POST
www.mopo.de
Die MOPO sagt
Danke
für 50 000 Fans!

2014
Die Polizei richtet „Gefahrengebiete“ ein: In Teilen von St. Pauli, Altona und dem Schanzenviertel dürfen Passanten verdachtsunabhängig kontrolliert werden. Abriss der Esso-Hochhäuser. HSV-Kult-Masseur Hermann Rieger stirbt mit 72 Jahren an einem Krebsleiden. Ikea eröffnet die erste Innenstadt-Filiale in Altona. Oke Göttlich wird Präsident des FC St. Pauli. Der HSV muss erstmals in seiner Vereinsgeschichte in die Relegation und rettet sich durch zwei Unentschieden gegen Greuther Fürth. Durch die damals noch geltende Auswärtstorregel reicht den Hamburgern ein 1:1 im Rückspiel. Hinspiel: 0:0.

HAMBURGER MORGEN POST
Helmut Schmidt *23.12.1918 †10.11.2015
www.mopo.de
28 Seiten Sonder-Ausgabe
Jetzt erklärt er Gott die Welt
Unsere Stadt trauert um den Jahrhundert-Hamburger

2015
Wenige Tage nach dem Terrorangriff auf die Pariser Zeitschrift CHARLIE HEBDO wird ein Brandanschlag auf die MOPO verübt. Unbekannte werfen Steine und einen Brandsatz in das Archiv der Zeitung. Klaus-Michael Kühne steigt als Investor beim HSV ein. Helmut Schmidt stirbt einen Monat vor seinem 97. Geburtstag. 1800 Gäste verabschieden den Alt-Kanzler mit einem Staatsakt im Michel. Hamburger Stars dominieren die Album-Charts: Deichkind, 187 Strassenbande und Johannes Oerding stehen auf den Top-3-Plätzen. Günter Grass stirbt im Alter von 87 Jahren. Star-Dirigent Kent Nagano löst Simone Young als Generalmusikdirektor an der Staatsoper ab. Bei einem Referendum lehnt eine Mehrheit überraschend eine Hamburger Bewerbung für Olympia ab. Im Juni erleben die leidgeprüften HSV-Fans ein unbeschreibliches Drama: Die Hamburger retten sich in allerletzter Sekunde durch ein umstrittenes Freistoßtor in die Verlängerung der Relegation – und schlagen den Karlsruher SC am Ende mit 2:1.

HAMBURGER MORGENPOST
www.mopo
Jacke? Wellensteyn!
ST. PAULIS EX-STAR
Ich knicke nicht ein!
RANDALE BEIM HSV
Freispruch für Polizisten-Hasser
KAPITÄN SCHWANDT
Meine letzte Kolumne
Die Skandal-Nudel
Hamburg schämt sich fremd: Der frühere Zweite Bürgermeister der Stadt ist auf der RTL-Nacktinsel endgültig ganz, ganz unten angekommen. Schills gnadenlos peinlicher Auftritt:
Seiten 10/11

2016

In der Nacht auf den 1. Januar kommt es zu hunderten Übergriffen auf junge Frauen rund um die Reeperbahn. Roger Cicero stirbt mit nur 45 Jahren an einem Hirninfarkt. Udo Lindenberg feiert seinen 70. Geburtstag und veröffentlicht ein neues Album, im Operettenhaus startet das Musical „Hinterm Horizont". Die Holsten-Brauerei zieht von Altona nach Hausbruch. Henning Voscherau stirbt im Alter von 75 Jahren. Markus Gisdol wird HSV-Trainer.

HAMBURGER MORGENPOST
www.mopo.de
S-BAHN-POSSE
Der Fluch der Schanzen-Rolltreppe
NACH SEINEM HSV-DEBÜT
Jattas große Chance
GYMNASIASTIN (16)
Paula kämpft um ihr Leben

Gegendarstellung
Auf der Titelseite der „Hamburger Morgenpost" vom 23. Januar 2017 haben Sie geschrieben: „Til Schweiger ... Er verkauft Hamburgs teuerstes Leitungs-Wasser" Hierzu stelle ich fest: Ich verkaufe nicht das teuerste Leitungswasser. Hamburg, den 7. Februar 2017 Til Schweiger

Lieber Til Schweiger,

Sie haben recht. Sie verkaufen in Ihrem Restaurant nicht Hamburgs teuerstes Leitungswasser. Sie verlangen nur 4,20 Euro für einen Liter Wasser aus dem Hahn, der eigentlich 0,4 Cent kostet. Aber immerhin: Nach unserer Berichterstattung haben Sie Ihre Speisekarte um den Hinweis ergänzt: „fein gefiltertes Hamburger Trinkwasser". Das ist doch schon mal ein Fortschritt.

Ihre MOPO

2017

Eröffnung der Elbphilharmonie. Thomas Hengelbrock führt mit dem NDR Elbphilharmonie Orchester durch die Eröffnungsfeier. G-20-Gipfel, die Welt blickt auf Hamburg, die Stadt ist im Ausnahmezustand, schwerste Ausschreitungen sorgen international für Entsetzen.

2018

Peter Tschentscher folgt auf Olaf Scholz als Bürgermeister. Der HSV steigt ab. Katharina Fegebank, Zweite Bürgermeisterin, bringt Zwillinge zur Welt. Schüsse auf der Reeperbahn: Der Hamburger Hells-Angels-Boss Dariusch F. wird in seinem Bentley von fünf Kugeln getroffen. Er überlebt, sitzt seitdem im Rollstuhl. Die MOPO verlässt nach 34 Jahren die Griegstraße, zieht in die Barnerstraße nach Ottensen um. Dort sitzt die Redaktion gemeinsam auf einem Stockwerk.

HAMBURGER MORGENPOST
Endlich 70!
8 Seiten zum Derby
Jubiläums-Ausgabe
Auf 56 Seiten im großen Format werden die spannendsten Momente und Geschichten aus sieben Jahrzehnten noch einmal lebendig

2019

Die MOPO feiert ihren 70. Geburtstag – mit einer Sonderausgabe und einem Empfang im Rathaus. Ende des Jahres wird es ernst: DuMont will seinen gesamten Zeitungsbereich verkaufen, auch die MOPO. Der letzte Otto-Katalog wird gedruckt. 100 000 Menschen kommen zur Fridays-for-Future-Demo mit Greta Thunberg in die Innenstadt.

2020 – jetzt

Arist von Harpe (li.), Maik Koltermann

Die von-Harpe-Ära

Im Februar gibt der Kölner DuMont-Verlag den Verkauf der MOPO an Arist von Harpe bekannt. Unter von Harpe erscheint die MOPO noch vier weitere Jahre als gedruckte Tageszeitung. Das Internet-Portal mopo.de erreicht im Jahr 2024 täglich 450 000 Unique User.

Chefredakteur
Maik Koltermann

Heimat der Redaktion
Barnerstraße, Ottensen

HAMBURGER MORGEN POST

Kaum Immunität gegen Corona

Jetzt spricht die Anmelderin der Anti-Rassismus-Demo

PENNY. Jetzt Tickets sichern!

verschwörungstheoretisierend ausgrenzend rechtspopulistisch antiparlamentarisch faschistisch islamfeindlich humorlos nationalistisch AUFHETZEND

Die AfD ist staatszersetzend*

antidemokratisch diffamierend unsolidarisch völkisch-national empathielos reaktionär rassistisch spaltend ASOZIAL radikal menschenfeindlich klimawandelleugnend dackelkrawattig

2020

Arist von Harpe übernimmt die MOPO. Maik Koltermann wird Chefredakteur der MOPO. Am 22. März erlässt Hamburg ein Kontaktverbot und verordnet die Schließung aller Gaststätten. Innensenator Andy Grote feiert trotz Corona-Eindämmungsverordnung eine private Party.

HAMBURGER MORGEN POST

Hamburgs schönste Aussicht

So kommen Sie jetzt an eine Impfung

AKTUELLER JACKPOT 72

Staatsfeind Nr. 1

Amerika unter Schock +++ Trump zur Aufgabe gezwungen +++ Neonazis und Verschwörer: Die Kapitol-Stürmer +++ Die Lehren für Europa Seiten 2-7

2021

Der Senat erlässt eine Maskenpflicht für Jogger an der Alster, verhängt zudem von April bis Mai eine nächtliche Ausgangssperre. Im Jenischpark jagt die Polizei einen 17-Jährigen mit einem Streifenwagen über die Wiese. Der Junge hatte Corona-Regeln missachtet. Nach dem Lockdown feiert Hamburg das Comeback der Kultur mit dem Kultursommer 2021: 185 000 Besucher feiern an 200 Plätzen, rund 5700 Künstler treten auf.

HAMBURGER MORGEN POST AM WOCHENENDE

Der Kampf um Kiew

2022

Udo Lindenberg wird Ehrenbürger. Uwe Seeler stirbt mit 85 Jahren. Wenige Tage nach seinem Tod verliert der HSV zu Hause gegen Hansa Rostock mit 0:1.

HAMBURGER MORGEN POST

Mathias Döpfners radikale SMS

Springer-Chef am Abgrund

Was für den Atomausstieg spricht, was dagegen

Das kostet uns das Köhlbrand-Desaster

Rechtsextreme kapern unsere Dörfer

HSV-Fans sind „kompletter Wahnsinn!“

2023

Hoher Besuch: Englands König Charles und seine Camilla sind in der Stadt, begrüßen Fans auf dem Ratshausmarkt. Die Sesamstraße wird 50 Jahre alt, die Sendung wird auf dem Gelände von Studio Hamburg in Tonndorf produziert. Boris Herrmann umsegelt die Welt, wird Dritter beim Ocean Race. Robbie Williams füllt dreimal hintereinander die Barclays-Arena im Volkspark. Im Königreichsaal der Zeugen Jehovas in Alsterdorf erschießt ein Amokläufer sechs Menschen, darunter eine schwangere Frau. Bevor die Polizei den Täter stellen kann, richtet er sich selbst. Wieder so ein Drama: Der HSV gewinnt das letzte Saisonspiel in Sandhausen und feiert schon den Aufstieg, während Konkurrent Heidenheim in der 9. Minute der Nachspielzeit noch trifft und Hamburg den Aufstiegsplatz entreißt.

HAMBURGER MORGEN POST

Kein Abschied, ein Neuanfang. Warum die MOPO jetzt zur Wochenzeitung wird Seiten 2/3

Tschüß MOPO hallo Wochen-MOPO!

Wir sehen uns morgen...

Letzte tägliche Ausgabe!

2024

Die Geschichte des Miniatur Wunderlands wird verfilmt und kommt in die Kinos. Die MOPO feiert ihren 75. Geburtstag. Am 11. April liegt die MOPO zum letzten Mal als gedruckte Tageszeitung am Kiosk. Seit dem 12. April erscheint jeden Freitag die WochenMOPO.

Quellen

MOPO-Archiv, MOPO-Sonderveröffentlichungen

Holger Artus
https://blog.holgerartus.eu/wp-content/uploads/2020/04/2020.pdf

Griff in die Geschichte
Die Anfänge einer freien Presse in Hamburg vor 75 Jahren.
https://vfhg.de/bibliothek/griff-in-die-geschichte.html?id=190

MENSCHEN

1949 – 2024

WIR HABEN DIE MOPO GEMACHT

Michelle Ackermann
Julia Adame
Conrad Ahlers
Frederik Ahrens
Sandra Ahrweiler
Lars Albrecht
Bodo Almert
Sedat Altinok
Peter Amenda
Rolf Anders
Dirk Johannes Andresen
Frederike Arns
Holger Artus
+
Andreas Bailo
Sascha Balasko
Andreas Banaski
Herbert Bangen
Doris Banuscher
Peter Barber
Hans Barlach
Annalena Barnickel
Marc Baumgart
Ingo Becker
Guido Behsen
Micky Beisenherz
Günter Beling
Bernd Bendzko
Patrick Berger
Jens Bergmann
Sybille Bertram
Heinz Birkholz
Jürgen Bischoff
Anne von Blomberg
Bettina Blumenthal
Dirk Blumenthal
Vanessa Blumhagen
Klaus Bodig
Florian Boldt
Magnus Bonacker
Claudia Bonvie
Marlene Borchardt
Mirko Bott
Simon Braasch
Thomas Brammen-Türk
Jörg Brandes
Thomas Brandt

Dana Brandt
Laura Sophie Brauer
Michael Braun
Ingeborg Braune
Heinrich Braune
Oliver Brauny
Volker Bredenberg
Jutta Breitenborn
Harald Breuer
Martin Brinckmann
Leweke Brinkama
Wiebke Bromberg
Philipp Brömme
Ellen Brömme
Christian Bruhn
Ute Brüssel
Bernd Buchholz
Klaus Burfeind
Christian Burmeister
Ann-Christin Busch
Rainer Busch
Jürgen Busche
Hans-Peter Buschheuer
Constanze Buss
+
Marco Carini
Justine Carter
Rosita Chorengel
Wolfgang Christiansen
Wolfgang Clement
Oliver Cole
Andreas Conradi
+
Swantje Dake
Kirsten Dalldorf
Susan Dammhayn
Nicola Daumann
Olivier David
Bärbel de Calatayud
Ivan de Vincenzi
Samira Debbeler
Simone Deckner
Thomas Delekat
Viola Dengler
Josef Depenbrock
Susann Deutsch
Hans Dichand

Detlef Diederichsen
Thomas Dierenga
Hanna Dietrich
Meike Dinklage
Rüdiger Ditz
Walter E. Döll
Ingeborg Donati
Mathias Döpfner
Daniel Dörffler
Alexander Dorn
Ralf Dorschel
Claudia Drechsler
Walter Dreher-Stähelin
Jürgen Dreves
Torsten Dreyer
Philipp Dudek
Uwe Dulias
Stefan Düsterhöft
Ulrike Düttmann
Tamara Duve
+
Martin Eckert
Hans-Joachim Eggers
Andrea Ehlbeck
Peter Ehrenberg
Günter Eichhoff
Kristin Eigener
Margit Ekholt
Christian Enger
Carsten Erdmann
Uli Exner
+
Oliver Fantitsch
Miriam Fehsenfeld
Judith Fell
Kay Fette
Dagmar Fischer
Ernst Fischer
Rebecca Fischer
Rüdiger Fischer
Dirk C. Fleck
Britta Florack
Christof Floto
Andrea Fonk
Kai Först
Peter Forster
Christoph Forsthoff

Roger Frach
Henryk Frackowiak
Dr. Marius Frank
Henning Franke
Inga Frenser
Thomas Friemel
Jens Friesendorff
Andreas Frost
Stefan Fuhr
Birgit Fuß
+
Rüdiger Gaertner
Ute Gebauer
Anke Geffers
Martin Geiger
Carsten Gensing
Jana Gerlach
Mathis Gerlach
Axel Gernert
Nina Gessner
Martin Gielnik
Axel Gleie
Sigrid Gohla
Hasan Gökkaya
Gerd Gottlob
Inka Gottschalch
Christian Greif
Eduard Greif
Bodo Grosch
Johannes Gross
Georg von Grote
Jörg Grube
Stefan Gruchow
Clemens Grün
Gernot Gunga
Michael G. Gurschke
+
Jan Haarmeyer
Malte Habscheidt
Sven Hanfft
Andrea Hagen
Britta Hamann
John-Philip Hammersen
Tino Hanekamp
Hans-Jürgen Hardtke
Arist von Harpe
Friedrich Hartau

Michael Hartwig
Eckhard Haschen
Heiko Haupt
Erik Hauth
Folke Havekost
Wolf Heckmann
Lukas Heger
Annett Heide
Niklas Heiden
Martin Heidorn
Maja Heinbockel
Christoph Heinemann
Janina Heinemann
Andrea Hellberg
Hans-Werner Hellberg
Ernst August Helms
Harald Hembd
Felix Herkenrath
Ursula Hestner
Nils von der Heyde
Karin Hilck
Peter Hildebrandt
Klaus Hilgenfeldt
Britta Hinck
Thomas Hirschbiegel
Dirk Hoffmann
Timo Hoffmann
Marina Höfker
Isabelle Hofmann
Gerd-Peter Hohaus
Christiane Holin
Carsten Holm
Immo Hoppe
Ulz Horn
Marion Horn
Peter Hörning
Felix Horstmann
Anke Hughes
Christoph Hülskötter
Dieter Hünerkoch
Joachim Hutt
+
Anastasia Iksanov
Sören Ingwersen
Marcus Ippisch
Werner Irle
+
Sönke Jacobs
Christina Jäger
Tom Jansen
Ankea Janßen
Henrik Jeimke-Karge
Rafael Jockenhöfer
Jürgen Joost
Alexander Josefowicz
Alexandra Jost
Eva Jost
Jürgen Juckel
Christian Jung
Thorsten Jung
Susan Junghans
+
Miriam Kaefert
Gerd Kahle
Susanne Kahle
Heiko Kammerhoff
Peter Karstens
Nicole Kasten
Sina Kedenburg
Christoph Keese
Klaus Kelle
Uschi Kempf
Miriam Khan
Heinz Kiegeland
Daniel Killy
Elmar Kirchmann
Peter Kirschstein
Heinrich Klaffs
Hans-Joachim Kleemann
Ralph-André Klingel-Domdey
Rüdiger Knopf
Hartmut Köck
Steffi Köhler
Rita Kohlmeyer
Wiebke Kohlsaat
Hans-Albrecht Kolb
Maik Koltermann
Julian König
Torsten König
Helga Köpke
Sabine Korzuschek
Joanna Kouzina
Gaby Krabbe
Gerd Krall
Gisela Kraus
Stefan Krause
Erika Krauß
Miriam Krekel
Ilka Kreutzträger
Gottfried Krieger
Kurt Krink
Susanne Kröck
Jessica Kröll
Stefan Kruecken
Alexander Krug
Matthias Krug
Sascha Krüger
Oliver Kube
Christoph Kucklick
Rainer Kühn
Stefan Kuhsiek
Sabine Kulenkampff
Martin Kummer
Jacqueline Kurjahn
Peter Kutschke
+
Jan Lammers
Stephanie Lamprecht
Sascha Langenbach
Christian Langer
Henning Langer
Susanne Langner
Chris Laut
Elisabeth Le Quéré
Thomas Leichsenring
Andrea Lepperhoff
Dewi Lesmono
Angelika Linden
Jan-Eric Lindner
Matthias Linnenbrügger
Fabian Lippke
Klaus Lohmann
Simone Lorenz
Elias Lübbe
Andreas Lübberstedt
Lena Ludmann
Christoph Lütgert
Heinz Lüthje
Patrick Lux
Torben Lux
+

Sebastian Madej
Peter Mahn
Gerhard Malsch
Stefan Malzkorn
Jana Mansfeld
Michael Manske
Philipp Markhardt
Eric Markuse
Christian Marten
Kurt Maschmann
Jane Masumy
Andreas May
Kurt Martin Mayer
Lars Meier
Tim Meinke
Sigrid Meißner
John Ment
Michael Menzer
Klaus Merhof
Florian Merkel
Caroline Methner
Cordula Meyer
Kristian Meyer
Robin Meyer
Antje Frederik
Milbret Mittendorff
Eberhard Möller
Susan Molzow
Hansjörn Muder
Dorothee Müller
Erich Müller
+
Mathis Neuburger
Franz Neumann
Gotthardt Neumann
Sascha Ngari
Sven Niechziol
Christian Nienhaus
Hans Nieswandt
Frank Niggemeier
Claudia Nixdorf
Charlotte Nzimiro
+
Susann Oberacker
Matthias Onken
Deniz Örnek
Joachim Ortmann

Tim Osing
Dieter Oßwald
Katrin Osterkamp
Jens Osterloh
Frank Otto
+
Axel Paeprer
Sarah Mae Palma
Ira Panic
Marc Paris
Simone Pauls
Michael Pentzien
John Pernitt
Volker Peschel
Marc Peschke
Christopher John Peter
Jan-Eric Peters
Karsten Peters
Ulrich Petersen
Bettina Peulecke
Michael Pfad
Alisa Pflug
Astrid Pflugmacher
Arne Pflugrad
Renate Pinzke
Johann Plog
Peter Poppe
Andreas Prange
Peter Prior
Udo Pudlich
+
Florian Quandt
+
Matthias Rahnfeld
Diddo Ramm
Florian Rebien
Reinold Rehberger
Jan Rehders
Pauline Reibe
Julian Reichelt
Klaus Reidegeld
Katja Reim
Frank Reiners
Michael Reis
Volker Reißmann
Frank Reschreiter
Gunnar Reuchsel

Sina Riebe
Helmut Riebner
Birgit Riege
Nadine Rinke
Silvia Risch
Marius Röer
Ingo Roersch
Oliver Rohloff
Marie-Theres Röhricht
Dierk Rohwedder
Nicole Röndigs
Jürgen Rönnau
Caroline Rosales
Ulrich Rosenbaum
Buttje (Rolf-Peter) Rosenfeld
Hami Roshan
Sylvia Rossow-Czysewski
Jan Rüssau
+
Mert Saglam
Siegfried Sammet
Wieland Sandmann
Birgit Sawinsky
Sandra Schäfer
Jochen Schaumann
Ingo Scheel
Horst Scherrenbacher
Michael Schickel
Isabel Schiffler
Volker Schimkus
Michaela Schirrmann
Tobi Schlegl
Jochen Schliemann
Lina Marie Schlierkamp
Mike Schlink
Lana von Schlippe
Dana Schlünzen
Thomas Schmid
Abi Schmidt
Erich Schmidt
Felix Schmidt
Helmut G. Schmidt
Meinhard Schmidt
Marco Schmidt
Ulrike Schmidt
Jan-Hendrik Schmidt
Martin Schmidt

Willi Schmitt
Sylvia Schneider
Herbert Schnelle
Sabine Schnook
Oliver Scholl
Peter Scholl-Latour
Alexander Scholz
Brigitte Scholz
Christoph Schomburg
Alwin Schröder
Sybille Schuh
Walter Schulz
Rike Schulz
Jörg-Martin Schulze
Tim Schümann
Jürgen Schwartz
Uta Schwarz
Katja Schwemmers
Nicole Schwichtenberg
Johannes Seedorff
Anna Seidler
Ariane Semmler
Julia Sextl
Nadine Siegl
David Siems
Kerstin Sikorski
Christoph Simon
Philipp Simon
Willibald Slavik
Elvira Slonka
Greeth Smit
Tomas Spahn
Martin Stahel
Volker Stahlschmidt
Martin Stedler
Ulrike Steffen
Malte Steinhoff
Laura Stief
Kai Stier
Jörg Stiller
Reinhold Stimpert
Rudolf Stobbe
Andrea Stolley
Till Stoppenhagen
Gregory Straub
Heinrich Streichsbier
Daniela Stürmlinger

Harald Stutte
Patrick Sun
Bea Swietczak
+
Geli Tangermann
Andreas Terstiege
Klaus-Georg Thiele
Manfred von Thien
Uta Tiedemann
Lutz Timmermann
Wiebke Toebelmann
Sven Töllner
Wiebke Tomescheit
Erik Trümpler
Madeline Tsoj
+
Edith Unger
Matthias Urbach
Klaus J. Uthicke
+
Robert Vernier
Luis Vieira Heine
Inge Volk
+
Günter Wallraff
Axel Walther
Tim Walther
Philip Warth
Nils Weber
Walter Weber
Dr. Georg Wedemeyer
Michael Weiland
Max Weinhold
Birgit Weitendorf
Marvin Wennhold
Volker Wenzlawski
Marcel Westermann
Frank Westphal
Ralf Weule
Julia Wichers
Frank Wieding
Stefan Wiegandt
Andreas Wiele
Christian Wiermer
Marie Wilcke
Rainer Wilkens
Kurt Will

Frank Willers
Amelie Wingsch
Michael Witt
Michael Wittler
Walter Wolf
Jörn Wolf
Sebastian Wolff
Axel Wronowski
Olaf Wunder
+
Hilkka Zebothsen
Kai Zimmermann
Cornelia Zinke
Günter Zint
Hanna Zobel

Auch wenn diese Liste ganz sicher nicht vollständig ist – sie ist ein Who is Who der deutschen Mediengeschichte.

Danke an Michaela Schirrmann, Maik Koltermann und Arist von Harpe, das Buch-Projektteam der MOPO. Danke für das Vertrauen und die Engelsgeduld – ich habe alle Fristen gerissen.

Danke an Claudia Drechsler für das liebevolle, emotionale und authentische Design – du hast dich sensationell in die MOPO hineingefühlt.

Danke an meine Lebensgefährtin Anna, die hochschwanger Korrektur gelesen und spät nachts mit mir an Formulierungen gefeilt hat.

Danke an Thomas Hirschbiegel, Gerd-Peter Hohaus und Susanne Kahle für 1000 beantwortete Fragen.

Danke an Holger Artus für das einzigartige MOPO-Archiv – ohne deine Dokumentationen wäre das Buch nicht möglich gewesen.

Danke an alle, die uneitel mit Infos und Erinnerungen geholfen haben: Ira Panic, Daniel Killy, Axel Paeprer, Klaus Hilgenfeldt, Frank Wieding, Volker Schimkus, Rüdiger Gaertner, Jürgen Joost, Inga Frenser, Eric Markuse und auch an alle anderen, mit denen ich in den vergangenen Monaten über die MOPO gesprochen habe.

Danke an alle, die nicht sauer sind, weil sie nicht vorkommen, obwohl sie auch MOPO-Menschen sind und eigentlich ganz viel zu erzählen haben. Danke auch an die, die sauer sind – ich bitte euch hiermit um Vergebung.

Dieses Buch ist ein Jubiläums-Buch der MOPO,
ohne dass die MOPO großartig reingequatscht hat.
Danke für diese außergewöhnliche Freiheit.
Das kann nur die MOPO.

Carsten Gensing

Abbildungsverzeichnis

AP (151), Archiv Artus (19, 33, 54/55, 60/61, 91, 93, 99, 105, 109, 125, 143, 145, 149, 187, 304/305, 330), Bernd Beutner (264/265), Berliner Zeitung (30, 337), Brinkmann (199, 224), Büh (323), Buttmann (16, 155, 169, 161), Conti-Press (103, 119, 121), Dpa (75, 111, 337), Susanne Eichel (335), Fabricius (191), Walter Fischer (50, 113, 115), Fraatz (157, 163), Rüdiger Gaertner (75), Geest (300), Carsten Gensing, (22, 76, 217, 218, 219, 220, 250/251, 262/263, 276/277), Robert Günther (101), Grigoleit (171), Arist von Harpe (89, 221), Hayt (255), Heller(86/87, 278), Thomas Hirschbiegel (268, 270, 272), Jakubowski (336), Jürgen Joost (179, 332), Erika Krauß (133, 147, 189, 193, 240/241, 242/243, 310, 314/315, 316/317, 324, 326, 333), Joachim Krauss (97), Küller (244/245), Magunia (322), MOPO (14, 21, 24, 30, 44, 65, 70, 80, 85, 95, 107, 123, 129, 131, 135, 137, 153, 165, 167, 175, 185, 201, 205, 207, 211, 227, 232/233, 242/243, 256, 285, 299, 308/309, 312, 320, 324/325, 326, 328, 329, 331, 334, 339), Katrin Neuhauser (30, 260), Pawelczyk (127, 242), Public Adress (321), Maximilian Probst (9), Florian Quandt (66, 67, 85, 213, 215, 223, 235, 246, 270, 272, 274/275, 306/307, 332, 340), Reuters (321), Abi Schmidt (179, 181), Volker Schimkus (30, 195, 209, 286/287, 294/295, 335, 338), Fred Seiler (48/49), Greeth Smit (45, 51, 52, 53, 58, 65, 117, 139, 141, 239), Patrick Sun (72, 197, 203), Valdmanis (242), Vones (177), Wenzlawski (259), Kurt Will (173, 183, 332), Olaf Wunder (280/281, 290). Zeitungscover: MOPO

Herausgeber: Morgenpost Verlag GmbH, Barnerstraße 14, 22765 Hamburg
Projektbegleitung: Michaela Schirrmann, Maik Koltermann, Arist von Harpe
Texte: Carsten Gensing
Coverdesign und Layout: Claudia Drechsler · www.readhererightnow.de
Lektorat, Korrektorat: Thomas Kosinar
Druck: Finidr
Vertrieb: Junius Verlag GmbH

Printed in the EU
1. Auflage 2024
ISBN 978-3-96060-589-8

Die Deutsche Nationalbibliothek verzeichnet diese Publikation in der Deutschen Nationalbibliografie, detaillierte bibliografische Daten sind im Internet über http://dnb.dnb.de abrufbar.

VON SUSANNE & MATTHIAS STRITTMATTER

WÜRDE FREIHEIT GLEICHHEIT

MIT BILDERN VON MARTINA KRAEMER & GRAFIKDESIGN VON TOBIAS DEGEL

Bibliografische Information der Deutschen Nationalbibliothek
Die Deutsche Nationalbibliothek verzeichnet diese Publikation in der Deutschen Nationalbibliografie; detaillierte bibliografische Daten sind im Internet über http://dnb.d-nb.de abrufbar.

ISBN 978-3-95602-203-6

Am Rech 14
66386 St. Ingbert
Tel: (0 68 94) 1 66 41 63
Fax: (0 68 94) 1 66 41 64
E-Mail: info@conte-verlag.de
Verlagsinformationen im Internet unter www.conte-verlag.de

Druck und Bindung: Faber, Mandelbachtal

INHALTSVERZEICHNIS

Was
ist
Geschichte

Geschichte ist alles das, was früher passiert ist, an das wir uns erinnern sollten, weil es wichtig ist für unser Leben heute und morgen. Das, was heute passiert, ist morgen auch Geschichte.

Geschichte setzt sich aus vielen Geschichten zusammen, die die Menschen erzählen können, die zu der Zeit gelebt haben. Und aus Briefen, Dokumenten, Kunst und Gebäuden – aus allen Dingen, die etwas über die vergangene Zeit zu berichten wissen.

Hör gut zu, wenn Dir Deine Eltern oder Oma und Opa Geschichten von früher erzählen. Das sind nicht nur Geschichten, das ist auch Geschichte.

Wir gehen jetzt nicht sehr weit in die Geschichte zurück, sondern nur in die Mitte des letzten Jahrhunderts. In eine Zeit, in der die Menschen eigentlich so gelebt haben wie Du heute. Und sie wollten eigentlich auch das Gleiche wie Du heute. Ein Zuhause, eine Familie, Freunde, Sicherheit und Freude, Essen und Trinken, schöne Sachen erleben. Im Gras sitzen, Boot fahren.

EINFACH LEBEN.

Aus
Fehlern
lernen

Aus Fehlern muss man lernen. Das weißt Du sicher schon.

Du hast bestimmt auch schon Fehler gemacht. Wir auch. Und es ist wichtig, dass man daraus lernt und diese Fehler morgen oder übermorgen nicht noch einmal macht. Dass man über seine Fehler nachdenkt: Wie konnte das passieren? Und warum? Und was kann ich tun, damit es so nicht mehr passiert?

Das gilt auch für die ganz großen Fehler. Für die schlimmsten Fehler, die nie hätten passieren dürfen. Und bei denen keiner genau weiß, wie es dazu kommen konnte. Aber alle sind sich einig, dass sie nie wieder vorkommen dürfen.

So ein schlimmer Fehler ist in Deutschland passiert. Vor nicht einmal hundert Jahren – das ist keine lange Zeit in der Geschichte. Und die Menschen waren ja im Grunde auch nicht anders als Du heute. In dieser schlimmen Zeit, die den Zweiten Weltkrieg brachte – einen großen, furchtbaren Krieg – haben sehr viele Menschen ihr Leben verloren.

Damals haben viele Menschen gemeint, dass andere Menschen weniger wert sind. Und weil sie das dachten, sind viele Menschen eingesperrt und getötet worden: Weil sie etwas anderes glaubten, etwas anderes dachten, jemand anderes liebten, etwas anderes sagten.

Das können wir uns heute kaum mehr vorstellen.

Du darfst heute glauben, was Du möchtest, denken und sagen, was Du möchtest, lieben, wen Du möchtest. Damals war das nicht so. Damals gab es Menschen, die diese Rechte nicht hatten. Und so ein Mensch konnte jeder sein, ohne Grund, ohne zu wissen, warum. So ein Mensch hättest Du auch sein können.

GUT, DASS DU HEUTE LEBST.

GROSSE LEUTE, KLUGHEIT UND WARME HERZEN

Du hast schon gehört, dass Menschen schlimme Dinge tun können – aber Menschen können auch gute Dinge schaffen. Gerade dann, wenn sie erschrocken in die Geschichte schauen und sich alle gegenseitig versprechen, dass so etwas Furchtbares nie wieder vorkommen darf.

Dieser schreckliche Krieg – wir finden kein schlimmeres Wort als schrecklich, vielleicht fällt Dir eins ein – lag erst drei Jahre zurück. Das ist nun echt keine lange Zeit in der Geschichte. Drei Jahre war der schlimme Krieg vorbei, da setzten sich kluge Leute an einen Tisch und überlegten gemeinsam, welche Regeln man aufstellen muss, damit Menschen nie wieder so etwas Böses anrichten können – damit wir heute in Frieden und Freiheit leben können.

Sie haben ein Jahr lang gearbeitet. Miteinander besprochen, was wichtig ist für das Zusammenleben von Menschen. Kluge Worte gewählt. Und haben so etwas Großartiges geschaffen: unser Grundgesetz, unsere Verfassung.

SEITDEM LEBEN WIR IN EINER DEMOKRATIE.

GG
GRUND
GESETZ
FERTIG!
FERTIG!
OK
ÄNDERN
RATTA
RATTATAT
TIP TIP TOP

WAS
IST
DEMOKRATIE

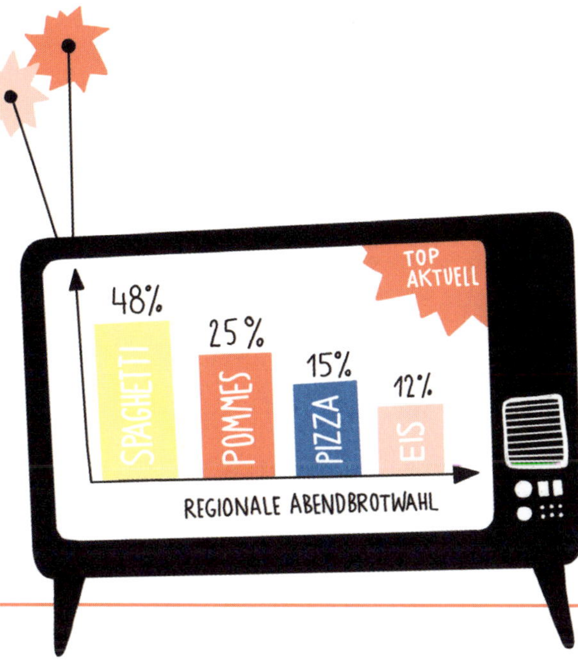

Demokratie ist ein Zusammenleben von Menschen, bei dem alle mitbestimmen dürfen.

In einer Demokratie sagt nicht einer allein, wo es langgeht, sondern alle gemeinsam.

Das Wort Demokratie kommt aus dem Griechischen und bedeutet „Herrschaft des Volkes“. Also nicht Herrschaft eines Königs oder Generals oder so, sondern das Volk bestimmt.

Durch Wahlen.

Wahlen sind so etwas wie eine Abstimmung. Es gibt eine Auswahl, jeder hat eine Stimme, jeder darf abstimmen, wofür er ist, und jede Stimme zählt gleich viel.

Denn in einer Demokratie haben alle die gleichen Rechte und Pflichten.

Auch der Staat muss sich an Recht und Gesetz halten, und er muss die Rechte seiner Bürger schützen.

Demokratie bedeutet auch, dass es viele verschiedene Meinungen geben darf. Geben muss. Denn wir sind ja alle verschieden, leben aber in derselben Gemeinschaft.

Darum muss man in einer Demokratie miteinander reden und zuhören. Argumente austauschen. Um Lösungen ringen. Und auch mal überlegen, ob der andere nicht auch Recht haben könnte.

Das muss man lernen!

Man muss Kompromisse finden, also zu Entscheidungen kommen, in denen sich verschiedene Meinungen wiederfinden.

Das kann anstrengend sein und auch mal dauern. Aber die Entscheidungen, die gefunden werden, sind so fast immer richtig gut.

Es gibt auf dieser Welt nicht viele wirkliche Demokratien. Von hundert Menschen leben nur vier oder fünf in einer vollständigen Demokratie.

WIR KÖNNEN DANKBAR SEIN, IN EINER DEMOKRATIE ZU LEBEN.

KLASSENSPRECHERWAHL
CORNELIUS
EDUARD
LEONIE
EMILY
BENJO

ZUSAMMENLEBEN BRAUCHT REGELN

Du kennst bestimmt auch viele Regeln. Im Kindergarten gab es welche, Zuhause auch, in der Schule, im Straßenverkehr. Überall Regeln.

Die meisten Regeln sind sehr wichtig. Überleg mal, was passiert, wenn ein Auto nicht bei Rot hält.

Natürlich gibt es auch Regeln, die Unsinn sind. Du kennst bestimmt auch einige solche Quatschregeln. Den Teller immer ganz leer zu essen, damit morgen die Sonne scheint, ist zum Beispiel eine Quatschregel. Es ist besser, Du hörst auf zu essen, wenn Du satt bist, bevor Dir nachher krötenschlecht ist!
Aber: Dir nicht mehr auf den Teller zu füllen, als Du Hunger hast, ist kein Quatsch, das ist richtig!

Die Regeln, über die wir jetzt sprechen, sind kein Unsinn. Im Gegenteil. Sie sind grundlegend wichtig für unser friedliches Zusammenleben.

Diese Regeln heißen „Artikel“, das ganze Buch heißt „Grundgesetz“.

Das Grundgesetz studieren kluge Leute bis heute. Sie lesen es immer und immer wieder. Sie reden und diskutieren darüber und denken viel darüber nach.

EINER DIESER KLUGEN LEUTE BIST JETZT DU.

Du hättest dieses Buch selbst schreiben können

Jetzt verraten wir Dir etwas. Wir sind schon groß und erwachsen und bestimmt schon älter als Deine Eltern. Also schon ganz schön lange auf dieser Erde unterwegs. Wir waren lange in der Schule, haben studiert und viel gelernt. Und jetzt meinen wir, Dir etwas erklären zu können.

Aber dieses Buch hättest Du auch selbst schreiben können.

Wir erzählen Dir jetzt etwas über das Grundgesetz. Über den allerwichtigsten Teil unseres Grundgesetzes: die Grundrechte. Wir sagen Dir, was da steht und was damit gemeint ist.

Du wirst bestimmt ganz oft sagen: Das weiß ich schon, das habe ich im Kindergarten schon gelernt! Da hast Du Recht. Hast Du. Aber manchmal vergessen Menschen zwischen Kindergarten und Großsein die wichtigsten Sachen.
Also erzähl einfach den großen Leuten, was Du schon weißt. Und sag, es steht im Grundgesetz. Sie werden staunen und sicher auf Dich hören. Und wenn nicht, dann schreib uns.

Wir schicken ihnen dann das Grundgesetz, das Du schon kennst.

Würde!!
ALLE
sind
gleich
GG
GRUND
GESETZ

ARTIKEL 1:

MENSCHEN WÜRDE

„DIE WÜRDE DES MENSCHEN IST UNANTASTBAR. SIE ZU ACHTEN UND ZU SCHÜTZEN IST VERPFLICHTUNG ALLER STAATLICHEN GEWALT."

Die erste Regel ist die wichtigste in unserem Grundgesetz.

Es sind nur sechs Wörter, aber die haben es wirklich in sich.

Da ist zunächst dieses Wort „Würde". Mit dieser Menschenwürde kommen wir auf die Welt – Du hast diese Würde sogar schon im Bauch Deiner Mutter –, und diese Menschenwürde gehört uns, solange wir leben.

Würde ist so etwas wie der eigene Stolz. Nicht der Stolz, mit dem man angibt und sich besser findet als andere. Also nicht der angeberische Stolz auf das fette neue Fahrrad, das viel mehr Gänge hat und viel mehr gekostet hat als das Fahrrad deiner Mitschüler.

Nein, ein bescheidener, stiller und eigener Stolz: Du selbst zu sein. Stolz zu sein darauf, dass Du Du selbst bist, unverwechselbar und einmalig. Dass Du Dich gut fühlst in Deiner Haut, dass Du Dich selbst magst.

Und zwar so, dass Du andere auch mögen kannst, dass Du nicht über und nicht unter dem anderen stehst.

Denn der andere hat das natürlich auch, diese Würde. Der hat auch seinen Stolz, der darf auch froh sein, dass er er selbst ist, ganz unverwechselbar und einmalig.

Würde ist ein ganz tiefer Kern in Dir, das, was Du bist und Dich ausmacht, was Dich froh sein und Dich andere lieben lässt, weil Du Dich selbst gut fühlst.

Die Würde des Menschen ist eine so große Sache, dass sie in keinem guten Buch fehlt.

Hast Du noch Deine ersten Kinderbücher im Schrank? Schau mal nach!

Sie erzählen bestimmt auch davon, wie jemand einem anderen etwas Schlechtes tut, ihn verletzt, ihn beleidigt, ihn demütigt.

Und sie erzählen sicher auch von dem Mut, Nein zu sagen, sich für den anderen einzusetzen, für sich selbst einzustehen. Davon, etwas Gutes zu tun.

Diese Würde des Menschen, sagt das Grundgesetz, ist unantastbar. Unantastbar heißt, dass man einen Menschen nicht in seiner Würde, seinem inneren Kern, in dem, was ihn ausmacht, verletzen darf.

Keiner darf Deinen inneren Kern kaputt machen, und Du darfst das bei anderen natürlich auch nicht.

Wie fühlen sich wohl Menschen, wenn man ihnen ihre Würde nimmt?

Sie werden sich sehr, sehr schlecht fühlen, denn sie sind ganz tief getroffen, in ihrem eigenen Stolz, ihrer eigenen Würde.

Und weißt Du, Verletzungen, die man nicht sieht, die ganz tief drinnen passieren, die brauchen am längsten, um zu verheilen. Da kann dann auch kein Arzt helfen – aber Freunde und Familie.

Vielleicht warst Du auch schon bei ähnlichen Situationen dabei.

Vielleicht hast Du Dich auch schon einmal selbst im Kern ganz klein und verletzt gefühlt.

Und wenn nicht, kannst Du Dir aber bestimmt vorstellen, wie klein und schwach sich jemand fühlt, wenn ihm so etwas passiert.

Dieses Mitgefühl nennt man „Empathie“. Es ist ein ganz großer Schutz, diese Empathie. Wer sie fühlt, wird niemals jemanden verletzen und ihm seine Würde nehmen wollen.

Pass also immer gut auf Deine Empathie auf!

Mit dieser Menschenwürde ist eigentlich alles gesagt.

Wenn wir also alle genug Empathie haben, wenn wir uns selbst und andere mögen, wenn wir andere so behandeln, wie wir selbst behandelt werden wollen, dann ist alles gut. Dann brauchen wir kein weiteres Gesetz, keine weiteren Regeln.

Das Grundgesetz hat aber noch weitere Artikel für das Zusammenleben der Menschen.

MAGISCH!

WIRD IMMER MEHR,
JE MEHR DU DAVON AUSGIBST!

ARTIKEL 2:

1 „JEDER HAT DAS RECHT AUF DIE FREIE ENTFALTUNG SEINER PERSÖNLICHKEIT."

Freie Entfaltung der Persönlichkeit. Was heißt das denn?

Es heißt, dass Du in Dir etwas hast, das nur Dir gehört. Das sind die Sachen, die Du besonders gut kannst und magst. Deine Talente, Deine Fähigkeiten und Deine Interessen. Und das sollst Du machen dürfen.

Du darfst Dich also anziehen, wie Du möchtest. Musik hören, die Du magst. Bücher lesen, die Dir gefallen. Oder einfach mal einen ganzen Nachmittag am Fenster sitzen und in den Regen gucken.

Du darfst Dich entfalten wie ein Schmetterling, der seine Flügel ausbreitet, wenn er aus seinem Kokon schlüpft. Als Raupe rein, als Schmetterling raus. Weil die Raupe genau wusste, was sie werden will. Ein Schmetterling nämlich. Und das darfst Du auch. Du sollst ein Schmetterling werden dürfen – oder das, was Du eben werden willst.

Und jetzt sagen die klugen Menschen mit den warmen Herzen aber auch „ABER“. Das Wort magst Du bestimmt nicht so sehr. ABER sagen Deine Eltern sicher auch oft, oder die Lehrer.

ABER heißt: Du darfst viel – aber eben nicht alles.

Bei dieser ganzen Entfalterei müssen sich nämlich auch andere entfalten dürfen. Du bist ja zum Glück nicht allein auf der Welt. Wenn Du also zu laut Deine Lieblingsmusik hörst oder Trompete spielst, dann kann ein anderes Kind nebenan vielleicht nicht in Ruhe sein Buch zu Ende lesen.

Also darfst Du Dich nur soviel entfalten, dass sich der andere auch entfalten kann. Ist ja auch nicht so knifflig. Gibt ja genug Platz und Möglichkeiten, damit sich alle entfalten können.

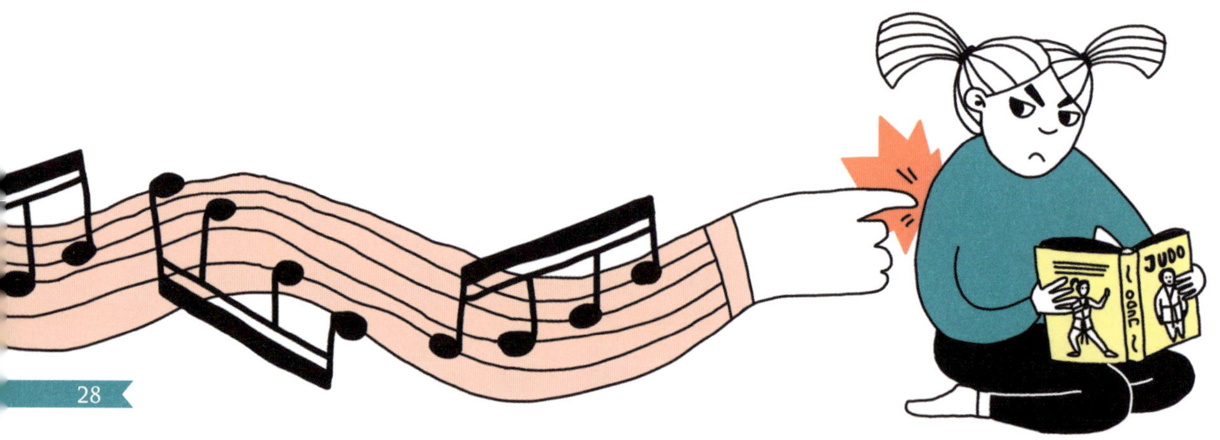

2 „JEDER HAT DAS RECHT AUF LEBEN UND KÖRPERLICHE UNVERSEHRTHEIT. DIE FREIHEIT DER PERSON IST UNVERLETZLICH."

Du hast das **Recht auf Leben**. Du darfst also leben. Das ist ja sonnenklar.

Niemand darf einem anderen das Leben nehmen. Eigentlich eine Selbstverständlichkeit – für uns. Heute. Es ist in vielen Ländern dieser Welt aber auch heute noch keine Selbstverständlichkeit.

Oft hören wir in den Nachrichten, dass es viele Tote in den Kriegen dieser Welt gibt. Das ist furchtbar, und wir hoffen, dass wir noch miterleben, dass es eines Tages aufhört mit diesen schrecklichen Kriegen und den vielen unschuldigen Toten.

Das Grundrecht sagt weiter: Du hast das Recht, unversehrt zu leben. Ein schwieriges Wort: **körperliche Unversehrtheit.**

Körperliche Unversehrtheit bedeutet, dass Du nicht verletzt bist. Dass Du rundherum in Ordnung bist. Alles dran, alles heil.

Es bedeutet, dass Dir niemand wehtun darf. Dass Dich niemand schlagen darf.

Und – na logisch – heißt es auch, dass Du niemanden schlagen, niemandem wehtun, niemanden verletzen darfst. Würdest Du aber sowieso nicht tun, oder?

Auch die Freiheit der Person, die Freiheit jedes Menschen also, ist unverletzlich. Dich darf also niemand einsperren, und Du natürlich auch niemanden.

Oh ja, wir hören, was Du jetzt sagst, Du kluges Kind: Schlimme Verbrecher sperrt man doch ein. Die gehen doch ins Gefängnis!

Da hast Du vollkommen Recht. Aber sie werden nicht „einfach so", die großen Leute sagen willkürlich, eingesperrt. Da gibt es immer ein Gericht, eine Anklage, eine Verteidigung. Ein Gerichtsurteil. Und dann ist es wichtig, dass jemand auch wieder freigelassen wird, weil er aus seinem Fehler gelernt hat und jetzt besser leben möchte.

Manchmal muss es eine Strafe geben. Wenn gegen Gesetze verstoßen wird. Aber jeder darf auch die Chance bekommen, es noch einmal besser zu machen.

ARTIKEL 3

1 GLEICHHEIT VOR DEM GESETZ

2 GLEICHBERECHTIGUNG VON MÄNNERN UND FRAUEN

„ALLE MENSCHEN SIND VOR DEM GESETZ GLEICH."

Jetzt guck Dich zunächst mal in der Gruppe, in Deiner Schulklasse um.

Und, was siehst Du? Sind alle gleich?

Sehen alle gleich aus, haben alle dieselben Hobbys, lesen alle dieselben Bücher? Haben alle die gleiche Lieblingsfarbe, das gleiche Lieblingsessen, das gleiche Lieblingstier?

Nein, natürlich nicht!

Ihr seid alle ganz verschieden. Und das ist auch gut so!

VOR MIR SEID IHR ALLE GLEICH!
ICH BIN GLEICH!
NEIN! ICH BIN GLEICH!
ICH BIN GLEICHER!
UND WAS BIN ICH ?
10

Darum heißt es hier ja auch nicht „Alle Menschen sind gleich“, sondern „Alle Menschen sind vor dem Gesetz gleich“.

Vor dem Gesetz – wie musst Du Dir das vorstellen?

Was ein Gesetz ist, weißt Du ja schon; Gesetze sind so etwas wie Regeln. Über unser wichtigstes Gesetz sprechen wir ja gerade: unser Grundgesetz.

Und dann gibt es noch viele andere Gesetze. Einen großen Stapel von Büchern, in denen Regeln stehen.

Diese Regeln gelten für alle gleichermaßen, ob Du nun ein Junge bist oder ein Mädchen, ob Du an Gott glaubst oder an Allah, an Einhörner oder an Spaghettimonster, ob Du dunkle Haut hast oder ganz helle oder gelb-grün gestreift bist.

In Eurer Klasse habt Ihr ja auch Regeln.

Ihr müsst alle Eure Hausaufgaben machen, ohne Ausnahme. Nicht nur die mit Brille oder nur die Mädchen. Nicht nur die, die am liebsten Nudeln mit Soße essen oder nur die, die auf zwei Fingern pfeifen oder Klopapier rückwärts aufsagen können. Nein, alle.

Wenn Ihr Eure Aufgaben nicht macht, dann kriegt Ihr, egal ob Brille oder Mädchen oder Klopapier rückwärts, am nächsten Tag genau die gleiche Schimpfe.

Das ist es:

Es gibt eine Regel, an die man sich halten muss, und echt Ärger, wenn man es nicht tut.

Aber, aufgepasst, jetzt wird es noch einmal knifflig:

Da wir nicht alle gleich sind, sondern vor dem Gesetz gleich, ist es manchmal auch gerecht, wenn man zwei Menschen verschieden behandelt.

Also: Wir sind nicht alle gleich (sondern ganz verschieden, unverwechselbar und einmalig), aber wir haben alle die gleichen Rechte.

Stell Dir mal so ein richtig tolles Sonntagsfrühstück vor. Mit knusprigen Brötchen. Und viel Auswahl an Sachen, die man sich auf das Brötchen tun kann: Käse und Honig und Marmelade und Wurst.

Es ist doch gerecht, wenn sich nun jeder sein Lieblingsessen aussuchen darf, oder? Vielleicht magst Du Marmelade ohne Butter, oder viel Butter mit dick Käse drauf.

Es wäre jetzt nicht gerecht, wenn alle das Gleiche essen müssten. Dann kriegt ja nur einer sein Lieblingsessen.

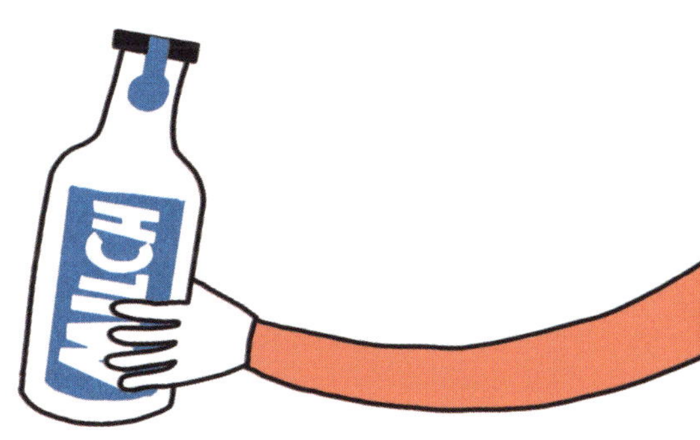

ALSO: ES SIND NICHT ALLE GLEICH. ABER ALLE AM TISCH HABEN DIE GLEICHEN RECHTE: ALLE DÜRFEN AUSWÄHLEN.

„MÄNNER UND FRAUEN SIND GLEICHBERECHTIGT."

Unser Grundgesetz sagt dann noch: „Männer und Frauen sind gleichberechtigt". Also Mädchen und Jungs haben die gleichen Rechte. Das ist doch nun echt logisch, sagst Du. Sind doch beides Menschen, haben wir doch schon gesagt.

Ja, stimmt. Da brauchen wir jetzt nicht drüber zu streiten, hier und heute. Aber als das Grundgesetz geschrieben wurde, da war das nicht so.

Da hatten Frauen eben nicht die gleichen Rechte wie Männer. Und in vielen Ländern ist das heute leider immer noch so.

Deshalb noch eine kleine Anmerkung für die Mädchen:

Ihr seid gleichberechtigt. Gleiche Rechte. Gleiche Chancen.

Wenn Euch mal jemand weismachen will, dass das nicht so ist, dann habt Ihr am besten immer das Grundgesetz dabei. Und dann schlagt Ihr Artikel 3 auf.

Dann ist Ruhe im Karton.

BLA
BLA
BLA!
DA!
ARTIKEL 2
ARTIKEL 3

ARTIKEL 4

GLAUBENS-, GEWISSENS- UND BEKENNTNISFREIHEIT

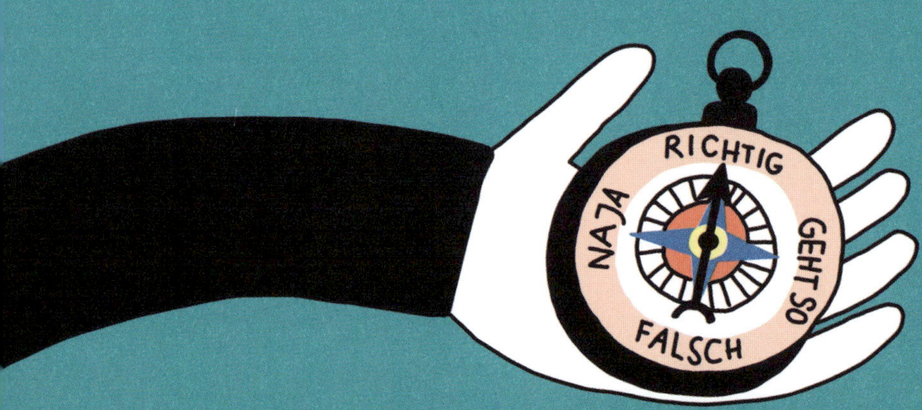

„DIE FREIHEIT DES GLAUBENS, DES GEWISSENS UND DIE FREIHEIT DES RELIGIÖSEN UND WELTANSCHAULICHEN BEKENNTNISSES SIND UNVERLETZLICH.“

„DIE UNGESTÖRTE RELIGIONSAUSÜBUNG WIRD GEWÄHRLEISTET.“

Wieder so viele komplizierte Wörter, und doch hängen sie miteinander zusammen.

Gewissen

Fangen wir mit dem Begriff „Gewissen“ an.

Dein Gewissen sitzt tief in Dir.

Es ist Dein eigener kleiner Kompass, der Dir sagt, ob etwas richtig oder falsch ist.

Du hast ein Kind ausgelacht. Das Kind weint. Dein Gewissen meldet sich:

Das war falsch!

Du hast die Lieblingstasse Deiner Mutter aus Versehen zerbrochen. Versehen hin oder her, Dein Gewissen meldet sich:

Das war nicht gut, Mama wird traurig sein!

Dein Gewissen spürst Du meistens nur, wenn irgendwas, das Du gemacht hast, nicht richtig war. Wenn Du Mist gebaut hast. Dann sagt es Dir: Das war nicht gut. Jetzt fühlt Ihr Euch nicht gut, Du und Dein Gewissen. Das macht Ihr nächstes Mal anders.

Man darf auch mal Mist bauen, muss aber daraus lernen.

Und wenn ein Tag richtig gut war, Du hast also nichts zerbrochen, niemanden ausgelacht, warst gut zu Deinen Menschenbrüdern, dann sagt Dein Gewissen nichts. Dann ist es still. Dann kannst Du gut schlafen. Es gibt im Deutschen ein Sprichwort dafür: „Ein gutes Gewissen ist das beste Ruhekissen". Das heißt umgekehrt nur: Wenn Du etwas angestellt hast, dann ist es schwierig, einzuschlafen. Dann denkst Du an das weinende Mädchen. An die traurige Mama. Es ist schwierig, gut einzuschlafen, wenn andere weinen.

Dein Gewissen gehört Dir. Dein Kompass. Deine Werte, die Dir sagen „richtig" oder „falsch".

Dein Gewissen ist frei. Dein eigenes Urteil. Du bist Dein eigener Richter. Und, das verraten wir Dir: Das ist der strengste Richter, den es gibt. Denn Du musst vor Dir selber geradestehen.

Und wenn Du traurig bist, weil Du jemanden traurig gemacht hast, dann sagen wir Dir: Dein Gewissen, Dein innerer Kompass, ist völlig in Ordnung. Weinen ist auch in Ordnung. Es zeigt, dass Du ein Gewissen hast, das funktioniert.

Dein Gewissen ist frei. Über Deine Taten kann man urteilen, über Dein Gewissen nicht.

Hier ein kniffliges Beispiel zu „Gewissen“:

Ein Mitschüler hat vergessen, die Mathe-Hausaufgaben zu machen.

Es sind noch zehn Minuten, bis der Unterricht anfängt.

Dein Mitschüler fragt Dich: „Darf ich Deine Hausaufgaben schnell abschreiben?“ Was antwortest Du – und warum? Sagst Du „Ja klar!“, weil Du helfen möchtest, weil Du guter Kumpel oder gute Kumpeline sein willst? Oder sagst Du „Nein, das geht nicht!“, weil Du meinst, dass der andere so nicht richtig rechnen lernt – oder weil Du meinst, es ist unfair, Du hast da so lange dran gesessen, und der oder die schreibt nur ab? Was machst Du?

ES GIBT HIER KEIN RICHTIG ODER FALSCH.
ABER ES GIBT GEWISSENSENTSCHEIDUNGEN.

Glauben

Den Begriff Glauben kennst Du sicherlich. Und Du glaubst bestimmt auch an irgendwas: an Elfen, an Steintrolle, an das Sandmännchen, an Jedi-Ritter, an Schnurpselschnecken.

Wenn Menschen an etwas Höheres glauben, an Gott oder Allah zum Beispiel, dann nennt man diesen Glauben „Religion". Und jede Religion hat ihre eigene Erklärung der Welt, Erklärung von Leben und Tod. Jede Religion hat ihren eigenen Ort für Gebete, ihre eigenen Rituale, ihre eigenen Feiertage.

Unser Grundgesetz erlaubt es jedem Menschen, all das in seinem Glauben zu leben. Das heißt dann: **„Die ungestörte Religionsausübung wird gewährleistet."**

Deutschland ist in seinen Wurzeln ein christliches Land. Viele Werte, die das Christentum ausmachen, finden sich heute in unserem Grundgesetz wieder, vor allem Barmherzigkeit und Nächstenliebe. Die freie Religionsausübung wird durch das Grundgesetz geschützt, muss aber auch das Grundgesetz beachten. Unter diesem großen Dach des Grundgesetzes dürfen wir glauben, was und wie es uns gefällt.

In Deutschland leben viele Menschen ganz unterschiedlicher Religionen zusammen. So eine Vielfalt macht neugierig: Woran glauben Deine Nachbarn?
Welche Religion hat Dein bester Freund? Welche religiösen Feste feiert Deine beste Freundin?

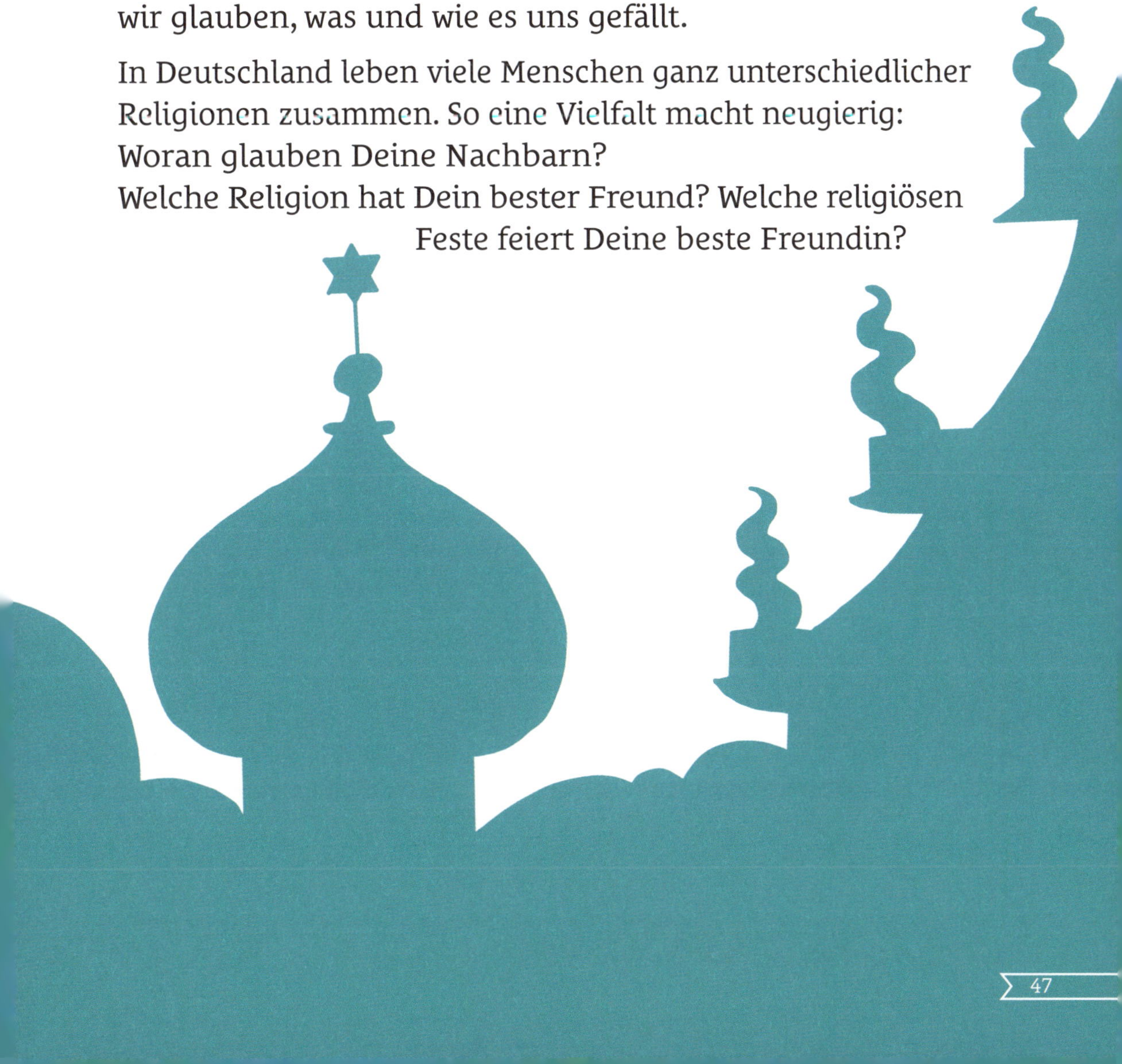

UND WORAN GLAUBST DU?

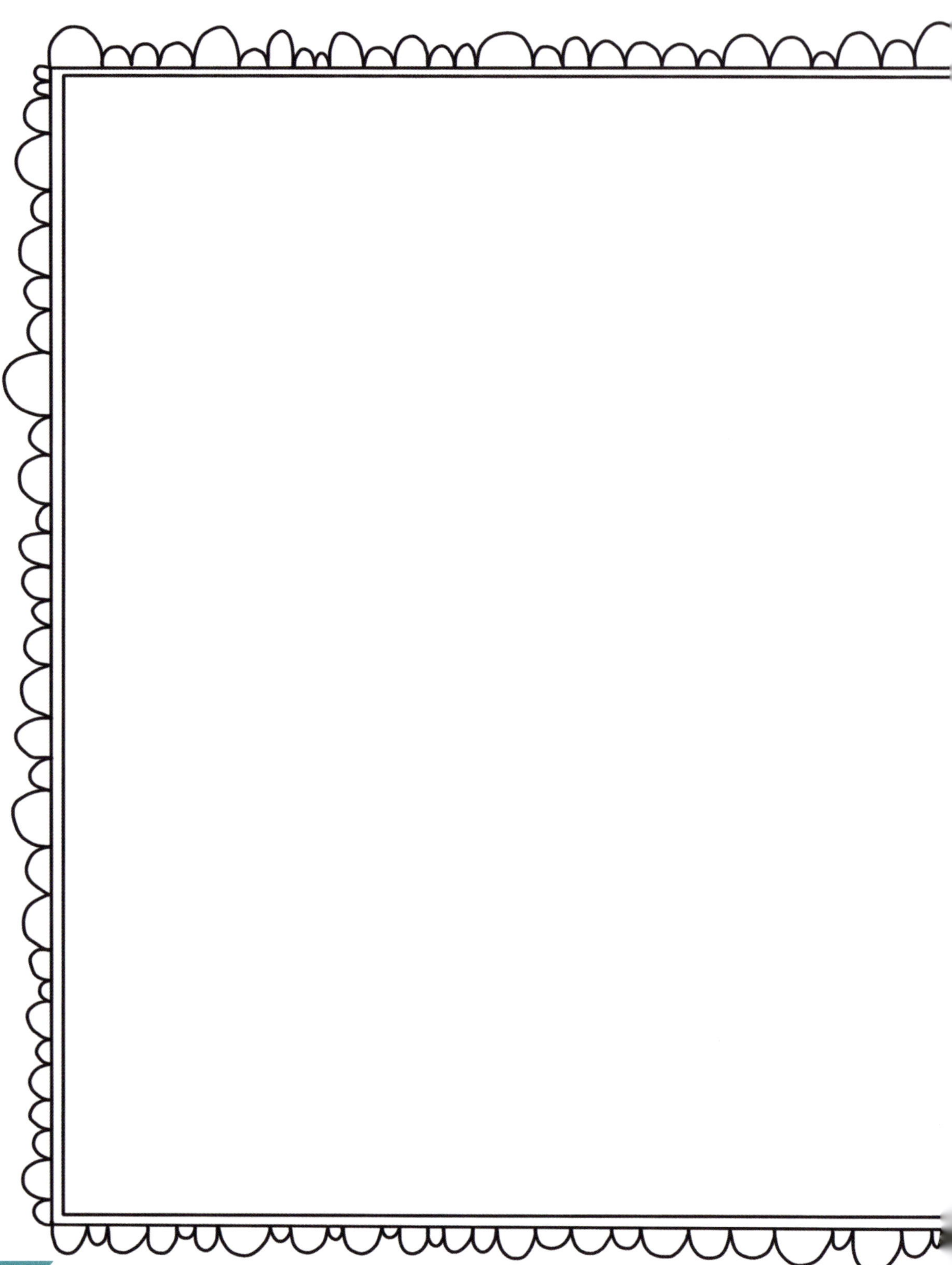

MAL' DAS MAL!

Unterschiedliche Religionen führten auf der Welt häufig zu Konflikten. Dass unser Grundgesetz so ausdrücklich die Glaubensfreiheit benennt, hat mit der deutschen Geschichte zu tun. In der dunklen Zeit der nationalsozialistischen Herrschaft war zum Beispiel den Juden nicht nur ihre Religionsausübung verboten, sie wurden auch unwürdig behandelt und in einer unvorstellbar großen Zahl ermordet.

Sechs Millionen Juden kamen damals auf schrecklichste Weise um. So etwas darf nie wieder geschehen.

Auch heute noch geschehen auf der Welt wegen unterschiedlicher Glauben Streitereien, Beleidigungen, Kriege. Ist doch verrückt!

Weißt Du, Glauben ist für jeden Menschen etwas Wichtiges. Etwas, das Halt gibt. Eine Orientierung im Leben.
Wir Menschen denken oft, dass wir alles wissen. Das ist aber nicht so. Und wir können auch nicht alles wissen und verstehen. Zwischen dem, was es gibt, und unserem Begreifen ist eine große Lücke.

Diese Erde, auf der wir leben, ist voller Wunder. Blüten und Farben und Früchte. Äpfel, die am Baum wachsen. Schmetterlinge, die neulich noch eine Raupe waren. Kaulquappen, denen Beine wachsen.

Das Wie können wir erklären und verstehen. Das Warum nicht immer. Dabei kann dann der Glauben helfen.

Vielleicht sagt Dein Glauben Dir, dass Gott es war, der die Welt geschaffen und alle Lebewesen auf die Erde geschickt hat.

Vielleicht glaubst Du an kleine Gartenelfen, die nachts mit den Pflanzen sprechen und für das Blühen der Bäume und für Früchte sorgen.

Das ist dann Dein Glauben. Kann man komisch finden, aber gibt es damit ein Problem? Nein. Du ärgerst niemanden, Du tust niemandem weh. Du glaubst.

Viele Konflikte entstehen einfach nur, weil man den Glauben des anderen nicht hinreichend kennt – und alles, was wir nicht kennen, macht uns Angst.

Wenn man sich kennenlernt, wird die Angst weniger. Wenn keine Angst mehr da ist, dann kann man tolerant sein.

Tolerant sein heißt, den anderen so sein zu lassen, wie er ist, mit seinem Glauben, seinen Eigenarten, seinem ganzen Ich.

Tolerant sein heißt auch, dass man neugierig ist auf das andere, auf die Vielfalt, und sich freut, dass nicht alle Menschen gleich sind. Wie langweilig wäre das!

Das religiöse und weltanschauliche Bekenntnis ist frei.

Du darfst sagen, was Du in Dir spürst. Was Du für richtig oder falsch hältst. Woran Du glaubst. Wie Du die Welt siehst. Wir dürfen das auch. Dein Nachbar auch. Aaron, Tanja, Anong, Michael, Milena, Ali, Benjo und Shiva dürfen das auch. Jeder darf das.

Jeder darf seinen Glauben und seine Weltanschauung frei bekennen. Jeder darf frei sagen, wie er oder sie die Welt sieht und woran er oder sie glaubt.

Schau mal: Alle diese Kinder halten ganz verschiedene Sachen für wichtig. Keiner hat Recht oder Unrecht – sie alle leben ihren Glauben und ihre Sicht auf die Welt:

ICH ESSE KEIN FLEISCH.
DIE ARMEN TIERE WOLLEN
DOCH AUCH LEBEN.

DAS IST BEI MIR VÖLLIG ANDERS.
ICH BIN HINDU UND ESSE NUR WENIG
FLEISCH. IN MEINEM GLAUBEN IST
RINDFLEISCH VERBOTEN, WEIL FÜR
UNS KÜHE HEILIGE TIERE SIND.

ICH BIN JUDE. ICH ESSE KEIN
SCHWEINEFLEISCH UND
KEINE MEERESFRÜCHTE,
WEIL ES MEIN GLAUBE
VERBIETET.

ICH BIN MUSLIMA
UND DARF AUCH KEIN
SCHWEINEFLEISCH ESSEN.
DAS IST JA WIE IM
JUDENTUM.

Eigentlich ganz einfach.

Glaub doch, was Du möchtest! Sieh die Welt mit Deinen eigenen Augen!

Lebe deinen Glauben und Deine Sicht auf die Welt – schade damit nur anderen nicht!

Man sagt auch: Leben und leben lassen.

Warum ist das in der Welt so schwierig? Wir verstehen es nicht. Du vielleicht?

GESETZ

ARTIKEL 5

MEINUNGS- UND PRESSEFREIHEIT

„JEDER HAT DAS RECHT, SEINE MEINUNG IN WORT, SCHRIFT UND BILD FREI ZU ÄUSSERN UND ZU VERBREITEN UND SICH AUS ALLGEMEIN ZUGÄNGLICHEN QUELLEN UNGEHINDERT ZU UNTERRICHTEN. DIE PRESSEFREIHEIT UND DIE FREIHEIT DER BERICHTERSTATTUNG DURCH RUNDFUNK UND FILM WERDEN GEWÄHRLEISTET. EINE ZENSUR FINDET NICHT STATT."

Findest Du, dass eine Trompete besser klingt als eine Geige?

Magst Du am liebsten Mathe, Deutsch oder Sport?

Löst Du lieber ein Puzzle oder kletterst Du lieber hoch in einen Baum?

Zu vielen Fragen gibt es kein „Richtig“ oder „Falsch“ – es gibt Meinungen. Und Ihr alle werdet zu Dingen auch ganz unterschiedliche Meinungen haben.

Eine eigene Meinung nicht nur haben, sondern auch sagen zu dürfen, ist ein wichtiges Kennzeichen eines freien Landes, einer freien und offenen Gesellschaft. Einer Demokratie eben. Du darfst eine andere Meinung haben als Deine beste Freundin, als Deine Lehrerin und Dein Lehrer, sogar als Deine Eltern.

Jetzt müssen wir wichtige Unterscheidungen treffen.

Zum einen ist eine Meinung etwas ganz anderes als eine Tatsache. Eine Tatsache steht fest, da gibt es nichts zu diskutieren. 2+2 ist 4. Im Apfel stecken Vitamine. Wenn die Nordhalbkugel Sommer hat, hat die Südhalbkugel Winter. Wasser ist nass. Punkt. Aus. Wer etwas anderes behauptet, der lügt.

Zum anderen heißt eine Meinung sagen zu dürfen nicht, dass man den anderen beleidigen darf. „Du bist ein Blödmann“ ist eine Beleidigung. „Ich sehe das anders als Du“ nicht.
Jetzt kannst Du Deine eigene Meinung sagen.

Deine Meinung solltest Du immer begründen können.
Du solltest also sagen können, wie Du zu dieser Meinung kommst.

Dazu solltest Du in der Schule und im Leben gut aufpassen, viel Wissen sammeln, Bücher lesen, neugierig sein – und Dir dann Deine eigene Meinung bilden. Das ist manchmal eine knifflige Sache, dieses Bilden einer eigenen Meinung.

Gerade zu schwierigen Fragen fällt eine eigene Meinung nicht vom Himmel. Und nur die Meinungen der Lautesten oder der Mehrheit nachzuplappern ist auch nicht gut.

Wenn wir in einer freien Gesellschaft eine eigene Meinung haben und die auch sagen dürfen, dann müssen wir mit diesem kostbaren Gut auch sorgsam umgehen.

Meinungsfreiheit heißt auch, damit klarzukommen, dass andere eine andere Meinung haben als Du.

Dann kann man diskutieren über diese Fragen. Ohne Lügen, mit viel Wissen, ohne Beleidigungen.

Ein Beispiel:

Deine Lehrerin meint, dass Hausaufgaben für Euch wahnsinnig wichtig sind. Sie begründet das auch gut. Sie sagt nämlich, so wiederholt Ihr den Stoff noch einmal am Nachmittag, und Ihr erkennt, ob Ihr es verstanden habt.

Du bist ganz anderer Meinung.

Du findest Hausaufgaben gar nicht so wichtig. Und Du kannst Deine Meinung gut begründen: Ein ganzer Vormittag in der Schule reicht. Der übrige halbe Tag sollte für andere Sachen da sein, die auch wichtig sind. Dafür, ein Buch zu lesen. Freunde zu treffen und zu spielen. Sich im Kopf eine Geschichte auszudenken. Oder auch einfach nur, um Handstand zu üben oder Socken zu zählen.

Wenn Du so Deine eigene Meinung nennen und begründen kannst, dann hast Du Meinungsfreiheit richtig gut verstanden.

Ganz ohne Beleidigungen.

Mit richtig guten Argumenten.

Das kriegen manche Erwachsene nicht hin!

Diese Meinungsfreiheit gilt auch für die Presse, also für Zeitungen, Fernsehen, Radio, Internet. Es darf also niemand zum Beispiel einer Zeitung vorschreiben, was sie schreiben darf und was nicht. Freie Meinung halt.

Genau wie für Dich gilt für die Presse auch:

Lügen darf man nicht. Beleidigen darf man auch nicht. Und wer eine Meinung hat, der darf sie sagen – sollte sie aber auch begründen können.

Du hast viele Möglichkeiten, Dich über Tatsachen und Meinungen zu informieren. Du kannst verschiedene Zeitungen lesen, eine Fernsehsendung gucken oder Dich im Internet informieren.

BLEIB IMMER KRITISCH, UND HAB DEN MUT, DIR DEINE EIGENE MEINUNG ZU BILDEN!

ARTIKEL 6

EHE UND FAMILIE

„EHE UND FAMILIE STEHEN UNTER DEM BESONDEREN SCHUTZE DER STAATLICHEN ORDNUNG."

Wenn zwei Menschen sich lieben, dann können sie heiraten. Das ist dann eine Ehe. Wenn Kinder dazukommen, dann ist es eine Familie.

Das kann ganz schön bunt sein. Und laut.

Die Menschen in Deinem Zuhause, das ist Deine Familie. Da darfst Du sicher und geborgen sein. Da darfst Du Du selbst sein. Da wächst Du auf.

Familie heißt, dass man füreinander da ist. Dass man füreinander einsteht. Auch dann, wenn man sich streitet. Es hoch her geht. Man verschiedener Meinung ist und trotzdem zusammengehört.

Klar, dass der Staat das schützt. Eine kleine Demokratie in einer großen. Viele verschiedene Meinungen. Und jede zählt. Jede ist wichtig. Ganz viele Menschen, Ehepaare, Familien machen einen Staat. In einem Staat wie auch in einer Familie haben wir verschiedene Meinungen, unterschiedliche Auffassungen.

Aber wir gehören zusammen.

Wir passen aufeinander auf, wir sind füreinander da. Deswegen. Trotzdem. Im kleinen Verbund wie im großen.

Wohl behütet und beschützt. Schlaf gut ein und wach gut auf. Du bist sicher.

IN DEINEM BETT ... ZUHAUSE
DU!
DEINE FAMILIE
DEINE STADT
DEIN BUNDESLAND
DEIN LAND

ARTIKEL 7

SCHULWESEN

„DAS GESAMTE SCHULWESEN STEHT UNTER DER AUFSICHT DES STAATES.“

Schule also. Genau Dein Thema, hier bist Du Experte!

Niemand kennt die Schule so gut wie Du, Deine Klassenkameraden und Deine Lehrer.

Dieser Artikel des Grundgesetzes benennt die Pflicht des Staates, auch für Eure Schulbildung zu sorgen.

In eine Schule gehen und lernen zu dürfen, ist auf der Welt keine Selbstverständlichkeit. Viele Kinder, vor allem Mädchen, haben nicht die Möglichkeit, eine Schule zu besuchen. Dabei wollen sie lernen und viel wissen und später den Beruf haben, von dem sie träumen.

Daher müssen wir erst einmal sagen: Sei froh, dass Du in die Schule gehen und lernen darfst!

Aber das heißt auch, dass Du jeden Tag, Montag bis Freitag, in die Schule gehen musst.

Auch, wenn es morgens manchmal schwierig ist, aus dem Bett zu kommen. Auch, wenn Du gerade lieber Schlittenfahren oder Drachen steigen lassen möchtest.

Weißt Du, es geht nicht immer nur darum, worauf Du gerade Lust hast. Es gibt halt Dinge, die macht man, weil sie wichtig sind.

Und wenn man so ein tolles Recht hat wie lernen zu dürfen, dann darf man damit nicht leichtsinnig umgehen, nur weil es gerade im Bett so warm und kuschelig ist.

Damit jedes Kind dieses Recht nutzen kann, hat der Gesetzgeber daraus auch eine Pflicht gemacht: die Schulpflicht. Das heißt, Du musst in die Schule gehen.

Aber in die Schule gehen macht viel mehr Spaß, wenn Du sagst, ich habe das Recht, in die Schule zu gehen. Ich darf das. Klingt doch viel besser als „Ich muss". Also vergiss das müssen und hab Spaß in der Schule!

In die Schule zu gehen lohnt sich aus vielen Gründen.

Die großartige Neugier

Wir kennen kein Kind, das nicht neugierig ist. Du bist mit Sicherheit auch wahnsinnig neugierig! Wie oft hast Du schon Deine Eltern gefragt „Was ist das?", „Warum ist das so?", „Wie geht das?". Du willst doch so viel wissen!

Und Schule ist der Ort mit den Antworten auf all die vielen Fragen.

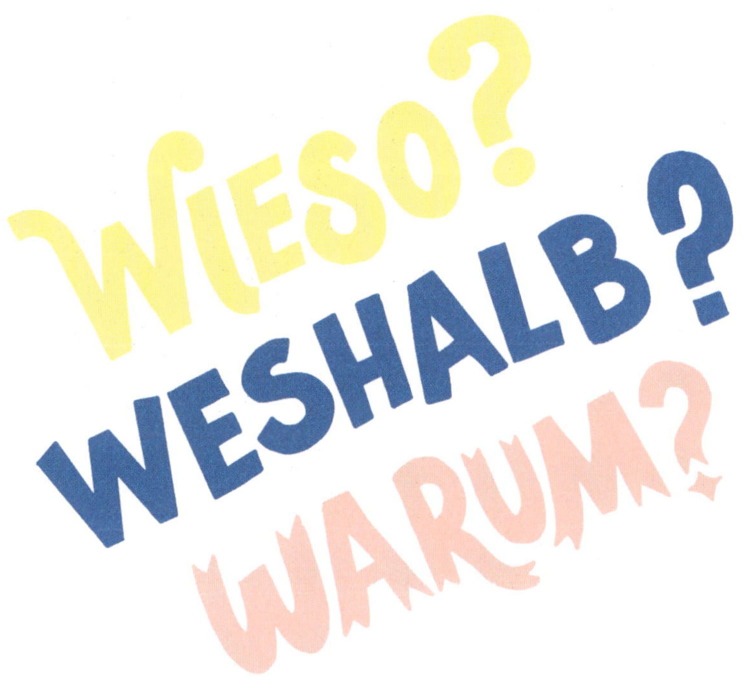

Dein späterer Beruf

Du hast mit Sicherheit auch eine Idee, was Du später mal sein willst. Astronaut vielleicht oder Bäcker oder Allesforscher. Nun ist es aber nicht so, dass eines Tages eine kleine Fee mit ihrem Zauberstab gegen Deine Stirn tippt und schwupps – bist Du Allesforscher. Nein, was Du später sein willst, das wirst Du schon jetzt.

Das entscheidet sich schon heute, mit jedem Tag, an dem Du lernst und mehr weißt.

Mitreden können

Wenn Du viel weißt und Zusammenhänge verstehst, dann kannst Du auch Deine Meinung gut vertreten. Das ist wichtig in einer Demokratie, gerade wenn es manchmal Krawallmacher gibt, die meinen, es gibt eine schnellere Lösung als miteinander zu reden und zuzuhören. Gibt es nicht. Unterschiedliche Meinungen gehören dazu.

Deine natürlich auch.

Spaß haben

Zu guter Letzt: Faulenzen, spielen und Drachen steigen lassen macht einfach viel mehr Spaß, wenn man vorher auch seine Pflichten (die wir ja Rechte nennen!) erfüllt hat. Du warst in der Schule, hast gut aufgepasst, Dich mal gemeldet und Deine Hausaufgaben gemacht? Prima, dann hast Du jetzt Feierabend. Du darfst jetzt machen, wozu Du Lust hast.

Viel Spaß dabei!

Dieser Artikel bedeutet noch etwas.

Er verpflichtet den Staat, dafür zu sorgen, dass Ihr gut lernen könnt. Dass Ihr Euch in Euren Klassenräumen wohl fühlen könnt. Dass genügend Lehrbücher da sind. Dass immer ausreichend Tafeln und Kreidestücke da sind.

Und vor allem und überhaupt: Dass Ihr Lehrerinnen und Lehrer habt. Das sind nämlich die mit dem ganzen Wissen.

Und die sind jeden Tag für Euch und Eure Zukunft da.

Wenn bei Euch in der Schule was fehlt, dann auf zum nächsten Kapitel! Oder schreibt uns an: wfg@conte-verlag.de
Mal sehen, was wir machen können …

ARTIKEL 8

VERSAMMLUNGS-FREIHEIT

„Alle Deutschen haben das Recht, sich ohne Anmeldung oder Erlaubnis friedlich und ohne Waffen zu versammeln."

Der Inhalt von Artikel 8 des Grundgesetzes ist schnell erzählt.

Eine Versammlung, das sind mindestens zwei Personen, die sich treffen, weil sie eine gemeinsame Idee haben. Sie sind vielleicht mit etwas in ihrer Stadt nicht einverstanden, haben gute Vorschläge für eine Verbesserung.

Unter dem Schutz von Artikel 8 kannst Du Dich mit Deinen drei besten Freundinnen und Freunden an der dicken Kastanie am Ende der Straße versammeln. Denn Ihr habt eine gemeinsame Idee: Ihr wollt abends nicht schon um sechs Uhr zu Hause sein, sondern eine halbe Stunde länger draußen spielen.

Daher plant Ihr eine Demonstration – Ihr möchtet also Euren Eltern zeigen, was Ihr wollt und wie wichtig es Euch ist.

Wisst Ihr, was Ihr jetzt macht?

Ihr malt Euch Schilder mit einem Besenstiel unten dran, die Ihr hochhalten könnt, wenn Ihr an den Fenstern Eures Zuhauses vorbeimarschiert.

Auf den Schildern kann dann beispielsweise stehen

„Lasst uns bitte Kinder sein, wir wollen nicht so früh schon rein!“

„Im Haus ist es doof, wir wollen in den Hof!“

Oder so ähnlich.

Mit diesen Schildern nun trabt Ihr die Straße hoch und runter. Vielleicht habt Ihr noch Trillerpfeifen dabei oder ruft im Chor „Lasst uns draußen spielen! Lasst uns draußen spielen!“

Das ist Eure Versammlung, Eure Demo.

Mal sehen, was passiert. Wir leben ja in einer Demokratie, Ihr äußert Eure Meinung, Ihr wollt etwas verändern. Und wenn man nun miteinander spricht, ist vieles möglich.

Vielleicht stecken danach Eure Eltern in einer Versammlung auch die Köpfe zusammen und haben dann folgenden Vorschlag:

Ihr dürft die dreißig Minuten länger draußen bleiben. Weil Ihr aber um halb acht zahngeputzt im Bett liegen müsst, reicht die Zeit leider nicht mehr für den Nachtisch nach dem Abendessen. Ihr müsst dann auf den Vanillepudding verzichten.

Jetzt müsst Ihr Euch entscheiden: dreißig Minuten länger draußen oder Vanillepudding?

In einer Demokratie zu leben heißt auch, dass man die Wahl hat zwischen einer halben Stunde länger spielen oder Pudding.

Demokratie ist eine großartige Sache: Man hat die Wahl!

Hier noch eine kleine Anmerkung:

Der Gesetzgeber sagt ausdrücklich, dass diese Versammlungen friedlich und ohne Waffen erfolgen müssen.

Aber das brauchen wir Dir ja nicht zu sagen, dass ist ja klar.

Du willst ja nur länger draußen bleiben, Du willst ja nicht kämpfen!

ARTIKEL 9

VEREINIGUNGS-FREIHEIT

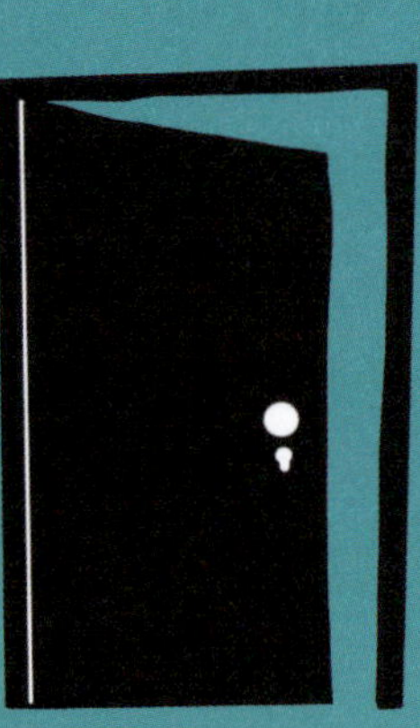

„ALLE DEUTSCHEN HABEN DAS RECHT, VEREINE UND GESELLSCHAFTEN ZU BILDEN."

Im letzten Abschnitt habt Ihr Euch unter freiem Himmel friedlich versammelt und seid mit Erfolg für Eure Ideen eingetreten.

Jetzt gehen wir noch einen Schritt weiter.

Ihr dürft Euch nicht nur für einen Nachmittag versammeln, Ihr dürft auch einen Verein gründen.

Vereine kennt Ihr sicherlich, vielleicht seid Ihr auch in einem Verein. In einem Fußballverein. In einem Chor. Mitglied in der Bibliothek. Es gibt sehr viele Vereine.

Solch einen Verein dürft Ihr auch selbst gründen – Eure eigene Bande, Euren eigenen Club.

Wir schlagen vor, Ihr gründet jetzt den Pudding-selbst-kochen-Verein.

Wenn der Pudding schon nach dem Abendbrot wegfällt, dann kocht Ihr ihn halt am Nachmittag selbst.

Hier ein Rezept für einen richtig guten Vanillepudding. Lasst Euch bitte von den Erwachsenen helfen. Die verstehen vielleicht manchmal nicht so viel vom Grundgesetz wie Ihr, aber die Herdplatte ist heiß, und auf Euch aufpassen können die echt gut.

Für vier Vereinsmitglieder braucht Ihr:

Ihr bringt jetzt erst einmal ½ l Milch zum Kochen.

Den anderen halben Liter Milch rührt Ihr mit der Speisestärke, dem Zucker, den 4 Eigelb und dem Vanillezucker glatt (glatt heißt: keine Klumpen!).

Wenn die Milch kocht, rührt Ihr Eure Milch-Zucker-Speisestärke-Pampe ein und lasst es kurz aufkochen.

Jetzt füllt Ihr es zum Abkühlen in eine Schüssel.

Fertig.

Ihr braucht noch vier Löffel, dann bringt Ihr Euren Pudding in Euer Vereins-Banden-Geheimversteck. Haut rein!

Und dieses Puddingkochen macht ihr immer wieder, zum Beispiel jeden Montag – und schwupps seid Ihr ein Verein!

So, jetzt seid Ihr nicht nur Grundgesetz-Experten, Ihr habt sogar einen Verein gegründet und könnt besser Puddingkochen als manch Erwachsener.

Weiter so!

ARTIKEL 10

BRIEF-, POST- UND FERNMELDEGEHEIMNIS

„DAS BRIEFGEHEIMNIS SOWIE DAS POST- UND FERNMELDEGEHEIMNIS SIND UNVERLETZLICH."

Briefe sind was Feines.

Wann hast Du zuletzt einen Brief geschrieben? An Oma? Oder an einen Freund? So richtig mit Zur-Post-Bringen und schöner Briefmarke drauf?

Briefe haben immer einen Absender, das ist der, der schreibt, und einen Empfänger. Das ist der, der den Brief bekommen soll.

Jetzt sagt der Artikel 10: Hier gibt es ein Geheimnis. Ein Brief- und Postgeheimnis.

Das bedeutet, dass niemand Briefe lesen darf, die nicht für ihn bestimmt sind.

Steht also der Name Deines Vaters auf dem Brief, dann darf nur er ihn öffnen.

Wenn da Dein Name auf dem Brief steht, dann ist es Dein Brief. Dann darfst nur Du ihn öffnen und lesen. Niemand anders sonst. Was da drin steht, das ist Dein Geheimnis.

Das gilt auch für Nachrichten, die Du auf Dein Handy bekommst. Hier wird die Sache nur ein wenig kniffliger.

Du weißt sicher, dass es im Internet auch Menschen gibt, die Dir Böses wollen.

Und daher hast Du hier noch ein Recht, nämlich, dass Deine Eltern auf Dich aufpassen. Und dazu müssen sie manchmal auch wissen, was Du auf dem Handy machst, wo Du unterwegs bist, was Dir andere schreiben, was Du schreibst.

Hier müsst ihr Kompromisse finden. Ein Kompromiss ist eine Vereinbarung, die man gemeinsam trifft und bei der man seine eigene Meinung und die Meinung des anderen mit bedenkt. Bei einem Kompromiss geht man aufeinander zu und findet eine praktische Lösung.

Das mit dem Kompromiss kriegt ihr hin. Das kriegt man mit Vertrauen immer hin.

Und sei Dir gewiss: Deine Eltern meinen es gut mit Dir, wenn sie auf Dich aufpassen, auch wenn es manchmal nervt.

Aber: Deine Eltern müssen Dir auch vertrauen.

Vielleicht könnt Ihr hier einen Vertrag zu Artikel 10 schließen.

VERTRAG
ÜBER GEHEIMES
Mama Ich
Papa
LÄCHELN!

ARTIKEL 11

FREIZÜGIGKEIT

„ALLE DEUTSCHEN GENIESSEN FREIZÜGIGKEIT IM GANZEN BUNDESGEBIET."

Dieser Artikel wird Dich nur ganz selten in Deinem Leben beschäftigen.

Nur in ganz besonderen Situationen.

Nämlich dann, wenn Du umziehst.

Freizügigkeit heißt nämlich, dass Deine Familie und Du Euch aussuchen dürft, wo Ihr in Deutschland leben wollt. Ihr dürft Euch also, wenn Ihr wollt, ein neues Zuhause suchen und dort wohnen.

Dass man umzieht, kann viele Gründe haben.

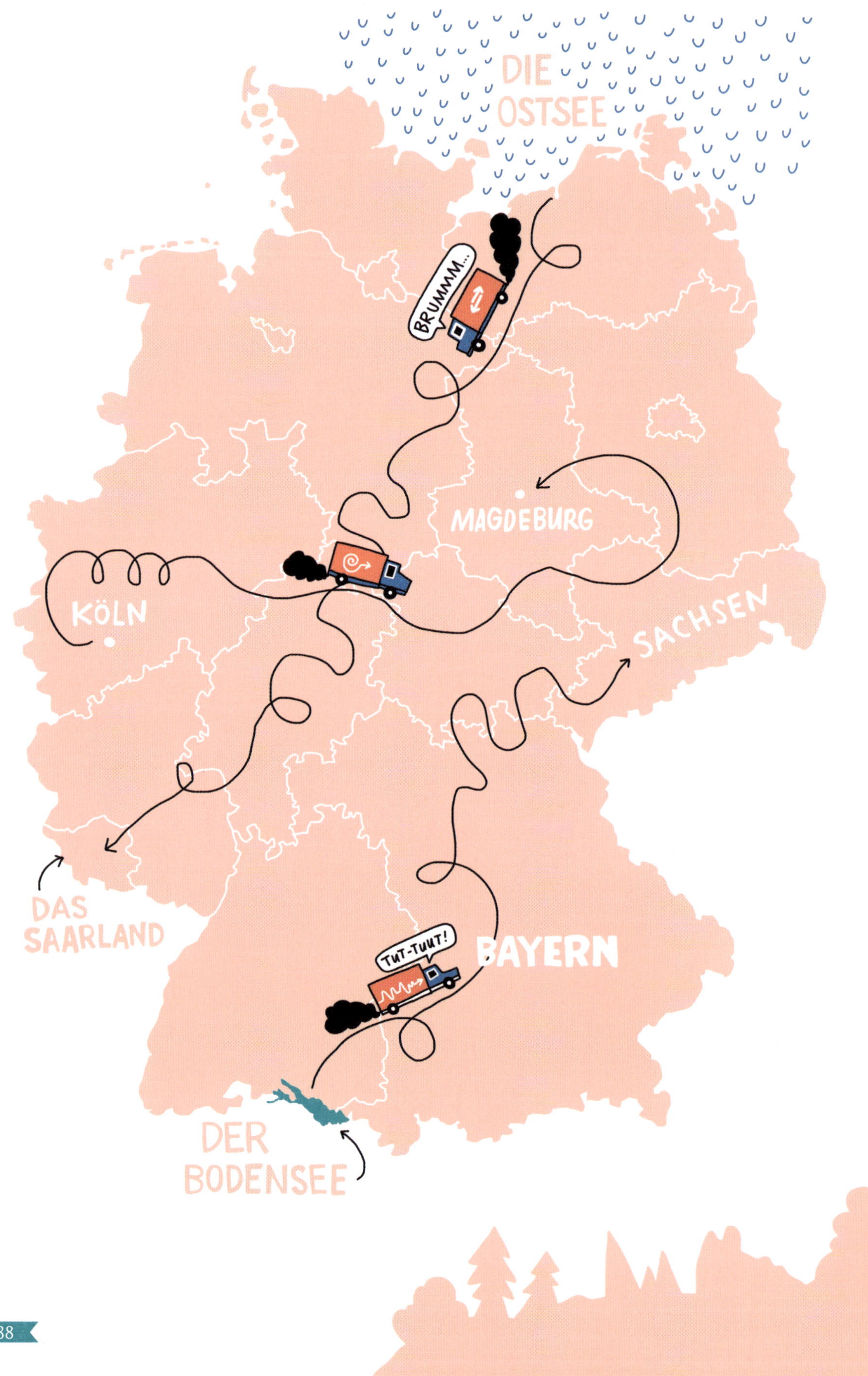
DIE OSTSEE
BRUMMM...
MAGDEBURG
KÖLN
SACHSEN
DAS SAARLAND
TUT-TUUT!
BAYERN
DER BODENSEE

Vielleicht habt Ihr nur zwei Straßen weiter eine schönere Wohnung gefunden. Vielleicht habt Ihr aber auch als Familie bemerkt, dass Ihr lieber am Meer als in den Bergen wohnt oder umgekehrt. Vielleicht haben Mama oder Papa in einer anderen Stadt eine bessere Arbeit gefunden. Oder Du bist selbst schon groß und möchtest in einer anderen Stadt einen Beruf lernen.

Umziehen, das macht man echt selten. Bist Du schon einmal umgezogen? Man kann beispielsweise von der Ostsee in das Saarland ziehen. Vom Bodensee nach Sachsen. Oder von Köln nach Magdeburg. Das Tolle an der Freizügigkeit ist: Man kann auch wieder zurückziehen. Also zurück an die Ostsee oder zurück an den Bodensee, also dahin oder dorthin. Wenn man will.

Geht alles.

Wenn man sich wohlfühlt, darf man auch bleiben. Denn, weißt Du, irgendwann sollte man sich entscheiden. Denn irgendwo Zuhause zu sein bedeutet ja auch, dass man Wurzeln bekommt. Unsichtbare Wurzeln, aber wie bei einem Baum Wurzeln, die einem Halt geben.

Weil man Freunde findet. Und Arbeit. Und zufrieden ist.

Einen Wohnort wählen ist toll. Aber Bleiben auch.

ZUHAUSE

ARTIKEL 12

FREIHEIT DER BERUFSWAHL

„ALLE DEUTSCHEN HABEN DAS RECHT, BERUF, ARBEITSPLATZ UND AUSBILDUNGSSTÄTTE FREI ZU WÄHLEN."

Wir haben ja bereits in Artikel 2 festgestellt, dass Du Dich frei entfalten darfst und werden darfst, was Du möchtest – sofern Du andere nicht bei ihrer eigenen Entfaltung störst.

Du darfst Dir später auch Deinen Beruf frei wählen. Da darf Dir niemand reinreden. Du darfst den Wunsch haben, Trompeter zu werden, Insektenforscherin, Feuerwehrmann oder Astronautin.

Für manche Berufe braucht man etwas Glück – es gibt zum Beispiel mehr Trompeter als Astronauten.

Aber, egal, was Du Dir als Beruf aussuchst: Dafür musst Du etwas tun! Heute schon. Darüber haben wir schon gesprochen.

Schule ist da ganz wichtig. Lernen, üben, neugierig sein, nachfragen.

Denn Schmetterling wirst Du nur selbst, das macht niemand für Dich.

Das ist ein wichtiger Unterschied:

Du hast das Recht, Dir einen Beruf frei zu wählen. Das Recht, auszusuchen. Aber Du hast keinen Anspruch darauf, das auch zu werden.

Der Staat ist verpflichtet, Dir dafür die besten Möglichkeiten zu schaffen. Du musst sie aber auch nutzen!

Du brauchst Fleiß – und etwas Glück.

Wenn Du eine richtig feste Idee von Deinem späteren Beruf hast, verfolge Deinen Traum!

Das geht heute schon los, jeden Tag, an dem Du lernst und etwas Neues verstehst.

Weißt Du, es werden nie alle Träume wahr. Aber immerhin sehr viele.

ENDLICH
FLIEGEN!
-SO KLAPPT'S-

WAS WILLST DU EINMAL SEIN?

MAL' DAS MAL!

WAS MACHST DU GERNE?

DAFÜR, DASS DEINE BERUFSTRÄUME WAHR WERDEN, DRÜCKEN WIR DIR ALLE DAUMEN, DIE WIR HABEN.

ARTIKEL 13

UNVERLETZLICHKEIT DER WOHNUNG

„DIE WOHNUNG IST UNVERLETZLICH."

Jetzt geht es um Dein Zuhause.

In Deutschland sagen wir „Die eigenen vier Wände".

In Großbritannien sagt man „My home is my castle". Dein Zuhause ist also Deine Burg, Dein Schloss. Da bist Du sicher. Da kennst Du alles.

Da findest du nachts allein im Dunkeln aufs Klo. Du weißt, wo Deine Mutter die Süßigkeiten versteckt. Und Du weißt, dass unter Deinem Bett keine Monster wohnen, denn Du hast schon oft nachgeschaut.

Da darf niemand rein. Da müsst Ihr als Familie in Ruhe gelassen werden.

Da kannst Du Dich ins Bett kuscheln und Dein Buch zu Ende lesen.

Und wenn doch jemand reinkommt, dann nur, weil Deine Eltern und Du es ihm erlaubt. Dann habt Ihr Besuch. Das ist meistens schön.

Ist doch alles sonnenklar, sagst Du. Wenn ich jemanden nicht bei mir haben will, dann schicke ich ihn weg und mach die Tür zu. Dann ist Ruhe.

Warum also erwähnt das Grundgesetz so eine Selbstverständlichkeit?

Ganz einfach: Weil es auf der Welt nicht immer so war und auch heute nicht überall so ist. Weil Menschen nicht immer sicher sein konnten, auch heute noch in manchen Ländern nicht immer sicher sein können, in ihrem Zuhause.

Nur, weil sie etwas gesagt, etwas anderes geglaubt, jemand anderen geliebt haben.

Eine schreckliche Vorstellung.

Sei froh, dass Du hier und heute lebst. Meinungsfreiheit, Glaubensfreiheit, Menschenwürde.

Du bist sicher in Deinem Zuhause. Da kommt keiner rein.

SCHLAF GUT!

„DURCHSUCHUNGEN DÜRFEN NUR DURCH EINEN RICHTER, BEI GEFAHR IM VERZUGE AUCH DURCH DIE IN DEN GESETZEN VORGESEHENEN ANDEREN ORGANE ANGEORDNET UND NUR IN DER DORT VORGESCHRIEBENEN FORM DURCHGEFÜHRT WERDEN.“

Natürlich darf die Polizei, wenn sie einen Verbrecher jagt und ein Gericht einverstanden ist, diesen in seiner Wohnung verhaften.

Das hat aber mit Dir nichts zu tun.

Du lebst ja nach dem Grundgesetz.

So, nun könnten wir – Ende – schreiben, einfach weil das kleine Buch hier aufhört.

Letzte Seite.

Dann hören Bücher ja meistens auf.

Dieses nicht.

Dieses Buch fängt jetzt erst richtig an.

Mit Dir.

Weißt Du, die Menschen, die dieses Grundgesetz damals aufgeschrieben haben, die leben nicht mehr.

Aber Du darfst für sie weiterleben.

DIESE GROSSEN RECHTE BEWAHREN.

UNSERE DEMOKRATIE SCHÜTZEN.

EIN GROSSER SCHATZ IN DEINEN HÄNDEN.

PASS GUT DARAUF AUF.

MACH VIEL GUTES DARAUS.

SAG ES WEITER.

WIR VERTRAUEN DIR.

GG DAS GRUND GESETZ
GG DAS GRUNDGESETZ
GG DAS GRUNDGESETZ
GG DAS GRUNDGESETZ
GG DAS GRUNDGESETZ
GG DAS GRUND GESETZ
GG DAS GRUND GESETZ

Würde
Freiheit
Gleichheit

Für Dich. Für alle.

kinderleicht und sonnenklar

DANKSAGUNG

Für alle Kinder dieser Welt.

Und natürlich auch für unsere in der Reihenfolge ihres Erscheinens:

Cornelius
Claudius
Leonie
Milena
Benjo

Und für alle unsere Mitfühler und Mitdenker.

Für unsere Eltern. Danke für alles. Mehr geht nicht.

Für Steffi. Eigentlich hättest Du Dir freie Abende verdient gehabt.

Für Anette und Guillaume. Für die Kunst und die Philosophie. Dass wir das leben dürfen!

Für Daniel, Dr. Jung und Kinder, Frau Krupp mit ihrer praktischen Erfahrung, Herrn Kiefer, Yaron (last but auf jeden Fall not least) für die umfassende Einordnung.
Ohne Euch wären wir manches Mal stecken geblieben.

ANMERKUNGEN

Dieses Buch ist kein juristisches, kein verfassungsrechtliches Werk.

Dieses Buch soll vielmehr Kindern die Werte unseres Grundgesetzes näher bringen. Denn es sind diese Werte, die in einer zunehmend pluralistischen Gesellschaft Konsens herzustellen vermögen.

Es ist eine gesamtgesellschaftliche Vereinbarung, die Menschenrechte der Mitmenschen zu achten und die Grundrechte zur Maxime unseres Urteilens und Handelns zu machen.

Die Lebenswirklichkeit von Kindern ist nicht die Existenz einer abstrakten Größe Staat.

Kinder erleben Über-, Unter- und Gleichordnung in Familien, in der Schule, auf dem Schulhof, in Vereinen. Und hier findet auch konkrete Wertebildung statt.

Holen wir also unsere Kinder dort ab. Erzählen wir ihnen, was sie eigentlich ohnehin schon wissen.

Bei der Übernahme der Überschriften und Artikelinhalte haben wir uns grundsätzlich an die Originaltexte des Grundgesetzes gehalten. Dabei wurde jeweils auf den ersten, maximal noch auf den zweiten Absatz abgestellt. Gelegentlich haben wir, um der Zielgruppe gerecht zu werden und einen entsprechenden didaktischen Zuschnitt zu erreichen, in diesem Rahmen einzelne Passagen oder einzelne additive Begriffe ausgelassen.